教育部人文社会科学研究青年基金项目资助(16YJC890008)

校园足球核心价值体系与路径选择

侯学华　著

东南大学出版社
SOUTHEAST UNIVERSITY PRESS
·南京·

内 容 提 要

本书内容主要包括校园足球国内外学术研究、校园足球的文化内涵、中国足球项目的价值定位与路径设计、校园足球的价值定位、校园足球价值的内涵、校园足球价值实现的管理与制度路径、校园足球价值实现的竞赛路径、校园足球价值实现的师资培训路径、校园足球价值实现的训练营路径、进校园路径、宣传推广实施路径分析、校园足球价值实现路径的优化策略12个部分。

全书运用2009年国家体育总局和教育部联合启动全国青少年校园足球活动以来的基础数据,从理论和实践维度探讨了校园足球的价值与实现路径问题,创造性地提出了青少年校园足球活动的价值地位、价值分类及核心价值体系问题,并提出了校园足球路径优化的具体对策。

本书适宜作为中国足球尤其是校园足球高层管理和执行管理层政策制定的参考书目,适宜作为足球专业本科生、研究生校园足球教学指导教材,适宜作为中国青少年校园足球国家级、省级或地市级骨干教师、管理人员、教练员培训教材,也可以作为参与校园足球活动家长、教师等人群的普及性读物。

图书在版编目(CIP)数据

校园足球核心价值体系与路径选择/侯学华著.
南京:东南大学出版社,2019.12
　　ISBN 978-7-5641-8732-3

　　Ⅰ.①校…　Ⅱ.①侯…　Ⅲ.①青少年-足球运动-研究-中国　Ⅳ.①G843.2

　　中国版本图书馆 CIP 数据核字(2019)第 282447 号

校园足球核心价值体系与路径选择

著　　者:侯学华
责任编辑:张绍来
出版发行:东南大学出版社
社　　址:南京市四牌楼2号　邮编:210096
出 版 人:江建中
网　　址:http://www.seupress.com
电子邮箱:press@seupress.com
经　　销:全国各地新华书店
印　　刷:江苏凤凰数码印务有限公司
开　　本:787 mm×1092 mm
印　　张:13.25
字　　数:330 千字
版　　次:2020 年 1 月第 1 版
印　　次:2020 年 1 月第 2 次印刷
书　　号:ISBN 978-7-5641-8732-3
定　　价:39.00 元

本社图书若有印装质量问题,请直接与营销部联系。电话(传真):025-83791830

前　言

党的十八大以来,以习近平同志为核心的党中央对足球给予了极大的关怀与高度重视,将足球运动作为中国体育改革、教育改革、体育强国建设、民族复兴、中国特色大国外交的重要抓手。2015年3月,国务院办公厅印发《中国足球改革发展总体方案》,从国家层面明确了足球的战略意义,中国足球迎来了历史发展的最佳机遇期。这是基于对足球运动全球化发展与足球现实的社会价值、文化价值、经济价值、政治价值做出的精准判断,是以习近平同志为核心的党中央领导集体思维的成果。

校园足球是中国足球的未来。中国的校园足球是中国专属的校园足球,应是符合中国国情、民情,与中国政治体制、经济模式、文化特色、教育方式、社会环境等深度契合的独具中国特色的校园体育形式。校园足球的核心价值,是校园足球本质属性的集中反映,直接决定着校园足球和中国足球自身改革与发展的根本方向,是关系整个中国足球顶层设计、战略布局、改革思路、实施路径规划等重大战略议题的基础性问题。校园足球核心价值的实现路径选择与实施过程,则是足球项目与中国教育、社会实践深度融合的具体过程,也是足球项目中国化的过程。因此,加强对校园足球价值的探讨与研究甚有必要。

2009年4月14日,国家体育总局和教育部联合下发了《关于开展全国青少年校园足球活动的通知》(体群字〔2009〕54号),标志着全国青少年校园足球活动全面启动。十年磨一剑,霜刃未曾试。校园足球在批判、争议声中走过了十年。十年间,学术和实践领域对校园足球顶层设计、布局方式、发展思路、操作内容问题,校园足球与教育、体育的关系问题,足球普及和提高任务孰轻孰重与协调发展问题等方面的争论始终存在,并有愈演愈烈的趋势。加强对校园足球价值和核心价值体系的研究,是解决这类争论,统一思想认识的现实需要。通过对全国青少年校园足球活动的价值进行准确定位,可以明确校园足球的发展方向与思路,为其在各布局城市、特色学校内全面开展提供理论参考,并为促进其在更广范围内的幼儿园、小学、中学、大学更为广泛地开展奠定坚实的理论基础;找出校园足球活动中存在的政策缺失、管理漏洞,为全国青少年校园足球工作领导小组办公室的政策制定与调整、发展规划设计以及各项管理工作提供理论参考;为丰富与完善全国青少年校园足球活动的理论体系服务。在厘清校园足球核心价值体系的基础上,各级工作者坚持校园足球的大方向不变、不忘初心、稳步推进、开拓创新、以量促质、久久为功,相信中国足球的前途将一片光明!

2009年,全国青少年校园足球工作领导小组办公室成立伊始,作者以借调人员身份有幸参与了日常业务管理、发展规划设计等工作。在借调近3年里,对全国青少年校园足球活动在中国教育、体育和足球改革中的价值与意义进行了较为深入的思考与调研;对全国青少年校园足球的顶层设计初衷、全国布局思路、规划发展构想、经费分配方案、城市发展架构、普及与提高关系融合等问题进行了较为深入的研究。对中国足球、校园足球进行了广泛、深入的田野调查,从实践上为本研究打下了坚实的基础。走访了20多个省级单位的体育局及30多个中国足协下属会员协会城市或足球布局城市、300多所校园足球特色学校。在此期间,多次参与国务院、国家发改委、教育部、财政部、国家体育总局等部门召开的足球、校园足球相关会议,如"中国足球发展问题研讨会(北京)""足球问题座谈会(山东青岛)""中国足球职业化改革研讨会(北京)""中国足球发展规划研讨会(江苏盐城)"等,得以倾听领导和专家的指示和宝贵经验与建议,这为本书研究的开展奠定了较为深厚的理论基础。鉴于水平所限,书中难免有不当之处,敬请谅解!

非常感谢母校北京体育大学和中国足球协会提供的平台,使本人能够有幸参与到校园足球高层管理的具体实践中。由衷感谢恩师杨一民、黄竹杭、金晓平、孙文新教授给予的无私指导与殷切关爱!由衷感谢时任中国足球协会和全国青少年校园足球工作领导小组办公室领导薛立、冯剑明、陆煜等同志给予的关怀与指导。感谢我的研究生李喆海、李琛、刘洪科的帮助,他们为本书的资料搜集、校订付出了大量的精力,提出了诸多宝贵意见。感谢南京体育学院运动训练学院(足球学院)和赵琦院长、东南大学出版社对本书出版给予的支持。作为教育部人文社会科学研究青年基金资助项目,本研究成果在后续的研究中将进一步丰富与完善。

侯学华

南京·紫金山

2019年11月26日

目 录

1 校园足球学术研究 ·· 1
  1.1 青少年足球国际研究的 HistCite 分析 ··· 1
    1.1.1 HistCite 简介 ··· 1
    1.1.2 数据筛选依据 ··· 1
    1.1.3 关键研究文献分析 ··· 2
    1.1.4 关键词分析 ·· 5
    1.1.5 重点研究者分析 ·· 8
    1.1.6 关键学术期刊分析 ··· 13
    1.1.7 研究机构分析 ··· 27
    1.1.8 国家分布特征 ··· 31
    1.1.9 结语 ·· 32
  1.2 国内相关研究进展 ·· 34
    1.2.1 体育价值方面的研究 ·· 34
    1.2.2 足球价值方面的研究 ·· 35
    1.2.3 校园足球方面的研究 ·· 38

2 校园足球的文化内涵 ··· 47
  2.1 校园足球的文化本质 ·· 47
    2.1.1 文化是校园足球的本质属性 ··· 47
    2.1.2 以人(学生)为本是校园足球文化建设的核心 ······················ 48
  2.2 校园足球的文化结构 ·· 48
    2.2.1 物质、精神、行为、制度文化构成的文化统一体 ···················· 49
    2.2.2 物质文化是基础 ·· 50
    2.2.3 精神文化是方向 ·· 50
    2.2.4 制度文化是保障 ·· 50
    2.2.5 行为文化是规范(核心) ·· 50
    2.2.6 结语 ·· 51
  2.3 校园足球文化模型 ··· 51
    2.3.1 校园足球文化指标体系分析 ··· 52
    2.3.2 校园足球文化建设现状分析 ··· 66
    2.3.3 校园足球文化建设存在的问题 ·· 75

        2.3.4 校园足球文化建设相关对策 76
3 中国足球项目的价值定位与路径设计 78
    3.1 中国足球项目的战略价值 79
        3.1.1 研究方法 79
        3.1.2 中国足球的战略价值分析 85
        3.1.3 结语 101
    3.2 中国足球价值目标的现实差距 102
        3.2.1 政治目标的现实差距 102
        3.2.2 经济目标的现实差距 104
        3.2.3 文化目标的现实差距 104
        3.2.4 教育目标的现实差距 105
    3.3 中国足球项目价值目标实现的路径设计 106
        3.3.1 顶层设计：中国足球项目的国家战略定位问题 106
        3.3.2 体制保障：充分发挥举国体制优势 106
        3.3.3 中国足球项目运行的具体举措 107
        3.3.4 依法治理路径 109
        3.3.5 结语 109
4 校园足球的价值定位 110
    4.1 校园足球的价值地位 111
        4.1.1 一项事业：政府主导的公益性事业 111
        4.1.2 一种权利：青少年的体育权利 112
        4.1.3 一个前提：文化课学习的前提条件 113
    4.2 校园足球的价值类型 115
        4.2.1 强身健体价值——校园足球是青少年强身健体的最有效手段 116
        4.2.2 阳光体育价值——校园足球是贯彻阳光体育活动的最佳选择 116
        4.2.3 足球知识和技能普及价值——校园足球是足球知识和技能普及的根本措施 118
        4.2.4 足球人才培养价值——校园足球是足球人才培养的必由之路 119
        4.2.5 素质教育价值——校园足球是素质教育的最佳载体 119
        4.2.6 文化建设价值——校园足球是学校、城市文化建设的有效媒介 120
    4.3 校园足球的核心价值体系 122
        4.3.1 校园足球的价值构成 122
        4.3.2 校园足球核心价值的确定 123
        4.3.3 校园足球边缘价值 128
        4.3.4 结语 128
5 校园足球价值的内涵 129
    5.1 校园足球的价值主客体 129

  5.1.1 校园足球的价值主体 …………………………………………… 129

  5.1.2 价值客体 ………………………………………………………… 132

 5.2 校园足球价值的实现路径 ……………………………………………… 132

6 校园足球价值实现的管理与制度路径 …………………………………… 134

 6.1 管理路径的理顺 ………………………………………………………… 134

 6.2 政策路径 ………………………………………………………………… 134

 6.3 资金路径 ………………………………………………………………… 136

 6.4 管理实施路径 …………………………………………………………… 138

 6.5 基础保障路径 …………………………………………………………… 139

7 校园足球价值实现的竞赛路径 …………………………………………… 140

 7.1 校园足球竞赛的价值 …………………………………………………… 140

  7.1.1 比赛本身的价值 ………………………………………………… 140

  7.1.2 联赛赛制的价值 ………………………………………………… 141

  7.1.3 联赛层次的价值 ………………………………………………… 142

  7.1.4 联赛注册的价值 ………………………………………………… 143

  7.1.5 联赛保险的价值 ………………………………………………… 143

 7.2 校园足球初期(2009—2010年)竞赛实施情况 ……………………… 143

  7.2.1 联赛冠名路径 …………………………………………………… 144

  7.2.2 联赛赛制路径 …………………………………………………… 145

  7.2.3 联赛层次路径 …………………………………………………… 147

  7.2.4 联赛注册推广实施现状 ………………………………………… 149

  7.2.5 联赛保险路径 …………………………………………………… 151

 7.3 校园足球初期竞赛路径实施中存在的问题分析 ……………………… 152

  7.3.1 联赛冠名推广存在的问题 ……………………………………… 152

  7.3.2 联赛赛制推广存在的问题 ……………………………………… 153

  7.3.3 联赛层次推广存在的问题 ……………………………………… 156

  7.3.4 联赛注册推广存在的问题 ……………………………………… 160

  7.3.5 联赛保险推广存在的问题 ……………………………………… 161

 7.4 教育部主导后(2015—2019年)校园足球竞赛实施情况 …………… 161

8 校园足球价值实现的师资培训路径 ……………………………………… 163

 8.1 校园足球培训的价值内涵 ……………………………………………… 163

 8.2 校园足球初期(2009—2010年)培训路径实施情况 ………………… 164

  8.2.1 指导员培训推广实施情况 ……………………………………… 164

  8.2.2 裁判员培训推广实施情况 ……………………………………… 167

  8.2.3 指导员讲师培训推广实施情况 ………………………………… 167

  8.2.4 校长培训推广实施情况 ………………………………………… 168

  8.2.5 管理人员培训推广实施情况 …………………………………… 168

8.2.6　培训的基本内容与形式 …………………………………… 168
　8.3　校园足球初期(2009—2010年)师资培训存在的问题 ……………… 169
　　　8.3.1　"教体结合"的力度不够 …………………………………… 169
　　　8.3.2　培训班缺乏统一的、合适的教材 …………………………… 169
　　　8.3.3　讲师理念、水平差异大,部分讲师授课效果较差 ………… 169
　　　8.3.4　培训对象混合,培训针对性差 ……………………………… 170
　　　8.3.5　课时紧张,难以满足需要 …………………………………… 171
　　　8.3.6　校长的重视程度低是面临的关键问题 ……………………… 171
　　　8.3.7　学员水平差异大,教学深度难以把握 ……………………… 172
　　　8.3.8　组织管理工作不到位 ………………………………………… 172
　8.4　教育部主导后(2015—2019年)校园足球师资培训实施情况
　　　与存在的问题 ……………………………………………………… 173

9　校园足球价值实现的训练营路径 ………………………………………… 174
　9.1　校园足球训练营的价值 …………………………………………… 174
　9.2　校园足球初始阶段(2009—2010年)训练营实施情况 ……………… 174
　　　9.2.1　人员推广实施情况 …………………………………………… 175
　　　9.2.2　内容推广实施情况 …………………………………………… 176
　9.3　校园足球初期训练营推广实施存在的问题 ……………………… 177
　　　9.3.1　全国训练营价值的认识差异 ………………………………… 177
　　　9.3.2　学生年龄差异造成"以大打小""大小混合"现象 ……… 177
　　　9.3.3　"城市约战"不可控,比赛场次不足 ……………………… 179
　　　9.3.4　学生技术水平良莠不齐,男女比例严重失调 ……………… 179
　　　9.3.5　训练营形式单一,未成体系 ………………………………… 179
　　　9.3.6　弄虚作假现象存在 …………………………………………… 180
　　　9.3.7　安全风险大 …………………………………………………… 180
　9.4　教育部主导后(2015—2019年)训练营实施情况 …………………… 180

10　进校园路径 ………………………………………………………………… 182
　10.1　进校园活动的价值内涵 …………………………………………… 182
　10.2　校园足球初期(2009—2010年)进校园路径的实施情况 ………… 182
　10.3　进校园路径实施存在的问题 ……………………………………… 183
　　　10.3.1　活动本身缺乏整体规划与延续性 ………………………… 183
　　　10.3.2　组织形式较为单一,内容缺乏系统性 …………………… 183
　　　10.3.3　覆盖范围较小 ……………………………………………… 183

11　宣传推广实施路径分析 …………………………………………………… 184
　11.1　宣传推广的价值 …………………………………………………… 184
　11.2　校园足球初期(2009—2010年)宣传推广路径的实施现状 ……… 184
　　　11.2.1　品牌宣传推广初见成效 …………………………………… 184

11.2.2　网络宣传推广成绩斐然 ………………………………………………… 185
　　　11.2.3　电视宣传推广相对单一 ………………………………………………… 187
　　　11.2.4　报纸、杂志宣传推广逐步开展 ………………………………………… 187
　11.3　宣传推广路径实施存在的问题 …………………………………………………… 188
　　　11.3.1　品牌建设不完善,品牌宣传方式简单 ………………………………… 188
　　　11.3.2　全国层面的宣传媒介相对单一 ………………………………………… 188
　　　11.3.3　负面消息层出不穷,缺乏有效的"反击" ……………………………… 189
　　　11.3.4　宣传范围局限性大,广度不足 ………………………………………… 189
　　　11.3.5　宣传推广的深度不足 …………………………………………………… 189
　　　11.3.6　刊物无发行号,"性价比"低 …………………………………………… 189
　11.4　教育部主导后(2015—2019年)宣传推广路径实施情况 ……………………… 189

12　校园足球价值实现路径的优化策略 …………………………………………………… 191
　12.1　联赛路径优化策略 ………………………………………………………………… 191
　　　12.1.1　联赛冠名推广策略 ……………………………………………………… 191
　　　12.1.2　联赛赛制推广策略 ……………………………………………………… 191
　　　12.1.3　联赛层次推广策略 ……………………………………………………… 193
　　　12.1.4　联赛注册推广策略 ……………………………………………………… 194
　　　12.1.5　联赛保险推广策略 ……………………………………………………… 195
　12.2　培训路径优化策略 ………………………………………………………………… 195
　　　12.2.1　发挥教育部门的主导作用 ……………………………………………… 195
　　　12.2.2　制定统一的教材 ………………………………………………………… 195
　　　12.2.3　加强讲师培训,统一对校园足球活动的认识 ………………………… 195
　　　12.2.4　培训班细化,增强培训针对性 ………………………………………… 196
　　　12.2.5　提高城市培训主动性,完善培训体系 ………………………………… 196
　　　12.2.6　制定培训政策,加大执行力度 ………………………………………… 196
　　　12.2.7　加强监管,加大支持,完善奖惩制度 ………………………………… 196
　12.3　训练营路径优化策略 ……………………………………………………………… 197
　　　12.3.1　提高全国训练营价值的认知程度 ……………………………………… 197
　　　12.3.2　建立并完善三级训练营体系 …………………………………………… 197
　　　12.3.3　细化年龄分组 …………………………………………………………… 197
　　　12.3.4　规范赛制,保证比赛场次和质量 ……………………………………… 198
　　　12.3.5　加强人才注册管理,提高培养延续性和女性比例 …………………… 198
　　　12.3.6　加强监管机制,严惩作假 ……………………………………………… 198
　　　12.3.7　提高安全意识,加大保险力度 ………………………………………… 198
　12.4　进校园活动路径优化策略 ………………………………………………………… 199
　　　12.4.1　提升为各级国家队、俱乐部队伍的基本责任与义务 ………………… 199
　　　12.4.2　制定整体发展规划,实现持续开展 …………………………………… 199

    12.4.3 采取多种形式,科学设计内容 …………………………………… 199
    12.4.4 发挥布局城市、特色学校的主导作用 ………………………… 199
  12.5 宣传推广路径优化策略 ……………………………………………… 199
    12.5.1 完善品牌建设 …………………………………………………… 199
    12.5.2 加强媒体合作,整合媒体资源 ………………………………… 200
    12.5.3 组建宣传团队 …………………………………………………… 200
    12.5.4 将宣传推广深入到学校中 ……………………………………… 200
    12.5.5 赞助为主,投资为辅 …………………………………………… 200

参考文献 ………………………………………………………………………… 201

1 校园足球学术研究

1.1 青少年足球国际研究的 HistCite 分析

2015年,国务院办公厅下发《中国足球改革发展总体方案》。这标志着中国足球由单一的体育项目上升到了国家战略的高度。随着国家发改委、财政部、国家体育总局、教育部等部委对改革方案的具体深化落实,中国足球实践领域的改革与探索也逐步推进。相应的,中国足球的学术问题成为当前学术界的研究热点。目前,在影响与制约中国足球长期、健康发展的根本问题上,理论界和实践界基本达成共识,普遍认可青少年足球发展对于中国足球整体面貌改善的根本性作用。伴随着教育部全面推进校园足球的全国布局与试点校建设,学术界对青少年足球理论领域的研究日趋重视。然而,受国际青少年足球实践交流机会、学术交流手段、国际学术合作等方面的限制,目前国内学术界对于国际青少年足球研究领域的了解与认识程度相对较低。

期望通过本研究达到以下目标:对国际青少年足球研究情况进行初步的分析与探讨,为中国青少年足球领域的科研工作提供借鉴与参考;了解目前国际青少年足球研究的对象、前沿、研究机构分布、重点作者、研究角度等问题,并尝试探索相关研究需要完善的内容或研究角度,为中国的足球科研工作者提供整体视角的参考与服务;把握国际学术期刊的基本情况,为国内学者的国际合作、交流、投稿提供借鉴;快速发现目前国际青少年足球领域的关键文献、关键作者等,为国内学者研究效率的提升服务。总之,旨在为中国足球学术的国际交流与合作提供参考与支持。

1.1.1 HistCite 简介

HistCite 全称 History of Cite,称为"引文历史分析软件"或"引文图谱分析软件",是一款基于 Web of Science 数据库的文献分析软件。该软件由美国情报学和科学计量学家 Eugene Garfield 博士发明。软件最重要指标为:LCS(Local Citation Score),即同行引用次数(也称本地引用次数)和 GCS(Global Citation Score)全球引用次数。研究中的 LCS 指的是文献在 WOS 数据库中被引用的次数;GCS 则指的是文献在全球范围内的总被引次数。因此,GCS 的数值一定大于 LCS。假如 GCS 的数值高,表明该文献被全世界学者引用次数高。如果一篇文献的 LCS 值很低,而 GCS 值很高,则表明该文献在同行中的认可度较低,而获得了非同行领域的较高认可,此类文献的学术价值普遍较低。相较而言,LCS 值更具参考价值与意义。

1.1.2 数据筛选依据

借助北京体育大学、南京体育学院图书馆,作者对 2010—2016 年 Web of Science 核心合集中与足球有关的学术研究文献进行搜集。通过检索题名中包含 soccer、football（因美国将橄榄球命名为 football，故在检索该词时剔除了美国文献），共检索到文献3 612篇，涉及作者8 872人，涉及刊物 728 本，参考文献总数量127 592篇（相同文献合并后计数为70 649篇），涉及关键词5 324个，涉及研究机构2 997所，涉及国家 91 个。然后，利用 HistCite 软件的关键词排序，依次查看青少年、学校或校园相关的词及其出现频率，并检索相应的文献，进一步确定检索以下关键词：school、campus、college、pupil、boy、girl、children、university、young、youth、junior 等。利用 HistCite 合并相同文献后自动累计，共检索到文献 560 篇。其中，英文 537 篇、西班牙文 12 篇、葡萄牙文 4 篇、德文 3 篇、法文 2 篇、日文 1 篇、挪威文 1 篇。受语言能力局限，本研究仅仅对 537 篇英文文献进行分析。其中，关于青少年足球的 537 篇英文文献，涉及作者1 809人，共发表在 116 本期刊上，引用文献总数11 822篇，标题共涉及关键词1 330个。2010—2016 年，每年发文量分别为 53、65、75、65、95、101、83 篇。

1.1.3 关键研究文献分析

1）确定关键文献

快速定位关键文献是 HistCite 的重要功能。目前，根据样本量的大小，国际学术界普遍认同并采用 LCS10（即"同行引用次数"排在前 10 的文献）进行文献分析。本文按照国际惯例，采用 LCS10 进行综合分析。LCS10 文献占总文献量的 1.86%。通过引文编年图谱发现，LCS10 包含的文献编号为：46、53、40、42、14、21、36、91、162、187（图 1.1.1），结合研究学者特征，发现文献集合有 46-40-42、53-187，其余文献（14、21、36、91、162）处于相对独立状态。

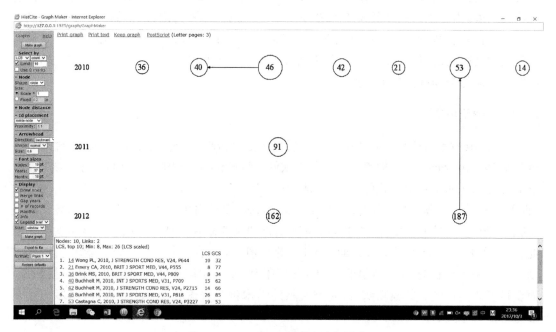

图 1.1.1　LCS10 文献引文编年图谱

（注：图中圆的直径大小代表被引频次多少，箭头所指是所引文献，数字代表文献在总样本中的编号。）

2) 关键文献的研究领域分析

(1) 跑动能力的研究　46、40、42 号文献的第一作者均是卡塔尔渴望学院体育运动科学系的 Buchheit M。其中,46 号文献是 2010 年发表在《国际运动医学杂志》上的《青少年足球比赛跑动能力与体能研究》一文。主要利用全球定位系统(GPS),对 77 名 U13 到 U18 的青少年球员在 42 场国际比赛中跑动情况的时空特征进行分析。研究内容涉及年龄、位置(后卫、中后卫、中场、边前卫、前锋、中锋)和体能等维度。研究认为:对高水平的青少年球员而言,体能水平是比赛成绩的决定要素,而跑动能力则是不同位置球员都应具备的根本能力。该文 LCS 为 26 次,GCS 为 85 次,两项指标均排在 537 篇文献的第 1 位,其价值获得全世界学者的广泛认可。第 40 号文献是 Buchheit M 2010 年发表在《国际运动医学杂志》上的《青少年球员比赛中的重复连续冲刺跑研究》一文。通过全球卫星定位系统,分别从年龄、场上位置、参赛时间的角度,分析了 99 名高水平的青少年球员参加的 42 场国际正式比赛,对他们在比赛中的重复性连续冲刺跑动过程与机理进行分析。40 号文献与 46 号文献运用了相同的研究方法,选择的研究角度也基本一致,只是研究对象由 77 名扩展到了 99 名,研究内容由基本的跑动转换为了重复性的连续冲刺跑。40、46 号文献是同一实验设计中的高相关性研究。该文的 LCS 为 15 次,GCS 为 62 次,两项指标分别排在 537 篇文献的第 3 位、第 5 位,获得同行与国际学术界的一致性高度认可。42 号文献是 Buchheit M 2010 年发表在美国国家体能协会主办的《力量与体能研究杂志》上的《促进青少年球员重复冲刺跑动能力:反复折返冲刺跑与爆发性力量训练研究》。通过对 15 名青少年男性[年龄(14.5±0.5)岁]的爆发性力量训练与反复折返冲刺跑能力进行测试,研究两种训练方法对青少年的重复冲刺跑动能力的影响。进行反复折返冲刺跑练习的球员有 7 人,进行爆发性力量训练的球员有 8 人,每周进行 1 次练习,累计进行 10 周的训练。反复折返冲刺跑训练分为 2~3 组或 5~6 组,间距 20 m,组间进行 14 s 静态恢复或 23 秒积极恢复;爆发性力量训练由 4~6 组,每组 4~6 个练习构成(包括单腿跳、跳箱、短距离冲刺跑等)。研究发现:反复折返冲刺跑练习对于重复冲刺跑动能力的提升更为有效。该文与 40 号文献的研究方向一致,只是 40 号文献是通过全球卫星定位系统,对球员实战中的跑动能力进行研究,而 42 号文献是通过对比实验来验证哪种训练方法对提升重复冲刺跑动更为有效。该文 LCS 为 14 次,GCS 为 66 次。

14 号文献是 2010 年香港浸会大学的 Wong Pui-Lam 在《力量与体能研究杂志》发表的《12 周体能与力量训练对 U14 青少年球员竞技体能的影响研究》。研究选择 U14 的青少年球员 51 人进行分组实验,分为实验组(28 人)和对照组(23 人)。赛季前,对两组球员进行为期 12 周的体能与力量训练。实验组针对核心区、上肢、下肢的大肌肉群进行体能与力量训练。实验证明,体能与力量训练可提高青少年球员的弹跳力、射门速度、10~30 m 冲刺跑能力、YO-YO 测试成绩。研究认为,赛季前进行体能与力量训练要比赛季中的效果好。该文的 LCS 为 10 次,GCS 为 32 次,获得同行与国际学术界普遍认可。

(2) YO-YO 测试相关研究　53 号文献是意大利圣马力诺足球总会的 Castagna Carlo 于 2010 年在《力量与体能研究杂志》上发表的《青少年球员耐力场地测试情况与竞技表现关系研究》一文。该文的 LCS 为 19 次,GCS 为 53 次,两项指标分别排在 537 篇文献的第 2 位、第 7 位,获得同行与国际学术界的一致性高度认可。该文与 46、40 号文献同样运用了全球定位系统进行研究,不同的是,本文为了测试数据更为准确,将全球卫星定位技术与短距离遥感定位技术进行了结合使用。研究对象为随机选取的男性高水平青少年球员[年龄(14.4±0.1)岁、身高(167±4.8)cm、体重(53.6±1.8)kg],测试项目为 YO-YO 测试、多级体能测试和 Hoff 测试。研究发现:YO-YO 测试、多级体能测试两者之间存在显著性联系,并且两者与球员在比赛中的体能活动状况呈显著相关关系(两者间的线性相关关系介于 0.6 到 0.76 之间)。而 Hoff 测试仅仅与冲刺距离之间存在显著性相关(相关性 $r=0.70$)。因此,作者认为,YO-YO 测试和多级体能测试是非常有效的评估青少年球员比赛体能状况的手段。

187 号文献是比利时根特大学的 Deprez D 2012 年在《国际运动医学杂志》上发表的《青少年球员的相对年龄与 YO-YO IR1 级测试研究》一文。研究的目的是调查相对年龄和出生季度对于青少年球员的人体测量学特征的影响,并进一步对青少年球员的生理成熟度与 YO-YO 间歇恢复测试情况进行评估。测试对象为 606 名佛兰德族青少年球员。研究发现,在第一季度出生的青少年身高、体重指标普遍要比第四季度高一些;第四季度出生的球员往往生长高峰出现的早一些。因此,在选择青少年球员时,应考虑相对年龄和个体生理成熟情况。该文的 LCS 为 9 次,GCS 为 20 次。该文在相对较短的时间内便获得了国际同行的普遍认可。

(3) 运动损伤相关研究　21 号文献为加拿大卡尔加里大学 Emery CA 2010 年在《英国运动医学杂志》发表的《有效减少青少年足球比赛损伤的神经肌肉预防措施:随机抽样对照实验》一文。研究的目的是验证神经肌肉预防措施在降低青少年球员比赛损伤中的有效性。实验组共有 380 名球员,对照组共 364 名球员,分别来自 60 支球队。实验组通过动态拉伸、离心收缩、灵敏、跳跃和平衡等练习实现神经肌肉损伤的预防。而对照组采用标准的传统热身活动进行练习。研究发现,实验组的损伤率为 2.08 次/(千人·时),对照组的损伤率为 3.35 次/(千人·时)。因此,作者认为,对青年足球运动员而言,神经肌肉练习是防止各种损伤的有效措施。该文的 LCS 为 8 次,GCS 为 77 次,获得同行尤其是国际学术界的高度认可。

36 号文献是荷兰格罗根大学的 Brink MS 于 2010 年在《英国运动医学杂志》发表的《压力与恢复监测:青少年精英足球运动员损伤和疾病预防的新视角》一文。调查了 53 名 15~18 岁的青少年球员。研究认为,损伤的出现与身体承受压力有一定关系,身体压力、心理压力及其恢复对运动员的疾病预防非常重要。对青少年球员进行个体压力和恢复情况的监控,是阻止其出现运动损伤和疾病的有效方法。该文的 LCS 为 8 次,GCS 为 34 次,获得同行与国际学术界的普遍重视。

(4) 生理机能与心理健康相关研究　91 号文献是葡萄牙科英布拉大学的 Figueiredo AJ 于 2011 年 6 月在丹麦《斯堪的纳维亚运动医学和运动科学杂志》上发表的《青少年球员功能与技能预测》一文。作者从葡萄牙的 5 家俱乐部中选择了 143 名 11~14 岁青少年,对其身体功能和足球技能指标进行预测。采集数据包括实际年龄、骨龄、阴毛发育情况、身体形态、身体功能、足球技术等。该文的 LCS 为 16 次,GCS 为 30 次,获得同行的高度认可。

162 号文献是英国利物浦约翰摩尔大学的 Ford PR 于 2012 年 5 月在《运动与锻炼心理学杂志》发表的《获得职业球员身份的优秀足球青少年与未获得青少年在参与活动方面的差异性对比分析》一文。作者选择 32 名 15 岁的优秀青少年球员,对其成长历史进行问卷调查分析。研究发现,英国的职业球员在儿童和青少年时期,普遍具有参与足球活动的稳定渠道;而与未获得职业球员身份的青少年球员相比,获得身份的青少年踢球与练习的实践机会明显增多。该文 LCS 为 9 次,GCS 为 23 次,获得同行的普遍认同。

可以发现,LCS10 文献集中在青少年球员的体能训练、运动损伤、身体机能与技能发展关系、心理相关领域。其中,体能训练领域的研究 6 篇,研究重点集中在跑动能力、YO-YO 测试、力量训练方面,调查对象均为一定数量的青少年球员。研究者采用了对比实验法、特定仪器设备测试法对调查对象进行了对比实验或固定内容的测试。运动损伤领域的研究 2 篇,与体能训练领域的研究采用了类似的研究方法。其中,Emery CA 的研究通过对比实验,而 Brink MS 直接对 53 名青少年进行相关指标的调查。身体机能与技能发展关系和职业球员身份对青少年社会活动影响方面的研究各 1 篇,Figueiredo AJ 选择从 5 家俱乐部中选取 143 名青少年进行直接测试来获取数据;Ford PR 则运用问卷对 32 名青少年进行问卷调查,从而分析其社会活动参与情况。

单从 LCS10 来看,对比实验法以及使用特殊仪器对特定对象进行直接测试法是目前国际青少年足球研究领域普遍采用的研究方法。研究的对象往往非常明确,有固定的人数和特定的来源,研究对象的范围并不广,往往局限于某支队伍的少数人群,样本总量最大的不超过 400 人,普遍在 100 人以下。与国内足球科研相比,除了少数体能研究中采用全球定位系统和短距离遥感定位技术较为先进外,国际青少年足球研究的方法并无太多过人之处,之所以具有较高的影响力,可能在以英语作为研究语言的独特优势以及实验过程的严格控制与实验数据的准确性方面。

1.1.4 关键词分析

运用 HistCite 中的"words"分析发现,537 篇文章标题涉及关键词 1 330 个,关键词的总频次为 8 188 次,而排名前 60 位的关键词频次达到 2 826 次,约占总词频的 34.51%。因此,选择总频次排在前 60 位的词语进行关键词分析,基本可以满足了解当前研究热点的要求。在 HistCite 统计基础上,用 Sigma Plot 12.5 分别对出现总频次排在前 30 位(图 1.1.2)和 31～60 位(图1.1.3)的词语进行绘图。可以发现,前 30 位高频关键词相互之间的词频间距较大,在 22 到 433 之间。31～60 位高频关键词的词频趋于稳定,在 13 到 22 之间。

统计发现,前 60 位词语中,有些词具有普遍的意义或仅作为形容词存在,难以准确反映研究方向与热点,虽然出现频率很高,但分析的意义不大,如 youth、young、year、specific、soccer、repeated、relationship、program、playing、level、influence、high、football、effects、effect、different、characteristics、changes、analysis 等。

另外,有些词是联合在一起使用的固定词汇。例如,small-sided soccer games 或 small-sided games,译为"小场地足球游戏"或"小场地足球比赛",相关研究文献在 22～25 篇之间,其 TLCS(总同行引用次数)为 26 次;Relative age 也属于经常联合使用词,译为"相对年龄",与年龄相关的研究共 28 篇,其中,15 篇为相对年龄方面,研究侧重在"相对年龄对于青少年球员选拔与竞技表现影响"方面。对剩余的 35 个关键词进行分析发现,主要集中在以下几个领域:体能、损伤与康复、竞赛与测试、球员及其身份特征、竞技表现、学校等方面(图 1.1.4)。其中,体能研究领域的成果最多,有 15 个关键词,约占关键词数量的 42.86%。

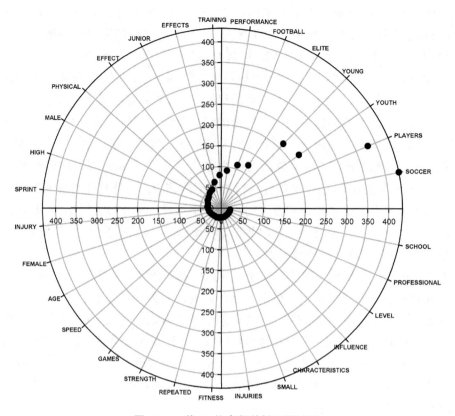

图 1.1.2 前 30 位高频关键词雷达图

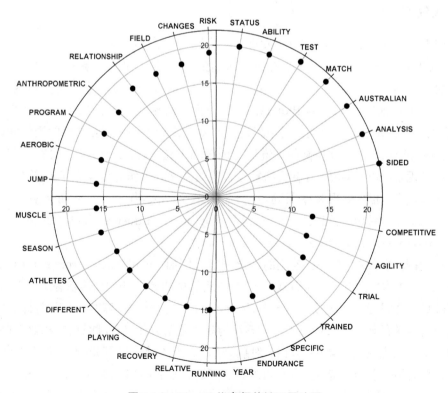

图 1.1.3 31~60 位高频关键词雷达图

如图 1.1.4 所示,体能领域的研究涉及 15 个关键词,包括 training 或 trained(训练)、strength(力量)、muscle(肌肉)、fitness(体适能)、sprint(冲刺跑)、speed(速度)、running(跑动)、physical(体能)、jump(跳跃)、endurance(耐力)、anthropometric(人体测量指标)、agility(灵敏)、aerobic(有氧能力)、ability(能力),其中,体能训练(training、trained)方面的研究共计 93 篇,TLCS 为 89 次;跑动能力(sprint、speed、running)方面的研究共有 74 篇,TLCS 为 130 次,TGCS 为 742 次。可见,该领域是国际研究的重点和热点。肌肉与力量(muscle、strength)方面的研究共计 41 篇,肌肉方面的研究 16 篇,TLCS 43 次。耐力与有氧能力方面(endurance、aerobic)共 30 篇,其中耐力素质研究 14 篇,TLCS 27 和 TGCS 130;有氧能力研究 16 篇,TLCS 19 和 TGCS 126。在体能和体适能(physical 和 fitness)方面的研究分别为 39 篇、28 篇,TLCS 分别为 48 次、58 次。

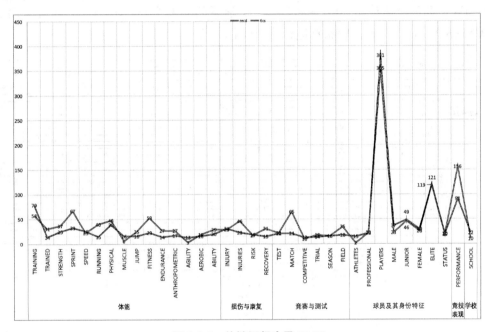

图 1.1.4　关键词频次及 TLCS

青少年球员运动损伤与康复方面的研究涉及 4 个关键词:injury、injuries、risk、recovery,TLCS 分别为 29、46、17、31,TGCS 分别为 243、295、117、166。关于损伤(injury、injuries)的文献达到 54 篇次,其 TLCS 和 TGCS 共计 75 次和 538 次。可见,青少年球员运动损伤方面的研究是当前国际学术界研究的热点。运动损伤的风险因素(risk)方面的文献共计 19 篇,与损伤康复(recovery)的 15 篇数量基本相当。

青少年足球竞赛与测试方面的研究涉及 6 个关键词:test、match、competitive、trial、season、field。TLCS 最高的是 match 一词,涉及 21 篇文章,TLCS 65 次,TGCS 281 次。由此可知,青少年足球比赛的研究是目前国际学术界关注的重点内容之一。

青少年球员及其身份特征方面的研究涉及 8 个关键词:athletes、professional、players、male、junior、female、elite、status。其中,球员(players)相关的关键词是热点,共涉及 381 篇论文,TLCS 355 次,TGCS 2 601 次。青少年球员(junior)的研究较多,共计 49 篇。青少年中的职业球员(professional)和精英球员(elite)分别有 22 篇、121 篇,研究重点集中在体能、职业身份、损伤与恢复、相对年龄等几个领域。

竞技表现(performance)的文献有91篇,其中的重点文献有53、46、143、267、14号等,研究集中在青少年球员比赛中的竞技表现、体能或跑动能力竞技表现等方面。91篇文献的TLCS为156次,TGCS为848次。

1.1.5 重点研究者分析

HistCite统计发现：537篇文献学者共计1 809名。其中,按学者发文总量排序,前60位约占总人数的3.32%。前60位学者共参与了408篇文献,约占文献总数量的75.98%。因此,按发文总量排序,选择前60位学者作为关键研究者进行分析,具有较为普遍的代表性,基本能够涵盖当前国际青少年足球学术研究的关键人物。在HistCite统计基础上,用Sigma Plot 12.5分别对前30位和31～60位学者的总发文量(RECS)、总同行引用次数(TLCS)、总被引次数(TGCS)指标进行绘图(图1.1.5)。

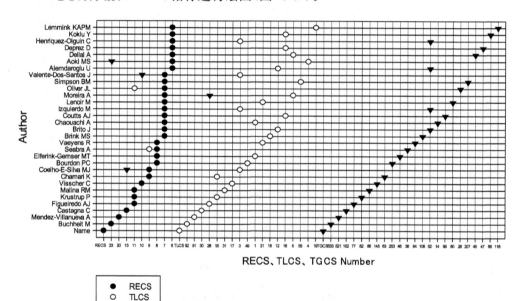

图1.1.5 前30位学者RECS、TLCS、TGCS对比分析

1) 前30位研究者分析

发文总量前30位的学者,共计发表论文124篇,约占文献总量的23.09%。本研究依据RECS和TLCS两项指标来判断作者的影响力。总发文量排在前30位的作者中,部分作为第一作者发文量却不高。其中,Moreira A共发表7篇文章,但第一作者的文章仅有2篇。Krustrup P和Malina RM(总发文11篇、第一作者1篇)、Seabra A(总发文8篇、第一作者1篇)、Chaouachi A(总发文7篇、第一作者1篇)、Dellal A(总发文6篇、第一作者1篇)。另外,前30位作者中有大量作者第一作者发文量为0。以下作者总发文数和第一作者发文数分别为：Visscher C为10、0；Chamari K、Coelho-E-Silva MJ为9、0；Bourdon PC、Elferink-Gemser MT和Vaeyens R为8、0；Coutts AJ、Izquierdo M、Lenoir M、Oliver JL、Simpson BM和Valente-Dos-Santos J为7、0；Alemdaroglu U、Aoki MS、Henriquez-Olguin

C 和 Lemmink KAPM 为 6、0。前 30 位中具有广泛影响力的学者主要如下：

（1）卡塔尔渴望学院的 Buchheit M 和 Mendez-Villanueva A　青少年足球研究领域最具代表性的人物是卡塔尔渴望学院体育运动科学系的 Buchheit M。自 2010 年至 2016 年，他先后在《英国运动医学杂志》(2013)、《欧洲应用生理学杂志》(2010)、《国际运动医学杂志》(2010)、《运动科学杂志》(2013)、《幼儿运动科学杂志》(2010)、《医药杂志》(2015)等刊物连续发表了 23 篇文章。其中，第一作者发表 13 篇，发文量排在所有研究者第 1 位。TLCS 92 次，TGCS 533 次，均排在所有研究者中的第 1 位。目前，Buchheit M 无疑是青少年足球研究领域的国际领军人物。Buchheit M 在 2010 年和 2013 年第一作者发表 5 篇，2011 年发表 4 篇，2012 年 2 篇，2014 年和 2015 年各 3 篇，2016 年 1 篇。本研究仅对其作为第一作者的 15 篇文章进行分析。值得注意的是，2015 年后，Buchheit M 发表文章的署名单位改为了"法国 Myorobie 协会体育运动系"。

Buchheit M 在 2010—2016 年的研究中，以 40、42、46、144、245 号文献为研究基础，明显分为几个相互关联又相对独立的研究领域（图 1.1.6）。首先，关于青少年球员跑动能力的研究，40、42、46、197、202、305、350、296 号文献为代表，分别从"青少年球员比赛中的重复连续冲刺跑""重复冲刺跑动的有效训练方法""青少年足球比赛跑动能力与体能问题""青少年的年龄、运动特征与超大强度间歇跑动能力的关系""青少年足球比赛中高速重复跑动对最大速度和有氧速度变化的影响""青少年高水平球员重复冲刺跑动能力与运动特征变化的关系""青少年球员加速能力和极限速度能力的机理""高水平青少年球员的体型与运动表现的关系问题"等角度进行了研究。其次，青少年比赛心率监控的研究，以第 29、143 号文献为代表，包括"青少年球员竞赛期间心率监测数据变化的决定因素""青少年球员的心率监测与比赛中的体能变化"。此外，245 号文献从"年龄和性成熟视角，研究了高水平青少年球员体测指标与竞技表现测评的信度与效度"问题；376 号文献对"高水平青年足球运动员高海拔比赛时的相对强度"进行了研究。

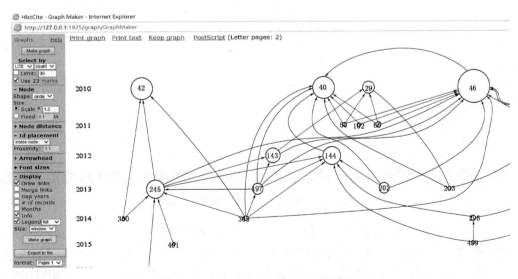

图 1.1.6　Buchheit M 文献引文编年图谱

发文总量排名第 2 位的学者，是来自卡塔尔渴望学院的教师 Mendez-Villanueva A。其发表20篇文章,但第一作者的文章仅有4篇(47、65、102、203号),有14篇是Buchheit M作为第一作者的文章。Mendez-Villanueva A作为第一作者发表文章的研究重点在:"性成熟对青少年球员冲刺跑和极限有氧速度的影响""年龄差异对青少年球员加速度、极限速度和重复冲刺能力的影响""青少年冲刺跑动表现相关研究""青少年足球比赛中的比赛强度分布相关研究"。

(2)土耳其棉花堡大学的Koklu Y 土耳其棉花堡大学的Koklu Y发表6篇文章,且均为第一作者。Koklu Y研究的重点集中在小场地足球比赛与青少年的生理反应、时间—运动特征、技术运用等的关系方面(图1.1.7)。其中,第89号文献发表在《力量与体能研究杂志》,研究"优秀青少年球员在不同类型小场地足球比赛中的生理反应情况";第146号文献发表在《人体动力学杂志》,对"青少年球员在间歇性和连续性小场地比赛中的生理反应进行了对比研究";第186号文献发表在《力量与体能研究杂志》,对"不同阵型青少年球员在4VS4小场地比赛中的生理反应与时空—位移特征进行了分析";第233号文献发表在《运动机能学杂志》,对"不同大小的小场地比赛中青少年的生理反应情况进行分析,并进一步提出促进青少年球员体能的具体办法";第387号文献发表在《力量与体能研究杂志》,"从守门员的视角,对青少年球员在小场地足球比赛中的生理反应和时间—运动特征进行了分析";第393号文献研究"3VS3小场地比赛中不同恢复时间对青少年球员生理反应和技术运用的影响"。Koklu Y发表的文献中,89号文献奠定了研究的基础。

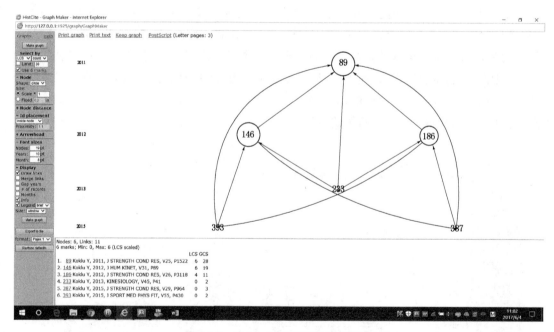

图1.1.7 Koklu Y文献引文编年图谱

(3)比利时根特大学的Deprez D 比利时根特大学的Deprez D共发表6篇文章,且均为第一作者。其研究重点集中在青少年球员的相对年龄、YO-YO测试、专项耐力等方面。其中,第187号文献于2012年发表在《国际运动医学杂志》,研究"青少年球员的相对年龄效应与YO-YO 1级测试之间的关系",其LCS为9、GCS为20;第250号文献于2013年发表在《国际运动医学杂志》上,分析"优秀青年足球运动员的相对年龄、生理成熟度及无氧特征"问题,其 LCS 为 3、GCS 为 13;第 301 号文献于 2014 年发表在《运动科学杂志》,探讨"青年足球运动员的间歇性 YO-YO 1 级测试中的信度和效度问题"(LCS2、GCS8);第 370 号文献于 2015 年发表在《运动科学杂志》,分析"场上位置变化与高水平青年足球运动员的特征"问题(LCS2、GCS3);第 371 号文献于 2015 年发表在《体育生物学杂志》,"对高水平青年足球运动员 YO-YO 间歇性 1 级测试的可靠性问题"进行分析(LCS3、GCS3);第 401 号文献于 2015 年发表在《运动科学与医学杂志》上,重点研究"高水平青少年球员的人体测量学和专项耐力的稳定性"。可以看出,187 号文献是 Deprez D 所有研究的基础性研究(图 1.1.8),研究之间存在着明显的相关性。

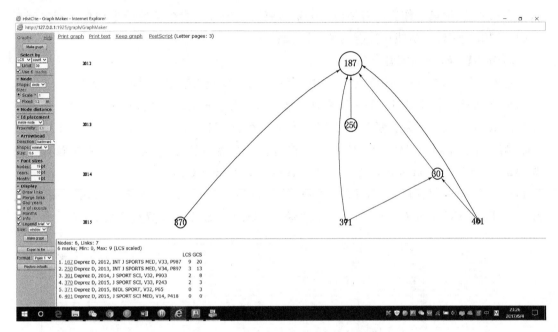

图 1.1.8　Deprez D 文献引文编年图谱

(4)荷兰格罗宁根大学的 Brink MS　Brink MS 共发表 7 篇文章,作为第一作者的文章 4 篇。作者研究的范围主要集中在青少年球员的运动负荷与恢复的监控、知觉压力的变化、心率与神经肌肉的关系等角度。第 13 号文献于 2010 年发表在《力量与体能研究杂志》上,分析了"优秀青少年球员的运动负荷监测、恢复和竞技表现"问题(LCS5、GCS27);第 36 号文献于 2010 年发表在《英国运动医学杂志》上,研究了"预防优秀青少年球员伤病的新视角:压力与恢复的监控"问题(LCS8、GCS34);第 154 号文献于 2012 年发表在《斯堪的纳维亚运动医学与科学杂志》上,研究了"过度自信青少年球员的知觉压力的变化与恢复情况"(LCS2、GCS30);第 215 号文献于 2013 年发表在《欧洲体育科学杂志》上,研究了"优秀青少年球员的亚极限心率与神经肌肉的关联性问题"(LCS3、GCS3)。

(5)葡萄牙波尔图大学的 Brito J　Brito J 共发表 7 篇文章,作为第一作者的文章 4 篇。其研究的范围主要集中在青少年球员的运动损伤、比赛前后身体姿势变化等问题。其中,第 80 号文献于 2011 年发表在《临床运动医学杂志》上,对"赛季前期青少年球员的损伤"问题进行了研究(LCS1、GCS5);第 145 号文献于 2012 年发表在《运动训练杂志》上,对"葡萄牙青少年球员在训练和比赛中的受伤情况"进行了分析(LCS2、GCS9);第 176 号文献于 2012 年发表在《运动物理疗法杂志》上,对"优秀青少年球员竞技足球比赛后的姿势稳定性下降情况"进行了研究(LCS2、GCS7);第274号文献于2014年发表在《人体动力学杂志》上,分析了"三种不同低强度训练项目对大学生男子足球运动员短期竞技表现的影响"问题(LCS0、GCS6)。

(6) 非第一作者高发文量学者　意大利圣马力诺足球总会的Castagna Carlo共发表13篇文章,发文总量排在第3位,但第一作者的文章仅有3篇。其主要从事青少年有氧运动能力问题的研究,包括"青少年球员有氧体适能测试的信度与效度检验""多级体测与女子青少年球员极限有氧能力评价""青少年球员耐力测试与比赛成绩的关系"等。

葡萄牙科英布拉大学体育科学与教育学院的Figueiredo AJ,共发表11篇文章,发文总量排在第4位,但第一作者仅有2篇。分别研究"11至14岁青少年球员生理与体型失调相关问题""青少年球员机能和技能的预测"问题。

2) 第31～60位研究者分析

总发文量排在31～60位的学者中,有些作为第一作者发文量在1篇以下。其中,Rebelo A发表6篇文章,但第一作者的文章仅有1篇。Emery CA、Lloyd RS、Schiff MA和Tessitore A等4人发文量为5篇,第一作者1篇;Al Haddad H与Andrzejewski M发文4篇,第一作者1篇。另外,有些学者第一作者发文0篇,其发文量与第一作者文章数分别为:Martinez C、Williams AM为6、0;Alvarez C、Andrade DC、Carling C、Drust B、Gil SM、Dvorak J、Fransen J、Levy MR、Myer GD、O'Kane JW、Polissar NL为5、0;Andersen TE、Attene、Bara MG为4、0。第31～60位学者RECS、TLCS、TGCS情况见图1.1.9。

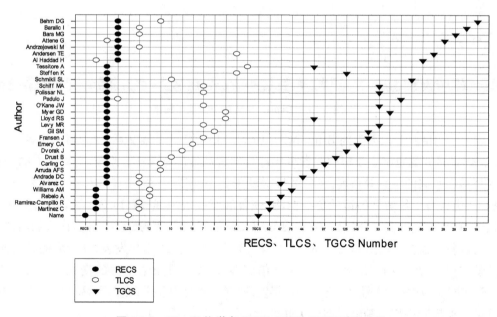

图1.1.9　31～60位学者RECS、TLCS、TGCS对比分析

(1) 智利拉各斯大学的Ramirez-Campillo R　智利拉各斯大学的Ramirez-Campillo R共发表6篇文章,全部为第一作者。其研究侧重Plyometric训练法与青少年的耐力、爆发力、休息与恢复等的关系问题。其中,第290号文献于2010年发表在《力量与体能研究杂志》上,研究"运用低运动量、高运动强度的Plyometric训练法,对青少年球员进行爆发力和

耐力训练的效果";2014年他在《运动科学与医学杂志》上发表299号文献,研究了"青少年球员进行为期7周的爆发力训练时,训练间隙休息调整的效果问题";2015年他在《力量与体能研究杂志》上发表388、394、404、405号文献,分别研究"青少年球员进行为期6周的Plyometric训练时,训练日之间进行休息调整的效果问题""单腿、双腿以及单双腿结合进行Plyometric训练对青少年球员的耐力和爆发力的影响""垂直、水平以及两者结合进行Plyometric训练对青少年球员的耐力和爆发力的影响""超负荷量Plyometric训练对青少年球员的耐力和爆发力的影响"等问题。

(2) 突尼斯国家医学与体育科学中心的Padulo J　突尼斯国家医学与体育科学中心的Padulo J共发表5篇文章,作为第一作者的文章4篇。2015年他在《国际运动医学杂志》分别发表3篇文章,内容涉及"青年足球运动员身体摆动动作对重复性折返跑影响""青少年球员恢复过程中跳跃练习对重复冲刺能力的影响""青少年球员恢复时间与重复冲刺能力关系研究";2016年他在《运动医学研究杂志》发表《坡度训练对青少年反复冲刺能力的影响》。可以发现,Padulo J的研究主要集中在青少年球员的折返、冲刺跑动能力方面。

(3) 荷兰乌得勒支大学的Schmikli SL　荷兰乌得勒支大学医学中心的Schmikli SL发表5篇文章,作为第一作者的文章3篇。2011年他在《运动科学与医学杂志》上发表关于"男性初中、高中球员运动损伤特征、发生率及预防"方面的研究;2011年在《英国运动医学杂志》上发表关于"年轻优秀球员和中长跑运动员非功能性过度训练机能测评相关研究";2012年在《英国运动医学杂志》上发表"利用对优秀男性青少年球员的竞技表现、垂体-肾上腺激素和情绪指标的监控来诊断非功能过度训练问题"的相关研究。

(4) 其他学者　美国西雅图Harborview、伤害预防医学中心的Steffen K、塞尔维亚贝尔格莱德大学的Baralic I、西班牙巴斯克自治区大学的Gil SM、巴西圣保罗大学的Arruda AFS均是以第一作者身份发表了2篇文章。其中,Steffen K主要研究"神经肌肉损伤的预防及其与平衡能力和运动损伤风险的关系问题";Gil SM主要研究"青少年球员的人体测量学特征问题,以及相对年龄、生理成熟度与竞技表现关系的问题";Arruda AFS的研究重点集中在"高强度赛程安排对青少年球员的身体负荷、加速度和跑动能力的影响与测量,以及青少年球员整个赛季睾酮浓度和下肢力量变化情况"。

1.1.6　关键学术期刊分析

537篇文献共涉及学术刊物116本。发文量在5篇及以上的刊物共26本,约占刊物总数的22.41%,共发表文章392篇,约占文章总数量的73.00%,TLCS为474,TGCS为3 169,分别约占总TLCS和TGCS的91.86%、85.39%。

1)《力量与体能研究杂志》

发文量第1位的是美国国家体能协会主办的《力量与体能研究杂志》,共发文66篇。66篇文献的最大LCS19次,TLCS为115次,TGCS为628次。2010—2016年,发文量依次为9、15、5、4、9、17、7篇。2015年,发文量出现明显的上升。通过文献引文编年图谱分析,发现66篇文献中最具影响力的文献是14号和42号文献(图1.1.10)。14号文献是2010年香港浸会大学的Wong Pui-Lam发表的《12周体能与力量训练对U14青少年球员竞技体能的影响研究》一文;42号文献是Buchheit M 2010年发表的《促进青少年球员重复冲刺跑动能力:反复折返冲刺跑与爆发性力量训练》一文。

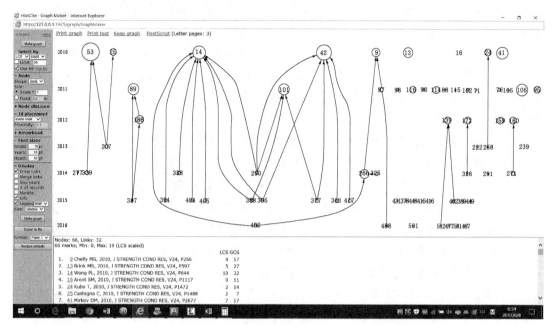

图 1.1.10 《力量与体能研究杂志》文献引文编年图谱

《力量与体能研究杂志》相关文献涉及 282 位学者。发文总数量在 3 篇及以上的共 15 人,涉及文献 60 篇。发文总量前 15 位的学者中,第一作者发文 5 人,共 12 篇(表 1.1.1)。在该刊物第一作者发文最多的是智利拉各斯大学的 Ramirez-Campillo R,共发表 5 篇,研究内容全部与 Plyometric 训练方法有关。排在第 2 位的是土耳其棉花堡大学的 Koklu Y,第一作者 3 篇,研究内容全部与小场地足球赛相关。意大利圣马力诺足球总会的 Castagna C 排在第 3 位,第一作者发文 2 篇。

表 1.1.1 《力量与体能研究杂志》发文总量前 15 位学者排名

序号	Author	RECS	Lead Author	TLCS	TGCS
1	Castagna C	8	2	4	87
2	Henriquez-Olguin C	5	0	0	45
3	Izquierdo M	5	0	0	45
4	Martinez C	5	0	0	45
5	Ramirez-Campillo R	5	5	0	45
6	Alvarez C	4	0	0	40
7	Andrade DC	4	0	0	37
8	Alemdaroglu U	3	0	3	42
9	Aoki MS	3	0	1	20
10	Behm DG	3	0	0	13
11	Castro-Sepulveda M	3	0	0	13

(续表)

序号	Author	RECS	Lead Author	TLCS	TGCS
12	Chaouachi A	3	1	0	8
13	Koklu Y	3	3	3	42
14	Manzi V	3	0	3	60
15	Moreira A	3	1	1	20

《力量与体能研究杂志》中的66篇文献,涉及168所研究机构。其中,发文量在3篇及以上的机构共11所,分别是意大利足球协会、智利临床运动医学实验室、智利Frontera大学、智利拉各斯大学、西班牙那瓦拉公立大学、巴西圣保罗大学、智利湖大区家庭健康中心、意大利罗马第二大学、加拿大足球协会、加拿大太平洋体育学院、加拿大纽芬兰纪念大学(表1.1.2)。66篇文献涉及31个国家,发文总量在5篇及以上的国家共9个,分别为意大利(14)、西班牙(12)、英国(9)、巴西(8)、加拿大(8)、突尼斯(7)、美国(6)、智利(5)、法国(5)。

表1.1.2 《力量与体能研究杂志》发文3篇及以上研究机构

序号	Institution	RECS	TLCS	TGCS
1	Italian Football Federat FIGC	5	1	14
2	MEDS Clin	5	0	45
3	Univ La Frontera	5	0	45
4	Univ Los Lagos	5	0	45
5	Univ Publ Navarra	5	0	45
6	Univ Sao Paulo	5	1	26
7	Family Hlth Ctr Los Lagos	4	0	21
8	Univ Roma Tor Vergata	4	3	65
9	Canadian Soccer Assoc	3	0	37
10	Canadian Sport Inst Pacific	3	0	37
11	Mem Univ Newfoundland	3	0	13

2)《运动科学杂志》

发文量第2位的是由英国体育与运动科学协会主办的《运动科学杂志》,共发文53篇。2010—2016年每年发文量为3、4、10、5、13、7、11篇。53篇文献的最大LCS为7次,TLCS为55次,TGCS为511次。该杂志的研究重点是体育人类科学,涵盖理论层面的概念界定与应用领域的运动、训练问题研究,主要包括人类运动相关的反应实验、体育器材设计与运用、训练、选材、竞技状态预测与调控、减压等方面。其中较有影响力的文献涉及研究领域主要有:训练负荷强度变化对青少年精英球员体能影响方面的研究(128-129-454);年龄、生理成熟度与训练强度和竞技表现等关系方面的研究(245-197-305、279);场上位置与体能关系、青少年精英球员选材体能指标方面的研究(134-370、216);精英球员认定的研究(135)等(图1.1.11)。

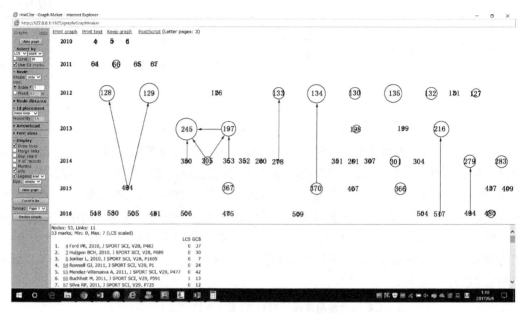

图 1.1.11 《运动科学杂志》文献引文编年图谱

在《运动科学杂志》发文的相关学者共 220 人。发文量在 3 篇及以上的共 7 人,其中,第一作者发文 Buchheit M 5 篇,Mendez-Villanueva A 和 Seabra A 各 1 篇,其余学者为 0 篇(表 1.1.3)。在《运动科学杂志》发表青少年足球相关研究的机构有 106 所。发文量在 3 篇及以上的共 3 所,分别是英国利物浦约翰摩尔大学(6)、卡塔尔渴望学院(5)、比利时根特大学(3);发文量在 5 篇及以上的国家共 3 个,依次为英国(15)、卡塔尔(9)、葡萄牙(5)。

表 1.1.3 《运动科学杂志》发文 3 篇及以上学者

序号	Author	RECS	Lead Author	TLCS	TGCS
1	Buchheit M	6	5	5	101
2	Mendez-Villanueva A	6	1	5	101
3	Coutts AJ	3	0	0	34
4	Lenoir M	3	0	1	44
5	Seabra A	3	1	0	0
6	Vaeyens R	3	0	1	44
7	Williams AM	3	0	1	52

3)《人类动力学杂志》

发文量第 3 位的是由英国体育与运动科学协会主办的《人类动力学杂志》,共发文 24 篇。24 篇文献的最大 LCS 为 6 次。利用引文编年图谱发现,2010—2016 年发文量分别为 3、3、4、7、4、3 篇,有影响力的文献以 87、146、189 号等为代表(图 1.1.12)。87 号文献研究"2VS2、3VS3、4VS4 小场地比赛中青少年心率的变化与影响"问题;146 号文献针对"年轻球员在间歇性和连续性小场地比赛中的生理反应情况,进行了实验性对比分析";189 号文献研究"YO-YO 测试与无氧、有氧能力的关系问题"。

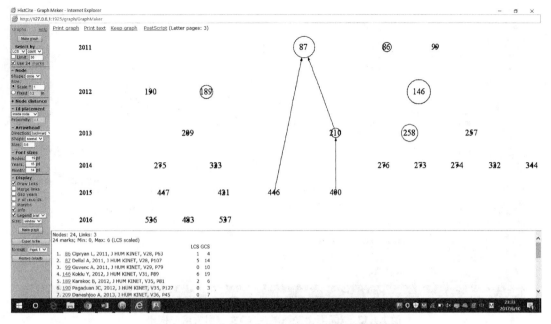

图 1.1.12 《人类动力学杂志》文献引文编年图谱

《人类动力学杂志》24 篇文献涉及学者 96 名。其中，发文量并列第一位的共 4 人，分别为马来西亚大学的 Daneshjoo A、Mokhtar AH 和 Yusof A（三人合作，Daneshjoo A 为第一作者）以及伊朗伊斯法罕大学的 Rahnama N，均发表 2 篇。涉及研究机构 56 所，其中，发文量为 2 篇的研究机构有捷克布拉格大学、土耳其棉花堡大学、伊朗伊斯法罕大学、马来西亚大学、葡萄牙波尔图大学、土耳其阿卡德尼兹大学。文献共涉及 18 个国家，3 篇及以上的共 5 个，包括葡萄牙(6)、西班牙(5)、巴西(4)、捷克(3)、土耳其(3)。

4)《国际运动医学杂志》

发文量第 4 位的是《国际运动医学杂志》。其由德国 Thieme 出版社发行，共发表青少年足球文献 21 篇，TLCS 为 63 次，TGCS 为 262 次。通过文献引文编年图谱分析，发现 12 篇文献存在着相互的引用关系。其中，46、40、187 号文献是相关研究领域的代表性文献（图 1.1.13）。46 号和 40 号文献均是 Buchheit M 的研究成果，主要研究"青少年足球比赛跑动能力与重复连续冲刺跑"问题；187 号文献是 Deprez D 关于"青少年球员的相对年龄与 YO-YO IR1 测试"关系的研究。

《国际运动医学杂志》21 篇文献涉及作者 102 人，发文量在 3 篇及以上的共 9 人，其中，第一作者发文 Buchheit M 4 篇，葡萄牙科英布拉大学的 Valente-Dos-Santos J 2 篇，卡塔尔渴望学院的 Mendez-Villanueva A 1 篇（表 1.1.4）。共涉及 53 所研究机构，发文量在 3 篇及以上的研究机构有葡萄牙科英布拉大学(4)、巴西隆德里纳州立大学(3)、比利时根特大学(3)、荷兰格罗宁根大学(3)、美国得克萨斯大学奥斯丁分校(3)；涉及 14 个国家，发文量在 4 篇及以上的分别为卡塔尔(6)、巴西(5)、葡萄牙(5)、西班牙(5)、英国(4)、美国(4)。卡塔尔的相关文献 TGCS 达到 208 次，比较而言具有广泛的国际影响力。

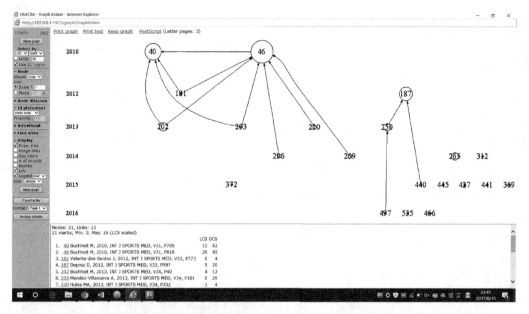

图 1.1.13 《国际运动医学杂志》文献引文编年图谱

表 1.1.4 《国际运动医学杂志》发文 3 篇及以上学者

序号	Author	RECS	Lead Author	TLCS	TGCS
1	Buchheit M	5	4	10	195
2	Mendez-Villanueva A	5	1	10	195
3	Coelho-E-Silva MJ	4	0	0	4
4	Valente-Dos-Santos J	4	2	0	4
5	Bourdon PC	3	0	10	176
6	Elferink-Gemser MT	3	0	0	4
7	Malina RM	3	0	0	4
8	Simpson BM	3	0	10	160
9	Vaeyens R	3	0	3	37

5)《运动医学与健身杂志》

发文量第 5 位的是《运动医学与健身杂志》，由意大利 Edizioni Minerva 出版社发行，发文 19 篇，TLCS 为 2 次，TGCS 为 42 次。2011—2016 年发文量分别为 4、2、1、5、4、3。该杂志发表的研究成果处于相对独立的状态，相互之间缺乏引用关系。其中，GCS 较高且具有代表性的文章为 75、486 号。75 号文献第一作者为西班牙塞万提斯大学的 Sedano S，其主要研究"plyometric 训练对年轻优秀足球运动员的爆发力、加速能力和踢球速度的影响问题"；486 号文献第一作者为意大利巴勒莫大学的 Cataldo A，主要研究"心率变异性对青少年球员重复冲刺跑成绩的影响"。

《运动医学与健身杂志》相关研究涉及 96 名学者，发文 2 篇的共 3 人，分别是来自塞尔维亚贝尔格莱德大学的 Baralic I、Kotur-Stevuljevic J 和 Stefanovic A。47 所研究机构在该刊发表相关研究,发文2篇的机构有贝尔格莱德大学、里昂大学、罗马第二大学;发文量在3篇及以上的国家依次为意大利(6)、西班牙(5)、土耳其(3)、英国(3)(图1.1.14)。

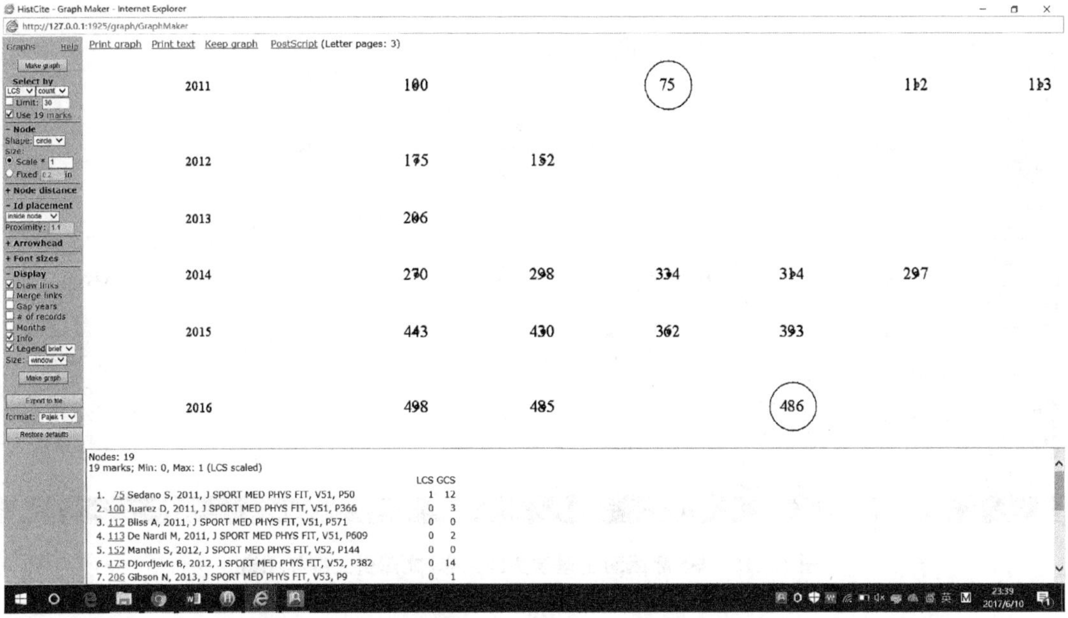

图1.1.14 《运动医学与健身杂志》文献引文编年图谱

6)《国际运动生理学实践杂志》

发文量第6位的是由美国全球最大体育出版社——人体运动出版社出版的《国际运动生理学实践杂志》。目前,共发文18篇,TLCS为23次,TGCS为117次。该杂志发表的文献也处于相对独立的状态,缺乏相互引用关系。其中,GCS具有代表性的文献为144、111、85号(图1.1.15)。144号文献是Buchheit M关于"青少年球员极限冲刺跑动能力"的研究;111号文献是挪威体育学院的Spencer Matt关于"青少年球员重复性冲刺能力的体能决定因素研究";85号文献是英国埃克塞特大学的Williams Craig A对"青年球员的冲刺跑与跳跃能力的长期性监控"相关的研究。

《国际运动生理学实践杂志》18篇文章涉及71名学者,发文2篇的共7人,分别是来自渴望体育学院的Buchheit M和Mendez-Villanueva A、德国萨尔大学的Meyer T和Skorski S、Faude O(瑞士巴塞尔大学)、Tessitore A(意大利罗马大学)、Illiams CA(英国埃克塞特大学)。36所研究机构中,发文2篇的机构有瑞士巴塞尔大学、英国埃克塞特大学、意大利罗马大学、德国萨尔大学;发文量在3篇及以上的国家依次为英国(4)、意大利(3)、西班牙(3)、瑞士(3)、美国(3)。

7)《运动科学与医学杂志》

发文量第7位的是由土耳其乌鲁达大学出版的《运动科学与医学杂志》。该刊物发文涉及临床、运动生理学、运动生物学、运动生物力学、运动营养学、运动心理学、运动康复与理疗等众多学科领域。目前,共发文18篇,TLCS为10次,TGCS为91次。该杂志发表的文献相互之间无引用。其中,GCS具有代表性的文章为22、147号(图1.1.16)。22号文献是西班牙卡斯蒂利亚拉曼查大学的Gutierrez Diaz del Campo关于"西班牙青少年球员的相对

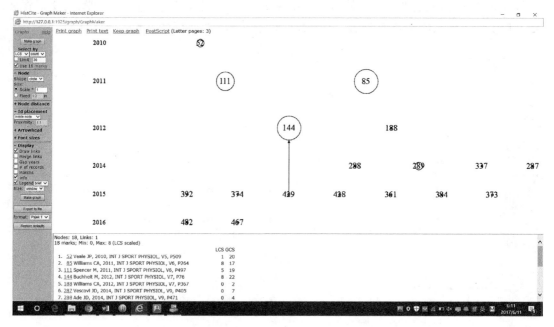

图 1.1.15 《国际运动生理学实践杂志》文献引文编年图谱

年龄"研究；147号文献是土耳其穆斯塔法凯末尔大学的 Aslan Alper 关于"青少年球员的竞技表现与代谢需求关系"的研究。

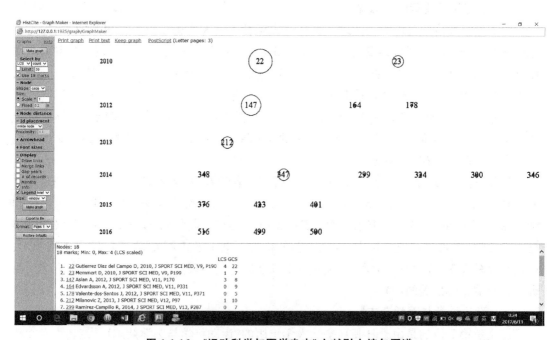

图 1.1.16 《运动科学与医学杂志》文献引文编年图谱

18篇文章涉及87名学者，发文2篇的学者4人，分别是法国 Myorobie 协会的 Buchheit M、葡萄牙科英布拉大学 Coelho-E-Silva MJ 和 Figueiredo AJ、比利时根特大学的 Philippaerts RM。发文量为3篇的国家有德国、英国。

8)《英国运动医学杂志》

《英国运动医学杂志》是由英国运动医学出版社于1997年创立的学术刊物。目前,共发文17篇,TLCS为40次,TGCS为311次。图谱显示,部分文献存在着明显的引用关系(图1.1.17)。34-50-243-21-226-320-534号文献同属"青少年球员运动损伤及预防"相关研究。其中,34、50号文献第一作者均是挪威体育学院的Soligard Torbjorn。34号研究的重点是"全面热身活动在预防青少年球员运动伤害方面的作用";50号是对"青少年女子球员的技术熟练程度与运动损伤的关系问题"的研究;243、226号文献是Steffen K对加拿大女性青少年球员"神经肌肉损伤的预防及其与平衡能力和运动损伤风险的关系"相关问题的研究;21号文献是加拿大卡尔加里大学Emery CA关于"减少青少年足球比赛损伤的神经肌肉预防措施"的相关研究;320号文献是卡尔加里大学的McKay Carly D对"国际足联11人制足球比赛中,教练员和女性青少年球员在运动损伤知识了解程度、对待运动损伤的态度和信念方面"进行的调查研究。卡尔加里大学的Marshall Deborah A"从经济影响的视角,对神经肌肉训练与传统的热身活动进行了对比分析,指出了前者在降低青少年足球比赛损伤风险和后续的花费方面的积极作用"。36号文献的GCS也比较高,是荷兰格罗根大学的Brink MS关于"青少年精英足球运动员损伤和疾病预防"相关的研究。

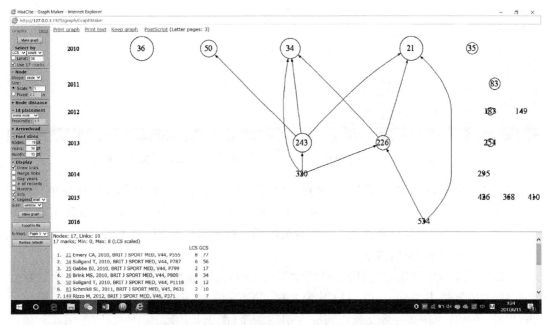

图1.1.17 《英国运动医学杂志》文献引文编年图谱

《英国运动医学杂志》17篇文献涉及73名学者,发文量3篇及以上的学者有卡尔加里大学的Emery CA(5)、Meeuwisse WH(3)、Romiti M(3),西雅图Harborview伤害预防医学中心的Steffen K(5),国际足联医学评估与研究中心的Dvorak J(4),挪威体育学院的Andersen TE(3)、格罗根大学的Brink MS(3);发文3篇及以上的研究机构有挪威体育学院(6)、卡尔加里大学(5)、格罗宁根大学(4)、瑞士国际足联医学评估和研究中心(3)。共涉及11个国家,排在前4位的是挪威(6)、加拿大(5)、荷兰(4)、瑞士(4)。

9)《斯堪的纳维亚运动医学和运动科学杂志》

《斯堪的纳维亚运动医学和运动科学杂志》是丹麦 Munksgaard 国际出版社主办的学术期刊，共发文 13 篇，TLCS 为 35 次，TGCS 为 168 次。通过文献引文编年图谱分析，发现研究处于相对独立的状态（图 1.1.18）。其中，代表性的研究有 91、154、28 号。91 号是葡萄牙科英布拉大学的 Figueiredo AJ 关于"青少年球员功能与技能预测"方面的研究；154 号是荷兰格罗根大学 Brink MS 的关于"过度自信青少年球员的知觉压力变化与恢复情况"研究；28 号是美国弗吉尼亚理工大学 Williams J. H 的"通过对 FIFA U17 世界杯的分析，研究相对年龄对青少年球员影响"的成果。

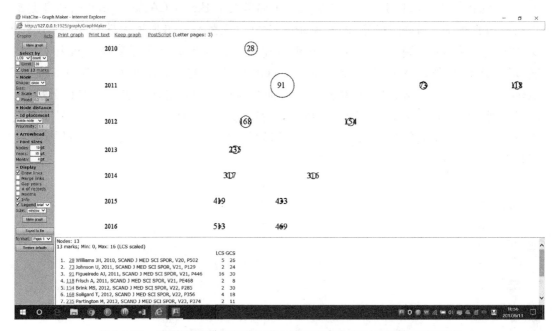

图 1.1.18 《斯堪的纳维亚运动医学和运动科学杂志》文献引文编年图谱

该刊物涉及 60 名学者，其中，发文量 2 篇的仅有丹麦哥本哈根大学的 Krustrup P。共 32 所研究机构在该刊发文，只有哥本哈根大学和埃克塞特大学发表 2 篇，其余为 1 篇。文章涉及 13 个国家，发文量 2 篇及以上的有英国（5）、丹麦（2）、荷兰（2）、美国（2）。

10)《临床运动医学杂志》

《临床运动医学杂志》是美国运动医学学会、美国运动整骨医院、加拿大体育学院联合认定的官方杂志，共发文 11 篇，TLCS 为 8 次，TGCS 为 42 次。通过文献引文编年图谱分析，发现 80-491、236-285 号文献之间存在引用关系（图 1.1.19）。45 号文献的 GLCS 为 17 次，具有较高的影响力。80 号文献是葡萄牙波尔图大学的 Brito Joao 对"赛季前期青少年球员的运动损伤问题"进行的研究；491 号文献是美国华盛顿大学的 O'Kane John W 关于"足球鞋、场地因素对女子青少年球员下肢急性损伤影响"的研究；45 号文献是美国得克萨斯大学奥斯丁分校的 Malina Robert M 关于"青少年球员的骨龄与实际年龄问题"的研究。

该刊相关发文学者 55 名，第一作者发表 2 篇的仅有加拿大麦吉尔运动医学康复诊所的 Delaney JS。发文量 2 篇的机构涉及 8 所，分别是加拿大达尔豪斯大学、麦吉尔运动医学康复诊所、麦吉尔大学、以色列哈达萨希伯来大学、丹麦哥本哈根大学、葡萄牙波尔图大学、美

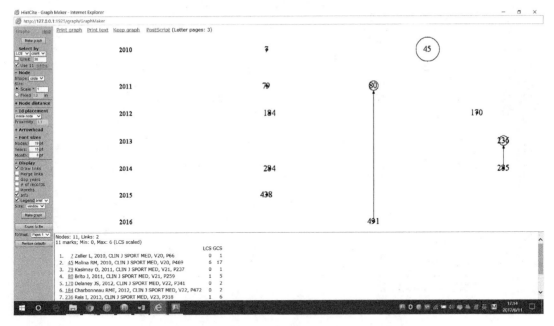

图 1.1.19 《临床运动医学杂志》文献引文编年图谱

国塔尔顿州立大学和得克萨斯大学奥斯丁分校。11 篇文章涉及 11 个国家,3 篇及以上的国家有加拿大(4)、葡萄牙(3)、美国(3)。

11)《欧洲体育科学杂志》

《欧洲体育科学杂志》是欧洲体育科学学院的官方学报,共发文 11 篇,TLCS 为 16 次,TGCS 为 80 次。通过文献引文编年图谱分析,发现 249-524 号存在引用关系,其余文章相对独立(图 1.1.20)。具有较高影响力文献还有 267、268 号。249 号文献是瑞士伯尔尼大学的 Zibung Marc"从以人为本的视角,对青少年足球人才的专业化培养"进行的研究;267 号文献是葡萄牙波尔图大学的 Rebelo Antonio 对"青少年球员体能与竞技体能表现的关系问题"的研究;268 号文献是葡萄牙埃武拉大学 Folgado Hugo 的"将长度、宽度和离心距离作为衡量青少年足球队战术表现指标"的相关研究。

该刊涉及 44 名学者,发文 2 篇的仅哥本哈根大学的 Lemmink KAP,但均非第一作者。26 所研究机构中,仅有哥本哈根大学发文 2 篇。

12)《国际体育竞技状态分析杂志》

《国际体育竞技状态分析杂志》是由英国威尔士大学主办的学术期刊,共发文 11 篇,TLCS 为 4 次,TGCS 为 22 次。通过文献引文编年图谱分析,发现 15-311-218 号存在引用关系,其余文章相对独立(图 1.1.21)。15 号文献为英国切斯特大学的 Waldron Mark 对"优秀与次优秀青少年球员的特殊技术差异"的对比研究;311 号文献从"室内足球不同位置青少年运动员的角度,研究其在体质特征、场地测试成绩和比赛中的技术运用差异";218 号文献是德国慕尼黑科技大学的 Grossmann Bettina 关于"德国普通学校中的青少年在转变为职业球员过程中,相对年龄的影响问题"的研究。

该杂志涉及 40 名学者,其中发文 3 篇的仅有葡萄牙波尔图大学的 Garganta J,但其均

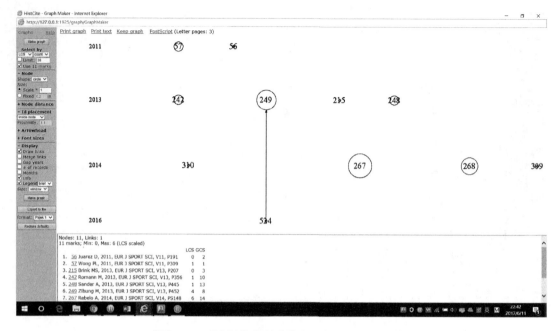

图 1.1.20 《欧洲体育科学杂志》文献引文编年图谱

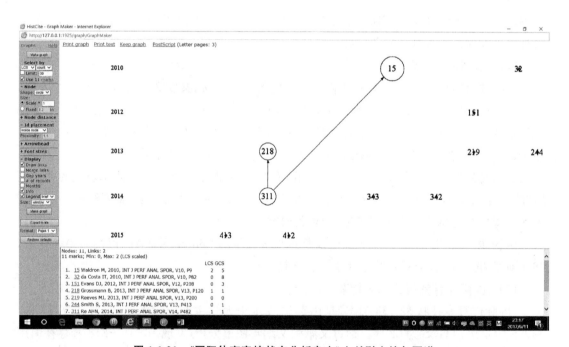

图 1.1.21 《国际体育竞技状态分析杂志》文献引文编年图谱

非第一作者。24 所研究机构中也仅有波尔图大学发文 3 篇,其余均为 1 篇。10 个国家中发文 3 篇及以上的国家有英国(5)、巴西(3)、葡萄牙(3)。

13)《国际体育科学与训练杂志》

《国际体育科学与训练杂志》办刊的目的是在教练员和科学训练之间搭建起桥梁。该刊物的影响因子为 0.519。该刊共发文 11 篇,TLCS 为 1 次,TGCS 为 17 次。说明该刊物的同行认定程度较低。196 号文献是其中的代表文献,研究"青少年球员在小场地比赛中,进行高强度跑动时的生理特征和技术变化"。该刊共涉及 44 名学者,发文量 2 篇的有波兰马尔堡足球学院的 Barnat W、波兰格但斯克大学的 Radziminski L、Dargiewicz R 和 Jastrzebski Z。26 所研究机构中,发文量 2 篇的有格但斯克大学和马尔堡足球学院。涉及的 15 个国家中发文量 2 篇的国家有新西兰、波兰、美国。

14)《运动与锻炼心理学》

《运动与锻炼心理学》是欧洲运动心理学联合会的官方杂志。该刊物的影响因子为 2.605。该刊共发文 11 篇,TLCS 为 15 次,TGCS 为 134 次。通过文献引文编年图谱分析,发现代表性的研究文献主要有 162-306 号、140 号(图 1.1.22)。162 号文献是英国利物浦约翰摩尔大学的 Ford Paul R"对英国获得职业球员身份的优秀青少年球员与未获得职业球员身份的青少年球员的成长路径进行的对比调查";306 号是挪威体育学院的 Haugaasen Mathias 对"优秀青少年球员从童年到成为职业球员过程中,参与足球专项活动的多层次分析";140 号文献是英国伯明翰大学的 Adie James W"对优秀青少年球员在教练支持、需求满足、积极或消极态度等方面的知觉感受力进行的长期调查"。38 名学者中,仅有瑞典于默奥大学的 Stenling A 发文 2 篇,但均非第一作者。17 所研究机构中,发文 2 篇的有英国伯明翰大学、意大利基耶地—佩斯卡拉大学、英国拉夫堡大学等。7 个国家中发文 2 篇的有英国、加拿大、意大利、瑞典。

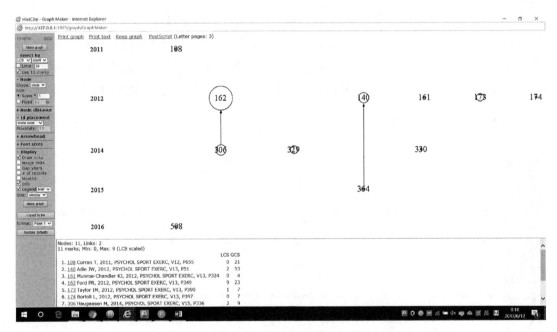

图 1.1.22 《运动与锻炼心理学》文献引文编年图谱

15)第 15~25 位学术杂志

发文量排在第 15 位的期刊是波兰科学出版社的《体育生物学杂志》。其 2012 年的影响因子在 0.4 以上,共发文 9 篇,TLCS 为 6 次,TGCS 为 18 次。在全部 9 篇文献中,只有第 1 号文献《青少年球员的人种和体型特征与普通人群差异的对比分析》被同行引用了 6 次,其余文章均未被同行引用过。第 16 位的期刊是由美国圣弗朗西斯科市的公共科学图书馆出版的《公共科学图书馆杂志》。其 2012 年的影响因子在 3.75 以上,共发文 9 篇,TLCS 为 0, TGCS 为 25 次。第 17 位的是《运动医学研究》。该杂志是由英国 Informa 集团出版,2012 年的影响因子在 1.15 左右,共发文 8 篇,TLCS 为 3 次,TGCS 为 25 次。第 18 位的是《美国运动医学杂志》。该杂志是由美国 Sage 出版集团出版的学术期刊,2012 年的影响因子在 4.50 左右,共发文 7 篇,TLCS 为 3 次,TGCS 为 133 次。第 19 位的期刊是《应用运动心理学杂志》,由 Taylor & Francis Group 出版的学术期刊,2012 年的影响因子在 1.18 左右,共发文 7 篇,TLCS 为 4 次,TGCS 为 35 次。第 20 位的期刊是《运动训练杂志》,是美国国家教练员协会出版的官方刊物。其 2012 年的影响因子在 1.7 左右,共发文 6 篇,TLCS 为 11 次,TGCS 为 5 次。第 21 位的期刊是意大利的《体育医学杂志》,2013 年的影响因子在 0.163 左右,共发文 6 篇,TLCS 为 1 次,TGCS 为 6 次。第 22 位的期刊是《小儿运动科学杂志》,由美国人体运动出版社出版,共发文 6 篇,TLCS 为 7 次,TGCS 为 44 次。第 23 位的期刊是《欧洲应用生理学杂志》,是由德国 Springer Nature 集团出版的医学类期刊,2013 年的影响因子为 2.298,共发文 5 篇,TLCS 为 11 次,TGCS 为 73 次。第 24 位的是《运动人体科学》杂志,由荷兰 Elsevier 集团出版,2013 年的影响因子为 1.606,共发文 5 篇,TLCS 为 1 次,TGCS 为 18 次。第 25 位的是《运动机能学》杂志,由克罗地亚萨格勒布大学体育学院主办,研究文献倾向于体育运动方面,2012 年的影响因子在 0.40 以上,共发文 5 篇,TLCS 为 0,TGCS 为 5 次。

第 15~25 位学术期刊共发表 73 篇文献,其中的代表性文献有 19-185、29-143、1、48、163-281-157、335 号文献等(图 1.1.23)。19-185 号:19 号文献是美国西雅图 Harborview 伤害预防医学中心的 Schiff Melissa A "通过对比具有资格证书的教练员给出的监测数据和使用网络监测获得数据之间的差异,对女性青少年球员的运动损伤问题进行研究";185 号

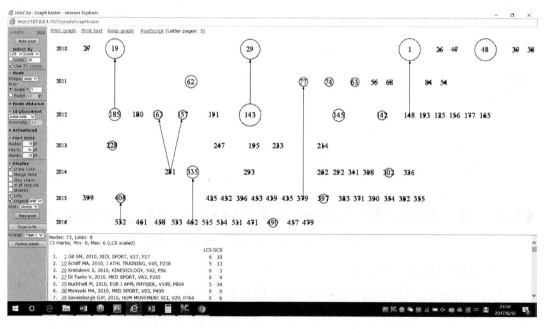

图 1.1.23　第 15~25 位学术期刊文献引文编年图谱

文献是美国华盛顿大学的 Chrisman Sara P 进行的"精英、业余青少年女子球员的力量、跳跃能力的生物力学分析"。29-143 号：29 号文献是 Buchheit M"青少年球员竞赛期间心率监测数据变化的决定因素"方面的研究；143 号是 Buchheit M 关于"青少年球员的心率监测与比赛中的体能变化"的研究。1 号文献是西班牙巴斯克自治区大学 Gil SM 关于"青少年球员的人种和体型特征与普通人群差异的对比分析"。48 号是葡萄牙科英布拉大学的 Figueiredo Antonio J"通过对比 11 岁和 14 岁年龄组球员的身高、体重、骨骼成熟度等人体测量学指标以及专项技术和目标定向能力等能力指标，对球员竞技表现进行分析与判断的研究"。163-281-157 号：163 号是美国密歇根州立大学的 Johnson Adam C 关于"高水平青少年前锋球员髋关节撞击综合症"问题的研究；281 号是荷兰鹿特丹大学的 Agricola Rintje "采用 2 年以上的跟踪调查，对青少年男子球员青春期骨骼成熟过程中出现的突出型畸形情况"进行的研究；157 号是 Agricola Rintje 对"凸轮型畸形的发生与发展"进行的研究。335 号是塞尔维亚贝尔格莱德体育科学与健康中心的 Ostojic Sergej M 对"14 岁和成年球员的生物学年龄问题的研究。研究认为早熟的青少年与晚熟的相比，在竞技表现上并不存在显著性差异"。

这 11 本刊物涉及学者 318 名，发文量排在 3 篇及以上的有：Buchheit M、Mendez-Villanueva A、Ardigo LP、Attene G、Chamari K、Jadczak L、Padulo J、Sliwowski R、Wieczorek A。其中，意大利 eCampus 大学的 Padulo J 和波兰波兹南比亚赛茨基体育学院 Sliwowski R 第一作者发表 3 篇，Buchheit M 第一作者发表 2 篇。文献涉及 153 所研究机构，其中，发文量 3 篇及以上的共 9 所：英国利物浦约翰摩尔大学(5)、意大利维罗纳大学(4)，以及西班牙巴斯克大学、意大利卡利亚里大学、意大利 eCampus 大学、荷兰格罗宁根大学、巴西圣保罗大学、克罗地亚斯普利特大学、克罗地亚萨格勒布大学均是 3 篇；文献涉及国家 40 个，发文量 3 篇及以上的 15 个国家分别为：英国(17)、美国(10)、意大利(9)、卡塔尔(8)、法国(6)、荷兰(6)、克罗地亚(5)、西班牙(5)、突尼斯(5)，以及希腊、伊朗、日本、波兰、葡萄牙、塞尔维亚(均是 3 篇)。

1.1.7　研究机构分析

537 篇文献，涉及研究机构 745 家。发文量在 5 篇及以上的共 43 家(图 1.1.24)。按发文量顺序排序，依次为：Acad Sports Excellence(卡塔尔渴望学院)、Univ Groningen(荷兰格罗宁根大学)、Liverpool John Moores Univ(英国利物浦约翰摩尔大学)、Univ Coimbra(葡萄牙科英布拉大学)、Norwegian Sch Sport Sci(挪威体育学院)、Univ Porto(葡萄牙波尔图大学)、Univ Loughborough(英国拉夫堡大学)、Univ Sao Paulo(巴西圣保罗大学)、Univ Exeter(英国埃克塞特大学)、Univ Basque Country(西班牙巴斯克大学)、Univ Texas Austin(美国德克萨斯大学奥斯丁分校)、Univ Roma Tor Vergata(意大利罗马第二大学)、Univ Copenhagen(丹麦哥本哈根大学)、Univ Ghent(比利时根特大学)、Victoria Univ(加拿大维多利亚大学)、Tarleton State Univ(美国塔尔顿州立大学)、Univ Verona(意大利维罗纳大学)、Schulthess Clin(瑞士国际足联医学评估与研究中心)、Pamukkale Univ(土耳其棉花堡大学)、Univ Washington(美国华盛顿大学)、Italian Football Federat FIGC(意大利足球协会)、Univ Publ Navarra(西班牙那瓦拉公立大学)、Univ Zagreb(克罗地亚萨格勒布大学)、Univ Belgrade(塞尔维亚贝尔格莱德大学)、Univ Cagliari(意大利卡利亚里大学)、Univ

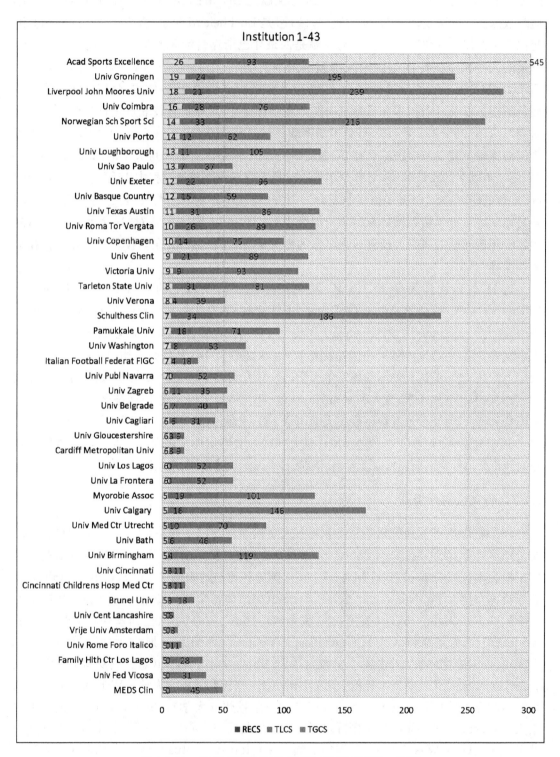

图 1.1.24　前 50 位研究机构 RECS、TLCS、TGCS 一览图

Gloucestershire(英国格洛斯特郡大学)、Cardiff Metropolitan Univ(英国卡迪夫城市大学)、Univ Los Lagos(智利拉各斯大学)、Univ La Frontera(智利 Frontera 大学)、Myorobie Assoc(法国 myorobie 协会)、Univ Calgary(加拿大卡尔加里大学)、Univ Med Ctr Utrecht(荷兰乌得勒支大学医学中心)、Univ Bath(英国巴斯大学)、Univ Birmingham(英国伯明翰大学)、Univ Cincinnati(美国辛辛那提大学)、Cincinnati Childrens Hosp Med Ctr(美国辛辛那提儿童医院医学中心)、Brunel Univ(英国布鲁内尔大学)、Univ Cent Lancashire(英国中央兰开夏大学)、Vrije Univ Amsterdam(荷兰阿姆斯特丹自由大学)、Univ Rome Foro Italico(罗马体育大学)、Family Hlth Ctr Los Lagos(智利湖大区家庭健康中心)、Univ Fed Vicosa(巴西维科萨联邦大学)、MEDS Clin(智利临床运动医学实验室)。

发文量 13 篇及以上的机构共 8 所,累计发文 133 篇,约占文献总量的 24.77%。其中,排名第 1 位的为卡塔尔渴望学院体育运动科学系,共发文 26 篇。其 TLCS 93 次,TGCS 545 次,同行引用和全部引用均排在第 1 位。利用文献引文编年图谱发现,绝大部分研究呈现出明显的引用关系,属于同一研究领域的内容,具有清晰的历史发展脉络(图 1.1.25)。代表性的研究有 42、40、46、29、144、143 号文献,且全部是 Buchheit M 关于"青少年球员跑动能力尤其是冲刺跑动能力"的相关研究。其中,46 号《青少年足球比赛跑动能力与体能研究》一文,单篇 LCS26 次,GCS85 次,获得同行高度认可。卡塔尔渴望学院体育运动科学系在国际青少年足球研究领域具有举足轻重的地位,有着相当的国际影响力和学术影响力,其成果受到同行和学术界的高度认可。

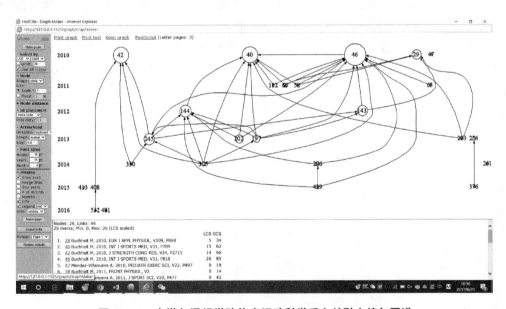

图 1.1.25 卡塔尔渴望学院体育运动科学系文献引文编年图谱

排在第 2 位的为荷兰格罗宁根大学,共发文 19 篇,TLCS 24 次,TGCS 195 次。其中,Brink MS 发表的 36、13、154、215 号文献具有广泛的影响力(图 1.1.26)。36 号和 13 号文献重点对青少年精英足球运动员运动负荷、恢复状况、运动损伤或疾病的监测进行了研究;154 号文献研究了"过度自信青少年球员的知觉压力的变化与恢复情况";215 号文献研究"亚极限心率与神经肌肉的关联性"的问题。

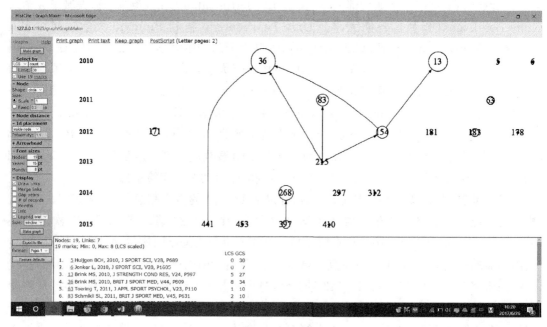

图 1.1.26　荷兰格罗宁根大学文献引文编年图谱

第 3 位是英国利物浦约翰摩尔大学,共发文 18 篇,TLCS 21 次,TGCS 239 次(图 1.1.27)。具有较高影响力的成果主要有:129 号文献关于"优秀青少年球员每周训练负荷的量化的分析";135 号关于"青少年足球人才选拔"的研究;133 号关于"青年足球教练员行为与实践结构对人才培养启示"的研究;162 号关于"获得职业球员身份的优秀足球青少年与未获得青少年在参与活动方面的差异性对比分析"。研究成果间相互引用仅 1 次,各位作者的研究独立性较高。

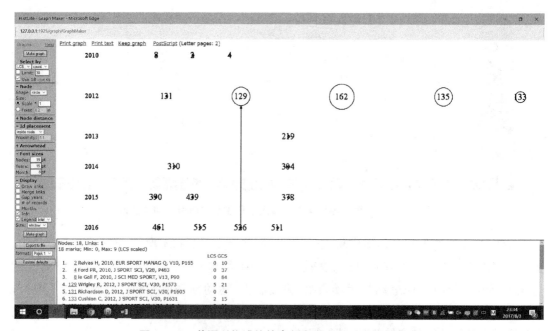

图 1.1.27　英国利物浦约翰摩尔大学文献引文编年图谱

第4位是葡萄牙科英布拉大学,共发文16篇,TLCS28次,TGCS76次。16篇文献之间相互引用14次,存在着非常高的关联性(图1.1.28)。其中,以91、45号等文献为核心。91号文献为葡萄牙科英布拉大学的Figueiredo AJ对"青少年球员功能与技能预测"的研究;45号文献是Malina RM关于"骨龄问题"的研究;48号文献是Figueiredo AJ对"通过人体测量学指标、专项技术、目标定向能力等指标判断球员竞技表现"的研究。

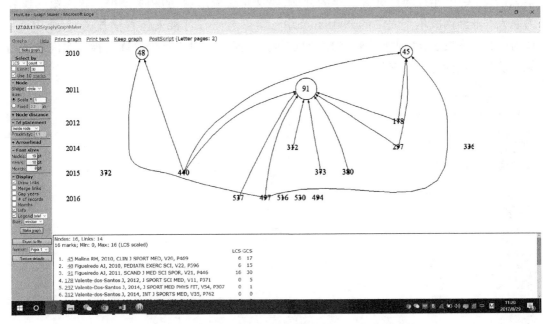

图1.1.28　葡萄牙科英布拉大学文献引文编年图谱

此外,挪威体育学院和葡萄牙波尔图大学各发表14篇文献;英国拉夫堡大学和巴西圣保罗大学各发表13篇;英国埃克塞特大学和西班牙巴斯克大学各发表12篇;美国得克萨斯大学奥斯丁分校共发表11篇;意大利罗马第二大学和丹麦哥本哈根大学各发表10篇。此外,TLCS高于20次的研究机构主要有比利时根特大学、美国塔尔顿州立大学、瑞士国际足联的医学评估和研究中心。

1.1.8　国家分布特征

537篇文章,涉及56个国家。发文量10篇及以上的国家共22个,分别是英国(101)、美国(66)、西班牙(58)、意大利(50)、巴西(39)、葡萄牙(39)、加拿大(34)、卡塔尔(33)、新西兰(29)、法国(27)、突尼斯(26)、挪威(23)、瑞士(22)、土耳其(20)、德国(18)、丹麦(16)、比利时(12)、日本(12)、塞尔维亚(12)、瑞典(11)、新西兰(10)、波兰(10)。

中国发文量为8篇,排在第26位。这8篇文献相互之间不存在引用关系(图1.1.29)。其中,香港浸会大学的Wong Pui-Lam个人发表了3篇,分别为14、57、76号。14号研究"体能与力量训练对青少年球员竞技体能的影响";57号是Wong Pui-Lam于2011年发表在《欧洲体育科学杂志》的关于"YO-YO间歇性耐力测试的有效性研究";76号文献利用实验,分析了"热身活动中的静力性力量训练对青少年球员快速重复性冲刺跑动能力的影响"问题。另外,香港教育学院运动与健康学院的Wong DP共发表3篇文献。其中,96号是于

2011年发表在《力量与体能研究杂志》上关于"利用心率和本体感觉来评估青少年球员的摄氧量"相关的研究。该文的LCS为0,表明其同行认可度一般。393和532号文献中,Wong DP均作为第5作者,分别研究"3人制小场地足球赛中,不同恢复期对于青少年的生理和技术运用的影响"问题和"坡道跑动对于青少年球员重复性冲刺跑动能力的影响"问题。225号文献是署名为宁波大学体育学院的Clifton Evers作为第5作者发表在《BMC公共健康杂志》上的关于"足球项目对青少年的社交、跨文化交流影响"的相关研究。该文第一作者为澳大利亚新南威尔士大学的Nathan Sally。422号是江苏淮安体育学校的Guan Peipei作为第3作者发表在《理疗科学杂志》上的"渐进抗阻训练对于青少年球员神经肌肉连接相关的动态平衡能力的影响"的研究。

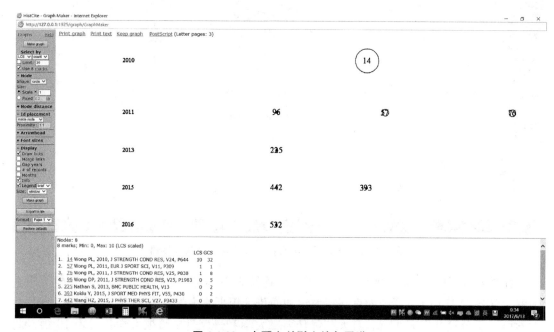

图1.1.29　中国文献引文编年图谱

1.1.9　结语

(1) 2010—2016年,Web of Science核心合集中537篇英文文献涉及作者1 809人,期刊116本,引用文献总数11 822篇,关键词1 330个。

(2) 采用LCS10选取重点文献,重点文献及主要研究领域:①青少年球员跑动能力的研究,以46、40、42号文献为代表。其中,46号文献《青少年足球比赛跑动能力与体能研究》LCS为26次,GCS为85次,两项指标均排在537篇文献的第1位,其价值获得全世界学者的广泛认可;第40号文献《青少年球员比赛中的重复连续冲刺跑研究》LCS为15次,GCS为62次,排在第3、5位;42号文献《促进青少年球员重复冲刺跑动能力:反复折返冲刺跑与爆发性力量训练》的LCS为14次,GCS为66次。②YO-YO测试相关研究:以53号和187号文献为代表。53号文献《青少年球员耐力场地测试情况与竞技表现关系研究》LCS 19次,GCS 53次,排在第2、7位;187号文献《青少年球员的相对年龄与YO-YO IR1级测试研究》的LCS 9次,GCS 20次。③运动损伤相关研究:以21号文献《有效减少青少年足球比赛损伤的神经肌肉预防措施:随机抽样对照实验》和36号文献《压力与恢复监测:青少年精英足球运动员损伤和疾病预防的新视角》为代表。④生理机能与心理健康相关研究:以91号文献《青少年球员功能与技能预测》和162号文献《获得职业球员身份的优秀足球青少年与未获得青少年在参与活动方面的差异性对比分析》为代表。

(3) 关键词1 330个,总频次8 188。主要集中在以下几个领域:体能、损伤与康复、竞赛与测试、球员及其身份特征、竞技表现、学校、小场地足球游戏、相对年龄等方面。其中,体能领域涉及体能训练、跑动能力、肌肉与力量、耐力与有氧能力、耐力素质、有氧能力、体适能等方面。运动损伤与康复集中在运动损伤的风险因素、损伤康复方面。球员研究,尤其是职业球员和精英球员研究是重点,集中在体能、职业身份、损伤与恢复、相对年龄等几个领域。竞技表现集中在青少年球员比赛中的竞技表现、体能或跑动能力等方面。

(4) 作者共1 809名。其中,按发文总量排序,前60位共参与408篇文献,约占文献总数量的75.98%。重点作者有:①Buchheit M:卡塔尔渴望学院、法国Myorobie协会体育运动系教师,青少年足球体能领域最具代表性的人物。总发文23篇,其中,第一作者13篇,排在第1位。②Mendez-Villanueva A:卡塔尔渴望学院教师,发文20篇,排在第2位,但第一作者的仅4篇。③Koklu Y:土耳其棉花堡大学教师,发表6篇文章,且均为第一作者。研究重点集中在:小场地足球比赛与青少年的生理反应、时间—运动特征、技术运用等的关系方面。④Deprez D:比利时根特大学教师,第一作者发文6篇,研究重点集中在青少年球员的相对年龄、YO-YO 1级测试、专项耐力等方面。⑤Brink MS:荷兰格罗宁根大学医学院大学生体质健康与锻炼中心研究员,共发文7篇,第一作者4篇。主要研究角度为青少年球员的运动负荷与恢复的监控、知觉压力的变化、心率与神经肌肉的关系等。⑥Brito J:葡萄牙波尔图大学教师,共发文7篇,第一作者有4篇。其研究集中在青少年球员的运动损伤、比赛前后身体姿势变化方面。⑦Ramirez-Campillo:智利拉各斯大学,第一作者发文6篇,重点研究Plyometric训练法对爆发力、耐力等素质的影响。⑧此外,发文量较多的作者还有意大利圣马力诺足球总会Castagna Carlo(第一作者3篇);突尼斯国家医学与体育科学中心的Padulo J(4);荷兰乌得勒支大学医学中心的Schmikli SL(3);美国西雅图Harborview伤害预防医学中心的Steffen K(2);塞尔维亚贝尔格莱德大学的Baralic I(2);西班牙巴斯克自治区大学的Gil SM(2);巴西圣保罗大学的Arruda AFS(2)。

(5) 文献共涉及116本学术期刊。其中,发文量在5篇及以上的刊物25本,共发表文献392篇,约占文献总数量的73.00%。①《力量与体能研究杂志》:美国国家体能协会主办,发文66篇。②《运动科学杂志》:英国体育与运动科学协会主办,发文53篇。③《人类动力学杂志》:英国体育与运动科学协会主办,发文53篇。④《国际运动医学杂志》:德国Thieme出版社主办,发文21篇。⑤《运动医学与健身杂志》:意大利Edizioni Minerva出版社主办,发文19篇。⑥《国际运动生理学实践杂志》:美国人体运动出版社主办,发文18篇。⑦《运动科学与医学杂志》:土耳其乌鲁达大学主办,发文18篇。⑧《英国运动医学杂志》:英国运动医学出版社主办,发文17篇。⑨《斯堪的纳维亚运动医学和运动科学杂志》:丹麦Munksgaard国际出版社主办,发文15篇。⑩《临床运动医学杂志》:美国运动医学学会、美国运动整骨医院、澳大利亚体育与运动医学学院、加拿大体育学院联合主办,发文11篇。⑪

《欧洲体育科学杂志》:欧洲体育科学学院主办,发文 11 篇。⑫《国际体育竞技状态分析杂志》:英国威尔士大学主办,发文 11 篇。⑬《国际体育科学与训练杂志》:发文 11 篇;⑭《运动与锻炼心理学》:欧洲运动心理学联合会主办,发文 11 篇。⑮发文量 15~25 位的期刊:《体育生物学杂志》(波兰)、《公共科学图书馆杂志》(美国)、《运动医学研究》(英国)、《美国运动医学杂志》(美国)、《应用运动心理学杂志》(Taylor & Francis Group)、《运动训练杂志》(美国)、《体育医学杂志》(意大利)、《小儿运动科学杂志》(美国)、《欧洲应用生理学杂志》(德国)、《运动人体科学》(荷兰)、《运动机能学》(克罗地亚)。

(6) 文献涉及研究机构 745 所。发文量在 5 篇及以上的 43 所,约占总数量的 5.77%。发文量 13 篇及以上的 8 所,累计发文 133 篇,约占文献总量的 24.77%。按发文量顺序排序,依次为:卡塔尔渴望学院(26)、荷兰格罗宁根大学(19)、英国利物浦约翰摩尔大学(18)、葡萄牙科英布拉大学(16)、挪威体育学院(14)、葡萄牙波尔图大学(14)、英国拉夫堡大学(13)、巴西圣保罗大学(13)。

(7) 文献涉及 56 个国家。发文量 10 篇及以上的国家共 22 个,发文量前 10 名的国家为:英国、美国、西班牙、意大利、巴西、葡萄牙、加拿大、卡塔尔、新西兰、法国。中国发文量为 8 篇,排在第 26 位。这 8 篇文献相互之间不存在引用关系。其中,香港浸会大学的 Wong Pui-Lam 第一作者发表了 3 篇;香港教育学院运动与健康学院的 Wong DP 第一作者发表 1 篇。宁波大学和江苏淮安体育学校非第一作者各 1 篇。可见,中国学者关于英文青少年足球的研究几近空白。

1.2 国内相关研究进展

通过国家图书馆、北京体育大学图书馆、南京体育学院图书馆、中国学术期刊网(CNKI),作者查阅了自 1950 年以来的全国体育中文期刊名录,发现与本研究相关的研究文献主要集中在以下几个方面。

1.2.1 体育价值方面的研究

通过 CNKI 搜索发现,研究我国体育及其价值方面的体育类核心期刊文章非常多,达到 750 篇,研究领域主要集中在竞技体育价值、体育的价值取向、学校体育、价值观、人文与社会价值、文化价值、审美价值等方面。

从发文的整体趋势来看,自 1985 年开始至 2019 年,呈现出两个不同的阶段。1985—2000 年左右,年发文量维持在 10 篇以下,这一段时间体育价值类研究表现出相对稳定状态。自 2000 年至目前,发文量开始明显上升,自 2000 年突破 20 篇后到 2008 年达到高峰 50 多篇。出现这样的趋势,可能与 2008 年北京奥运会申办及成功举办有着直接关系。从关键词的分布"竞技运动"81 次、"竞技体育"80 次排在第 2、3 位的情况来看,有关竞技体育价值的探讨确实是目前研究的热点问题(图 1.2.1)。

通过对排在前 30 位的关键词进行分析发现,前 30 位关键词出现频率在 12 篇次以上(图 1.2.2)。其中,牵涉竞技体育相关的关键词主要有:体育运动、竞技运动、竞技体育、体育价值、体育赛事、运动员、人文价值、社会价值、价值选择等。关于竞技体育价值的研究是目

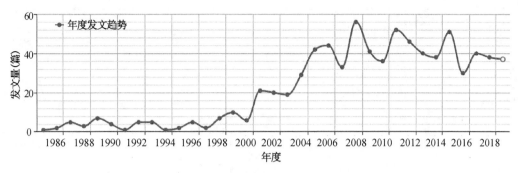

图 1.2.1　体育价值方面研究历史趋势

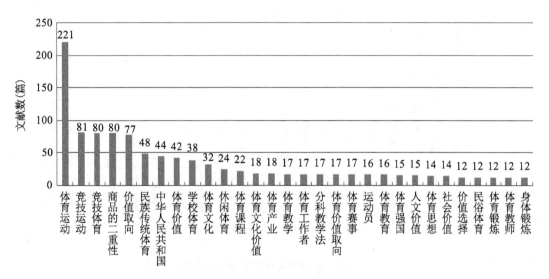

图 1.2.2　体育价值研究关键词分布

前体育价值研究的热点问题。从价值的狭义概念出发,对体育商品的经济学价值进行研究的也较多,涉及关键词主要有:商品的二重性、体育产业、体育赛事等,相关文献近百篇。研究学校体育价值的非常多,研究角度集中在:学校体育、体育课程、体育教学、分科教学法、体育教育、体育锻炼、身体锻炼等方面。学校体育价值的研究文献总量超过 130 篇,在研究中占的比重较高。从哲学或社会学层面探讨体育价值的研究也较多,涉及价值取向、文化价值、社会价值、价值观等角度。

1.2.2　足球价值方面的研究

通过 CNKI 检索"题名"中包含"足球"与"价值"两关键词的文章,共搜索到有价值文献 25 篇。发文从 1997 年至 2017 年呈平稳态势,维持在 2 篇及以下,2018 年后出现突然上升达到 6 篇(图 1.2.3)。

通过关键词分布情况可以发现,研究重点集中在校园足球、职业足球、足球俱乐部、足球市场价值、社会价值等方面(图 1.2.4)。

1) 从商业价值的角度去分析足球的研究

约根·格哈茨的《论市场价值和团队结构——顶级欧洲足球联赛结果的预测因子分

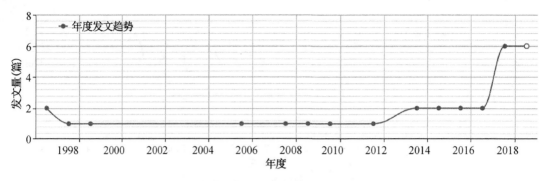

图 1.2.3 足球价值相关历年发文量

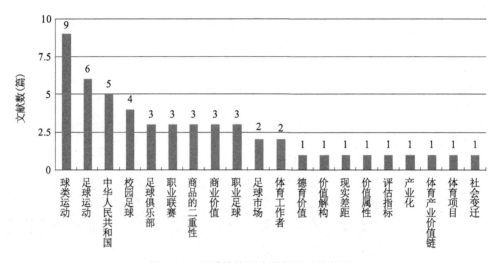

图 1.2.4 足球价值研究关键词分布情况

析》、梁伟的《基于经济性生产要素全周期价值贡献的中国足球超级联赛收益分配机制研究》、袁野的《浅谈职业足球的商业价值及市场开发》、郑明的《浅析职业足球的商业价值及我国足球市场的开发》和吴海乐的《试析职业足球的商业价值——兼论我国足球市场开发》为代表。这些研究中谈到的"价值"一词是指商业层面商品的价值，与本研究中所谈及的"价值"为两个层次的概念。

2）对五人制足球的价值研究

夏青的《五人制足球价值及推广策略研究》、柯上上在《论五人制足球的特征和价值》一文中，分别从"社会价值、经济价值、教育价值以及个性培养方面对五人制足球的价值特点进行了分析"。赵祚福在《试论五人制足球在高校推广的价值》一文中，"对五人制足球的健体价值、健心价值、促进校园文化建设的价值、提高体育教学与训练效果的价值、推动足球运动自身发展的价值进行了详细的分析"；张大为在《五人制足球运动的本体辨析及其价值界定》一文中，也对五人制足球的价值问题进行了初步研究。以上相关文章中提到的"价值"一词，已经与本研究的"价值"一词趋于一致，但普遍存在对足球项目价值认识与分析不够深入，且对于价值的分类依据不足，较为随意的情况。

3）对足球运动的社会价值方面的研究

朱巨华在《初探足球比赛的社会价值》一文中提出："足球比赛的社会学研究，特别是关于足球社会价值的全面分析的论文,几乎是空白"。通过文献资料的检索发现,针对足球的社会价值或提及足球的社会价值方面的研究确实较少,主要有以下几篇:薛浩的《理性批判与价值重构:中国足球改革的困境与出路》探讨中国足球改革的价值评判问题;孙革在《建国以来我国足球运动改革发展的回顾与反思》一文中提到"讨论中国足球的发展问题,必须要充分认识和理解足球运动对我国目前社会的价值所在,树立一个正确的价值观";杨继林在《试论足球的审美价值与社会价值》一文中分别从"审美功能、教育功能和文化功能三方面分析了足球的社会价值";李翔在《足球运动在国家政治中的功能与作用》一文提及了"足球运动的社会价值,指出了足球运动在社会发展中的积极作用";此外,田磊在《中国足球的样本价值》一文中,提出了中国足球的"样本价值","突出强调了足球作为一个改革项目,在整个社会、国家改革中的重要作用";陈刚在《足球俱乐部的体育文化价值研究——以苏宁足球俱乐部为例》一文中对苏宁足球俱乐部的社会价值、文化价值进行了整体判断与分析,提出足球俱乐部建设的价值方向与价值判断问题。

4) 对足球项目自身价值的研究

侯学华的《中国足球项目的价值目标、现实差距与路径设计》从国家战略高度出发,探讨了中国足球应达到的价值目标及实现路径的合理规划与设计问题。臧家利在《我国足球价值的解构与建构》中对中国球的价值功能与实现方式进行剖析。许佳的《社会变迁视角下足球价值解构研究》通过对足球价值的变迁历史进行梳理,从社会学角度分析了社会制度、文化、环境变迁与足球价值功能变化的关系。赵裕虎在《对足球运动价值体系的探讨》一文中提出:"足球运动是一种文化现象,它的价值主要体现在全面地促进个体的身体、心理、伦理等方面的发展和改善,对教育、经济、文化,乃至整个社会都有着深刻的影响"。张德胜在《足球的基本形态及其价值属性》一文中"将足球的价值属性分为:作为 Play 的足球:足球玩耍与娱乐;作为 Game 的足球:足球游戏;作为 Sports 的足球:职业联赛;作为 Sport 的足球:世界杯、欧洲杯、美洲杯……"赵一刚在《中国足球运动文化的表现形式、特征和价值》一文中,从"中国足球运动文化具有的商业性、教育性、娱乐性、健身性、团队性等功能入手,分析了中国足球的品牌价值和球员的个体价值之间的关系"。这些文章对足球项目本身的价值属性,所具有的健身、娱乐、教育等方面的功能进行了较为深入的研究。但是,这些文章均是从足球运动的功能特征角度入手,宽泛地谈足球运动的价值,对于不同对象之间存在的需求差异,特别是针对青少年角度,未进行深入的研究。

5) 关于校园足球价值问题的研究

侯学华的《全国青少年校园足球活动价值研究》对校园足球的价值功能、价值类型、价值实现方式、价值目标等问题进行了细致的分类总结,指出了校园足球发展的方向与价值实现路径的问题。岳耀鹏的《立德树人背景下校园足球的德育价值及其实现路径》研究校园足球的德育作用问题。斯力格在《青少年足球运动核心价值体系的建构》一文,提出了"青少年足球运动核心价值体系——以爱国主义为核心的精神力量发展观;以民主法治、公平正义为核心的道德面貌观;以改革创新为核心的认知能力发展观;以先进文化为核心的足球训练理念发展观",这一研究从科学发展观的独特视角,对青少年足球运动价值进行了研究,与本研究的切入点不同。

目前,学术界对足球价值尤其是校园足球价值的研究已较为深入,对校园足球价值功能、价值目标、价值地位、价值作用、价值实现路径、价值实现手段、价值环境等问题进行了较为初步的探讨与思考。但对于校园中足球价值功能的核心、重点、根本方向以及足球人才培养、足球育人与学校教育等的关系问题上仍需要进一步深入探讨与研究。

1.2.3 校园足球方面的研究

通过中国期刊网体育类核心期刊检索,题名中含"校园足球"的文章共264篇。使用NoteExpress对全部文献进行图谱分析,通过对发表文献的年限分析,发现自2010年以来,校园足球相关研究呈现逐年递增趋势。由于检索时间为2019年3月份,因此仅检索到15篇,按照这一比例估算,2019年校园足球相关核心期刊发文数量应能够突破60篇。这一研究的发展趋势与2009年开始的全国青少年校园足球活动的实践推进步调一致。2014年底,校园足球牵头单位由体育总局转为教育部后,相关研究的发文量急剧上升(图1.2.5)。教育部作为校园足球主管部门的实践影响力与推动力巨大,实践领域的广泛社会影响也推动了校园足球理论研究的逐步加深与受重视。

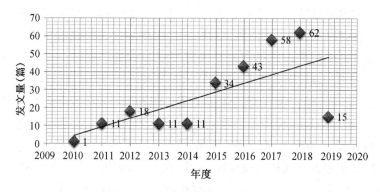

图1.2.5 校园足球发文量统计图

利用NoteExpress对排在前20位的关键词进行分析发现,关键词涵盖研究领域主要有体育教育、学校体育、青少年、中国、足球改革、足球文化、日本、竞技体育、体育管理、德国、英国、竞赛体系等(图1.2.6)。

对研究作者进行统计,共涉及404位作者。对发文量排在前20位作者进行NoteExpress图谱分析(图1.2.7),可以发现,校园足球领域的重点作者主要有张廷安、孙科、龚波、毛振明、李卫东、董众鸣、侯学华、戴福祥、何志林等。其中,张廷安教授是校园足球领域代表人物,其合作学者较多,包括李卫东、戴福祥、邱林、张辉等,所发表文章的影响力与引用率也非常高,获得同行学术界的高度认可。

通过对张廷安教授发表的10篇文章进行关键词分析,发现其研究领域主要集中在:校园足球的课程设置与课程评价指标设计,校园足球与青少年足球后备人才培养的关系问题,校园足球的师资配置与培训,校园足球的教练员培养,校园足球竞赛体系架构的设计与完善等领域(图1.2.8)。

1) 区域校园足球开展现状的研究

对某省、市、县校园足球开展情况的调查研究是目前校园足球研究的主流。此类调查研究立足区域校园足球活动具体实践,主要采用田野调查、问卷、专家访谈等形式,对校园

1 校园足球学术研究

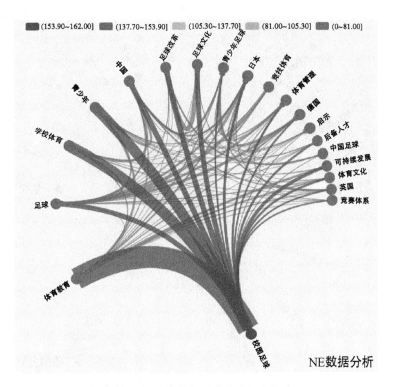

图 1.2.6　关键词排行前 20 位分布图

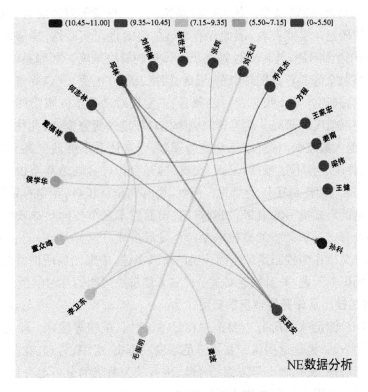

图 1.2.7　发文作者分布图

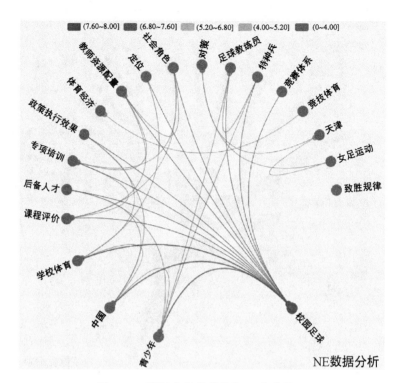

图 1.2.8　张廷安发表成果前 20 位关键词

足球联赛、管理、培训、师资以及教练、队员、家长、学生、校长等群体展开分析,研究所依据的是第一线的校园足球实践资料,因此具有很强的时效性与实践性,能够发现校园足球具体实践中存在的诸多问题,并针对性地提出可操作的解决策略。如张荃、汪雄、张建华、朱梅新、刘桦楠、骆秉全等学者分别对山东、云南、河南、新疆、上海、北京等省级校园足球的开展情况进行的调查研究,以及张志奇对临颍县、王宝庆对乌鲁木齐市第四中学等不同层次单位校园足球开展情况的研究。此类研究成为相对固定的研究模式,往往得出参与学校数量不多,学生覆盖人数较少,管理缺乏规范与理顺,竞赛体系不够健全甚至未建立,师资力量不足,场地条件匮乏且不达标准,培训、交流、国际合作机会缺乏甚至根本没有等类似的问题,并针对这些问题提出更正的意见。当然,也有完全从积极、正面肯定校园足球开展,以经验总结归纳的形式撰写的成果,如刘婷的《山西省孝义市校园足球政校联动特色发展模式研究》,高度肯定了孝义市的政校联动特色发展模式,进行了全面的总结,研究的缺憾在于未能指出孝义市作为校园足球刚刚开展的市级单位,未来发展所面临的管理、竞赛、人才培养与选拔的困局问题,并且缺乏对这一模式未能解决问题的总结剖析。

2) 足球强国校园足球开展情况的研究

对足球强国校园足球的研究主要集中在日本、德国、英国等国家。研究者多采用分析历史文献资料的方法,梳理这些国家在校园足球发展历史、组织、管理、竞赛体系建设、后备人才培养与渠道畅通、文化教育等方面的经验,进行较为系统的分析与介绍,最终的目的是为中国校园足球的开展提供发展的依据与参考。

日本足球的发展历史对于中国而言有着深刻的借鉴价值。因为中日在人种、地域、文化、制度、风俗、社会形态、价值观念等方面有着许多相似的取向。尤其是日本足球发展的历史过程，与中国足球目前所经历的历史过程有着惊人的相似之处，学者们敏锐地发现日本足球研究的实践意义与实际操作价值，因而对日本足球发展历史进行了较为深入的研究。孙一、李百成等学者对日本足球的发展历史的经验、组织管理、学训体系、竞赛体系、活动经费支持、人才培养保障机制、足球文化环境等进行了较为全面的分析与概括。他们都发现了日本足球相对纯粹的校园足球发展路径，这与中国传统青少年足球人才培养与发展道路有所不同。中国青少年足球人才的培养正处于由过去的足球学校专业化培养向校园培养发展的历史过渡期。其中，传统的"举国体制"模式并非一无是处的，而是中国独具特色的人才培养形式，这一形式正被日本足球界普遍认可，并在进行逐步的学习。

日本足球的改革历史与日本社会的变革深度契合。"明治维新"影响了日本社会的各个方面，也奠定了日本足球改革的走向。"明治维新"从制度、文化、体制、人才培养模式等多个角度奠定了日本足球改革与发展的社会基础，是影响日本足球走向成功的关键时期。

与日本相比，中国青少年足球领域全面落后，最为主要的是竞赛体系、人才输送渠道等的完善与畅通问题。张廷安、陈星潭、汪玮琳、程隆、谢松林、邱林等人在日本校园足球青训体系、竞赛体系、人才培养体系、教育体系等方面展开了深入的探讨与研究。与日本相比，中国的校园足球竞赛体系尚未建立起来，中国校园足球在场地设施、师资队伍、训练系统、足球教学与课程设置等诸多方面都存在着显著的不足。同时，部分学者认识到了校园足球作为足球普及重要手段的积极作用，也指出在足球普及之外，单纯依靠校园完成竞技足球人才培养的目标确实行之有效，但也会给学校增加一定的压力，增加了学校的额外负担。因此，应通过职业足球管理机构来减轻学校在这一方面的压力，更进一步保障学校竞技足球人才培养目标的达成。

浦义俊、梁斌、陈洪、郭士安等人对英国足球进行了研究，研究的角度相对集中在英国足球历史演进过程，英国校园足球发展的历程与后备人才选拔制度等方面。这些研究对英国校园足球的规章制度、课程设置、教学理念、训练方法、文化氛围、管理措施、选拔标准等问题进行了深入探讨，对于中国校园足球活动管理、实践的丰富与完善有着深刻的借鉴意义。彭国强对德国足球的发展历史进行了简单的梳理，研究提出足球回归教育，通过校园足球的普及推动足球运动发展的系列建议，在结论上与国内的学者、研究所提出的观点存在一致性。袁田对德国校园足球人才培养的特点进行了总结归纳，所提出的建议也是国内学者已达成共识的观点，即要进行顶层设计，同时要体教结合，共同服务于校园足球的发展。

当然，对于日本、英国、德国等国家的研究，确实也存在一种"过度崇拜"的倾向。研究充分肯定这些国家在足球管理、青训、人才培养、足球文化发展中的优势，但对于中国足球面临的制度特色问题缺乏相对系统的肯定与考虑。中国足球首先是中国的足球，是与中国社会发展紧密结合的问题，是中国社会制度运行在足球领域的集中反映。中国足球发展的历史过程充满了变数与坎坷，但也存在一定的收获。并且，中国政府层面全面推动校园足球活动，也仅仅是从2009年才开始实施。在短短的10年时间内，期望从根本上改变中国足球面貌的想法过于急功近利和不切实际。此外，英国、德国、日本校园足球的良性发展与职业足球广泛深入地开展以及足球文化的深度渗透有着不可分割的联系。采取割裂的态度，单纯分析某国校园足球的独立存在,便摆脱了校园足球依存的"母环境",难以对校园足球良性发展的社会、制度、文化原因深入地进行剖析。

3) 校园足球体制改革的研究

伴随着校园足球实践领域的制度创新与操作推进,校园足球管理体制机制的改革问题成为理论领域讨论的热点。习近平主席对于中国足球的重要批示,直接引领了中国足球和校园足球研究领域的研究热点与方向,重点集中在校园足球相关的管理体制机制改革问题、顶层设计问题、政策与制度创新、可持续发展问题等角度。

目前,最热点的是关于校园足球的顶层设计问题的探讨。最具代表性的学者为毛振明教授。在校园足球牵头单位由体育总局转变为教育部后,毛教授提出了"新校园足球"的概念,并针对校园足球进行了系列的顶层设计,提出了"新校园足球"顶层设计的依据与原则,并对顶层设计的目标、方向、重点等问题进行了说明。毛教授对"新校园足球"之前的校园足球工作进行了系统的批判,指出困扰与制约校园足球发展的根本问题是所谓"举国体制"的问题。毛教授的论点具有强烈的时代精神,代表了学术界普遍的观点与广泛的认识,产生了较大的学术和社会影响。针对毛振明教授的观点,侯学华提出了不同的看法:"新校园足球"提法是基于部门工作归属的狭隘视角提出的,缺乏对足球项目作为国家事业的宏观认识,是将校园足球视为部门之一域的必然结果。在全国青少年校园足球工作领导小组结构调整的背景下,"新校园足球"提法的根源,是将"校园足球牵头单位的调整"和"校园足球的本质性变化"画上了等号。而问题的关键恰恰在于:全国青少年校园足球工作领导小组自始至终的组成架构并没有根本性的变化,只是牵头单位出现调整而已,简单的调整就带来校园足球本质的变化?这恰恰反映出校园足球宏观管理与部门协调的困局。可以说,应基于全国教育事业整体发展和中国足球全局发展的视角,来看待校园足球的发展问题,避免片面地从一部门或一域的狭隘视角来单纯地看待校园足球的问题。毛振明教授将校园足球"顶层设计的主要任务"归结为"两长"问题,即"校长和家长的积极性"问题。侯学华提出了不同的观点,认为:要明确校园足球顶层设计的最主要任务,首先要明确校园足球顶层设计的根本目标是什么?校园足球的根本目标,应该是围绕校园足球的核心人物设置的,校园足球的核心人物是学生,而不是家长或校长及其他一切管理者或相关人员。没有学生的参与,校园足球的一切活动都是毫无意义的!那么,校园足球顶层设计的根本目标就应以学生为中心来确立。因此,将校园足球顶层设计的根本目标归结为——学生足球活动的机会创造与足球项目选择权的问题。至于"两长",甚至于其他一切相关者的积极性问题,都仅仅只是孩子切实地参与足球活动的影响因素而已。把这一影响因素作为了顶层设计的核心任务必然导致设计方向的偏差。此外,沈建敏从顶层设计与底层回归两个出发点研究了校园足球的发展问题,其解决的是理论设计与实践落实之间的定位与衔接问题,是对校园足球一体化发展的全局性思考。李卫东则借鉴英国足球青训学院分类的案例,对我国青少年足球发展的顶层设计问题进行了借鉴与启示性研究。研究的主体是英国足球青训,而研究提出的是对中国青训平台搭建的合理化建议。

学者们普遍认为,国家现有的体制机制束缚了校园足球的发展,对管理体制和运行机制的创新改革是校园足球发展的必然选择。王登峰从国家战略高度对校园足球的发展进行了战略定位,并规划出了校园足球的战略发展方向,将其总结为校园足球的价值观、世界观、人生观和方法论问题。李纪霞对我国校园足球管理的不同等级单位进行了分类,指出了国家行政隶属关系与中央地方级别的历史设计与现代校园足球管理体制发展需求之间存在的矛盾问题。梁冰认为,传统管理模式"系统分开、条块分割,大大束缚了足球运动的全面进步",这一观点极具代表性。学者们提出了校园足球的"治理"问题,以吴丽芳、李军岩、邱林等人为代表。在大部分学者的研究中,"治理"与"管理"除了概念上的差异外,在研究内容上并不存在过多的差异。吴丽芳重点探讨了政府主导和学校主导治理模式的协同发展问题。李军岩提出校园足球的多中心治理问题,即要全面考虑政府、市场、社会、学校、家长等群体的不同利益诉求与管理职责分工问题。邱林认为要充分考虑校园足球不同利益群体的合理诉求,发挥市场、单位、个人等不同利益群体在足球发展中的能动作用,减轻政府的管理负担与经济压力,从而实现校园足球的协同治理。李军岩与邱林的观点异曲同工,是同一观点的不同描述形式。

对于政府在校园足球开展过程中扮演的角色与所处地位问题,引起了学者们较为普遍的重视。政府到底在校园足球中承担怎样的任务?是扮演"全能型政府",还是转变角色由市场、政府协调推动足球开展?学者们注意到了政府在校园足球改革与推动中变革与创新管理模式的困局,指出了实践领域发展对政府职能转换提出的更高要求。张廷安、彭焰灯、吴丽芳等学者的研究表明,应转变政府角色,改变政府包揽的传统管理模式,通过政府的宏观调控,充分发挥市场在资源配置中的决定性作用,突出校园足球不同利益群体的个体诉求,充分尊重各方面的利益要求,实现校园足球的多元化、多渠道协同管理。

目前,在管理体制与机制的改革问题上,缺乏对中国足球运行环境与管理机制体制的肯定性研究。将中国足球的全面落后过度地归结于"举国体制"为代表的中国现有的管理体制与运行机制问题上,是非常不客观的。毛振明教授的观点极具代表性,他认为:5年前开始的校园足球工作,从总体来说,并没有充分显现出对中国足球的巨大推动,也没有显现出对全国学校体育工作的明显推动。其中最大的问题还是体制的问题,还是所谓"举国体制"的问题。针对这类观点,侯学华认为这是对"举国体制"这一制度进行非制度性思考的必然结果,其实质是"举国体制"应用于校园足球具体实践时的操作偏差问题,是将"举国体制"这一概念与"举国体制的具体操作"画上了等号,进行了"概念偷换",因此,导致了对校园足球管理体制中存在的部门协调与管理理顺问题进行了"放大"认识。毕竟,中国政府层面全面启动校园足球活动是从2009年开始,这短短的10年便期望推动中国足球发生翻天覆地的变化是可以理解的,但要求过于苛刻了。

部分学者针对校园足球相关政策文件,进行了文件本身的解读与文件设计、目标、思路等方面的讨论分析。姜南、曾丹、张廷安、杨成伟、郑志强等学者是该研究领域的代表性人物。姜南运用史密斯政策执行过程模型分析了校园足球政策执行的实践操作问题,认为在资金保障上存在政策重复,政策体系形式化、表述模糊化,政策执行随机性等问题。曾丹、邱林等人对校园足球政策执行效果进行了分类分析,从执行主体、目标群体、政策资源、政策本身和执行环境等角度探讨政策执行中存在的问题。张廷安、杨成伟等人重点研究校园足球政策执行的过程中的贯彻力度、目标定位、执行力度、执行效果等问题。郑志强则从政策的分类入手,探讨校园足球相关的环境型政策、供给型政策、需求型政策等存在的问题。

关于校园足球的可持续发展,研究学者较多,以蒲鸿春、梁伟、张沛锋、彭召方等为代表。学者们普遍认识到,要保障校园足球的可持续发展,教育部门和体育部门的密切合作是无法规避的管理体制机制问题。此外,应建立起完善的校园足球竞赛体系,按照学校的不同层级设立相应类型的训练、教学、比赛体系,保障广大学生能够具有充分的参与校园足球实践的机会。另外,校园足球文化建设是保障足球在学校持续开展的重要措施,教练员与管理人员以及家长等不同群体的积极参与和支持也是校园足球无法回避的重要问题。

有些学者对校园足球管理者群体进行了研究。主要涉及的管理者有校长、教师、教练员等群体。校长作为校园足球政策的具体执行者与基层的落实者,对于校园足球的态度很大程度上决定了一所学校足球活动开展的优劣。姚健对校长引领校园足球的具体情况进行了调查,认为校长们对于校园足球的开展存在一定的思想误区,具有颇多的功利性思想,因此提出转变观念、整合资源、教学改革、试点足球改革等措施,这一研究较为全面客观,具有一定的代表性。更多的研究者将关注点放在了校园足球的师资方面,对教师、教练员的基本情况、足球业务水平、职业责任感、面临的困局等问题进行了针对性研究。以耿家先、古文东、齐效成、舒川、郑原等人的研究为代表。耿家先研究了教师的职业认同问题,古文东则对教练员的培养路径进行了探讨,齐效成对教练员的收入与教育、素质、价值观等进行了深入分析。这一类的研究立足教学、训练前沿实践,紧密结合教师、教练的个人基本信息情况,通过某一区域相关人群的调查分析,提出他们在教学、训练、竞赛、管理、课程安排、家长沟通等方面遇到的困惑与面临的问题,并提出了相应的解决措施,具有较为客观的现实价值。

4) 校园足球哲学层面的研究

众多的学者从哲学层面对校园足球的战略价值、价值目标、理念与内涵、文化属性、教育属性等问题进行了探讨。校园足球作为国家战略问题,其存在的价值与意义绝不仅仅局限于对中国足球或中国教育的影响,而是对中国社会的政治、经济、文化全面的融合影响,与中国国家战略融为一体,与中国梦和中华民族伟大复兴紧密结合的重大议题。刘米娜、李杰凯、高治、薛浩等人的观点不谋而合,认为校园足球是推动足球人才培养的根本路径,是学校体育的重要步骤,要以校园足球为切入点,以足球改革推动教育改革和社会变革。侯学华在校园足球文化内涵的相关研究中,提出了校园足球的概念问题,并针对"新校园足球"的概念问题进行了商榷。张廷安教授对开展校园足球活动所需要秉持的基本理念进行了系统的梳理。袁静、苏莉等人认为教育是校园足球的根本属性,校园足球应回归教育。李新威、陈洋等人对校园足球的异化现象进行了分类分析,认为是校园足球目标异化导致了方向异化,提出要使校园足球回归教育本质的问题。

对校园足球价值的研究以侯学华为代表,他在《全国青少年校园足球活动的价值定位研究》和《校园足球核心价值体系构建》中对校园足球的价值地位、价值类型进行了系统分类,认为校园足球融合强身健体价值、阳光体育价值、足球知识和技能普及价值、足球人才培养价值、素质教育价值和文化建设价值等的价值统一体,并提出了"以学生为中心的核心价值体系和以足球为中心的核心价值体系"的建构问题。喻坚、王建洲从教育强国、体育强国、中国梦、人才战略、足球强国等宏观层面总结归纳出校园足球具备的价值功能问题。朱超专门针对校园足球应具备的教育价值进行了研究,认为除了教育价值外,校园足球也承担着足球人才培养的竞技价值。

关于校园足球文化层面的研究主要涉及文化的核心、文化的分类、文化发展的策略等问题。侯学华认为,文化是校园足球的本质属性问题,以人(学生)为本是校园足球文化建设的核心,并认为校园足球文化是物质文化、精神文化、制度文化和行为文化构成的文化统一体。宋娜梅则认为校园足球文化由政策解读、校本实际、自我能力、学生情况、地域文化、社会环境、足球核心价值7个维度构成。而张卫东则从竞技规则文化、对抗拼搏精神、团队精神、足球技术技能文化、足球竞赛的战略战术文化与足球运动的安全文化等对文化类型进行了划分。对于校园足球文化建设存在的问题,侯学华认为集中在专项经费到位率低、总费用不足、场地标准化程度不高、宣传不到位、专业培训不足等方面。张兴泉认为,校园足球文化建设要以价值认可为核心,以学生兴趣为关键,以校内竞赛为抓手,以多元手段为途径,以特色形式为根本。代方梅提出校园足球休闲化的问题,认为这是营造足球文化氛围的前提条件,而关键是开设足球课。

5) 校园足球竞赛、教学、人才培养、监控等具体业务实践的研究

对于校园足球的竞赛体系的构建与完善问题,学术界给予了足够的重视。张廷安、曹宏俊、李卫东、张辉等人均认为,目前的校园足球联赛体系不够完善与健全,直接影响足球后备人才的选拔,而参赛学校水平的参差不齐提高了校际联赛设计与实施的难度。付海涛、何澳等通过借鉴日本校园足球联赛实例,积极倡导由教育部门主导校园足球各项赛事,并提出通过增加经费投入、完善竞赛目标、优化赛制和场地、完善保障体系等措施推动校园足球各级竞赛的有序发展。

由上海市作为开拓者创立的"校园足球联盟"是实践领域探索校园足球竞赛管理与改革的具体措施,获得了学术界的广泛关注。刘志云、唐铁锋、张晓贤等人对这一模式的组织形式、特点、发展思路、目标等问题展开深入的研究。他们充分肯定了这是校园足球实践领域的创新举措,认为这种"先行先试"的做法有着深刻的理论意义与现实价值。认为"校园足球联盟"形成的"三横一纵"的构架体系、"一条龙"培养体系和高校与区(县)分联盟的对接体系是非常有效的竞赛管理与运行体制设计形式。但是,"校园足球联盟"这一大规模的依托学校进行的竞赛管理模式,需要所在城市具备一定的人口规模与学校数量,对于北京、上海这类超级城市非常适用,但二线、三线城市却难以复制与模仿。

张宏家、胡庆山、李志荣、郎健、任春刚、李志荣、陈栋等人对校园足球的后备人才培养模式问题进行了探讨,强调校园足球的育人作用的同时,重点对校园足球承载的足球后备人才培养的体系、政策、制度、教材、大纲、训练、培训、赛事体系等问题进行研究,指出现有的足球人才体系培养面临的体制制约、教练水平低下、教材不健全、训练时间与质量不够、培养渠道不畅通、家庭介入缺失等问题。

有些学者重点关注作为校园足球实施单位的特色学校的建设问题。刘海元、赵治治、高峰、刘江南等对特色学校建设的长期性、系统性与目前建设中存在的行政化、形式主义问题进行了探讨,从特色学校的概念、特征、目标、管理方式、主要任务、学训矛盾等维度提出了特色学校建设的思路与方向问题。李少兰、刘江南等人通过分析恒大足球学校的特殊模式,提出借鉴恒大足校集中封闭管理、完善的梯队建设、文化教育与训练并重的具体措施,为特色学校建设提供了新思路。赵治治对特色学校的退出机制问题进行了深入研究,认为校园足球特色学校应建立起进退筛选的平衡机制,完善不合格学校的淘汰机制,形成良性竞争的科学化管理。

校园足球教学方面的研究是热点。吴亚香提出将"运动教育模式"引入校园足球的思路。苏莉认为,"激进式""金牌至上""精英化"等极化现象导致了校园足球教学的异化。门延华认为,"授技育人"的思想不适合校园足球的本质要求,应将"足球教学"转变为"足球教育","将"足球技术传习"转变为"足球文化传承"的思路。陈珂琦对校园足球的课程设计问题进行了深入探讨,认为应以足球知识、技能和方法作为足球课程设计的主要内容,并要充分考虑学生的兴趣,尊重学生的个体差异。闫佳伟对校园足球课程中普通体育课程的影响与干扰进行了探讨,认为不应过度地强调足球在体育课程中的重要性,而应将其作为平等的体育课程予以对待,避免出现课程设置的不均衡问题。秦旸对《全国青少年校园足球教学指南》的设计思路与创新之处进行了解读,认为从技术层面来讲与学生的需要高度契合。王辉提出从微观层面、中观层面、宏观层面加强校园足球师资培训课程的整体设计,以建立起灵活机动高度实用的师资培训课程体系。刘俊凯则对足球大课间的合理设计与有效组织进行了梳理,指出了大课间活动应用足球项目特征紧密结合,避免形式主义的足球操类活动出现。

张志刚提出了主体、客体、活动和目标监控系统的校园足球监控体系,并建议结合现代化手段开展专项督查,从制度上保障校园足球的不断自我完善更新的措施。李玲、周兴生、谭嘉辉、席海龙等学者从校园足球评价指标、绩效考核、技能评定、风险评估等维度,分解细化出了相应的指标体系,并针对具体的实施过程进行了分析,提出了相应的完善策略与实施要求。

目前,校园足球相关研究已趋于成熟,这与实践领域全国青少年校园足球活动的全面推进与广泛影响有着深入的联系。学者们通过理论层面的深入探讨,结合对校园足球具体操作实践的专家访谈、田野调查或案例分析,将校园足球价值理念、目标设计、竞赛体系、文化内涵、教育价值、课程设计、监督评价等角度的问题进行了细致的分析,提出了行之有效的改进措施与方案设计。这一系列的研究与校园足球具体实践相辅相成,完善了校园足球从理论到实践,再从实践到理论,再到实践的逻辑循环上升的过程。

2 校园足球的文化内涵

2.1 校园足球的文化本质

21世纪的国际竞争,不仅仅体现在经济实力、政治体制等硬实力方面的竞争,同时,更体现在国家的文化软实力方面的竞争。体育作为国家综合实力特别是文化软实力的重要体现,已经成为观察一个国家政治经济环境、社会文明程度和未来发展潜力的重要窗口,成为文化交流与传播的重要载体,成为蔚为壮观的文化现象。"体育是文化的重要组成部分,具有独特的文化价值和文化作用"。体育蕴含先进的文化价值理念,这些理念与时代接轨、与国际同步,是世界共识性的文化"语言"。体育文化所蕴含的追求进步、勇攀高峰、公平竞争、法治、规则、团结、合作、和谐以及追求更快、更高、更强的价值理念,是世界通用的共识性"语言",获得全世界人民的广泛认可与肯定,这也是体育项目所具有的独特的文化属性。

"足球文化环境是一个国家足球运动能否健康发展的一个条件和保障,也是民族精神传承与发展的一个重要载体"。目前,中国足球的现实状况与我国政治、经济、文化的蓬勃发展脱节,难以满足人民群众的热切期盼,难以满足人民群众足球物质文化生活的基本需要,甚至在一定程度上影响到了我们的国家形象。造成中国足球落后的原因众多,本书认为,最为根本的原因在于,长期以来弱化文化建设,片面追求运动成绩和商业利益,造成急功近利、拔苗助长、弄虚作假等现象的普遍存在,致使中国足球文化环境恶化,最终导致了中国足球的溃败。我们应该充分认识到"足球是一种运动,也是一种文化,只有形成良性的足球文化,足球才能健康发展"。

2.1.1 文化是校园足球的本质属性

校园足球的本质是文化。因为,足球项目属于体育项目的一种,而体育作为一种教育手段和教育本身均属于"人类社会历史实践中所创造的物质财富和精神财富的总称"(广义文化)的范畴。从这个角度来看,体育和教育均是文化借以实施的手段,是文化的具体化。也就是说,体育(足球)的真正内核是文化。校园足球是体育和教育的结合体,是将体育项目运用于教育实践的产物。因此,文化亦是校园足球的真正内核,是校园足球的本质属性,文化建设是校园足球的核心工作。从对人的影响的角度来看,文化的影响是潜移默化的、持久的,而体育作为单纯的项目时,对人的影响相对来看具有阶段性和一过性。因此,只有在上升到文化的高度时,体育项目的影响力才会更加强烈和持久。

足球作为一种文化现象,具有独特的魅力,蕴含着不可取代的文化统一性。作为体育项目的一种类型,足球是世界第一大运动,有着广泛的群众基础,受到全世界人民的普遍喜爱,这恰恰体现出了足球在体育项目中的特殊地位。除足球外,其他体育项目大多难以获得全世界人民的普遍喜爱,"世界杯的比赛,会在超过213个国家和地区转播,共有超过288亿人次观看约41 100小时的比赛,观众范围覆盖了美洲、欧洲、亚洲、非洲的绝大多数国家,而观看人次的数值是地球人口的总数量的4倍多。为何足球有如此大的吸引力?究其根本,还是源于足球所具有的独特文化优势:文化的统一性。这一(文化)统一性超越了不同人群在年龄、性别、肤色、种族、贵贱、阶层、阶级等方面的差异,使其成为世界通用的共识性"语言",可以说,足球超越了世俗生活,成为世界统一认可的高级文化享受,"足球不只是一种运动,它是所有体育项目中最为民主的项目"。足球项目的民主性,从根本上讲就是文化的统一性。正如希拉克所言:"足球成为世界通用的语言,……它成功超越了社会的界限"。

2.1.2 以人(学生)为本是校园足球文化建设的核心

"马克思认为,文化是人改造自然的劳动对象化中产生的,是以人化为基础,以人的本质或本质力量的对象为实质的",也就是说,文化即"人化",而"人化"的精髓即是以人为本。校园足球活动的实施过程是足球项目的"人化"过程,是足球项目实践影响人、改造人的过程,也是人能动地作用于足球项目发展的过程。对于校园足球而言,"人"更多的指的是参与足球活动的广大青少年学生,可以说,学生是校园足球文化建设的核心,校园足球活动的开展要以广大的青少年学生为本。当然,以人为本中的"人"也可包括体育教师、校长、管理者等人群,但从校园足球开展的基本目标——素质教育、足球人才培养角度来看,相对于学生而言,这些人群仍处于"边缘"地位,学生才是所有人群的核心。

学生的健康是以人(学生)为本的基本前提。以人为本开展校园足球活动,是校园足球活动广泛、深入、可持续发展的必然要求。没有广大青少年的积极参与,校园足球必将沦为一纸空谈。校园足球活动的开展,绕不开学生的身心健康发展这一基本前提,应"把促进学生健康成长作为学校一切工作的出发点和落脚点"。

相对于学生而言,足球是第二位的。足球项目在学校的开展,首先要满足的是学生素质教育的基本需要,其次,才应考虑项目本身的可持续发展的问题。应该充分认识到:要使足球项目在学校落地生根,持续、长久地开展,并最终满足足球人才培养的基本目标,从而为中国足球的振兴服务,首先必须要明确在学生和足球之间的关系问题上,学生是第一位的,足球项目的发展是第二位的。当然,学生第一位与足球第二位之间并不是矛盾的对立面,而是相辅相成的辩证统一关系。没有学校中的广大青少年的积极参与,足球项目的发展就无从谈起,足球项目在学校的广泛开展,为全面实施素质教育,提高广大青少年的身体素质、团队合作精神提供了有力的"抓手"。也就是说,校园足球和足球项目的可持续发展要建立在以人为本(以学生为本)的基础之上。

2.2 校园足球的文化结构

目前,文化概念比较多,分类较为凌乱,认识上尚未完全统一。本研究参考卢元镇对体育文化的界定"体育文化是关于人类体育运动的物质、制度、精神文化的总和,包括体育认识、体育情感、体育价值、体育理想、体育道德、体育制度和体育的物质条件等",依据目前对文化最普遍的分类方法——"四分法"(物质文化、精神文化、制度文化、行为文化),结合校园足球特点,提出校园足球文化的概念:校园足球文化是校园足球相关的物质文化、精神文化、制度文化和行为文化的总和。当然,利用"四分法"对于校园足球文化进行分类,具有一定的优势,同时也存在一定的弊端。优势在于比"二分法"更为细化,更为具体,有利于校园足球文化的具体化;弊端在于各类文化之间并不是绝对的相互独立的存在,而是存在一定的交叉、重叠的情况,而这一弊端无论何种分类方式均不可避免。

2.2.1 物质、精神、行为、制度文化构成的文化统一体

校园足球文化是由物质文化、精神文化、制度文化和行为文化构成的文化统一体(图2.2.1)。其中,物质文化作为开展足球活动基本的前提条件,属于基础的范畴;精神文化更多地倾向于意识形态方面,属于目标(方向)的范畴;制度文化是为规范校园足球活动开展而制定与设立的,属于基本保障条件的范畴;行为文化与规范和约束学生足球活动的行为相关,属于基本规范范畴。从以人(学生)为本的角度来看,行为文化与学生直接相关,因此,研究认为在四类文化中,行为文化处于核心地位。

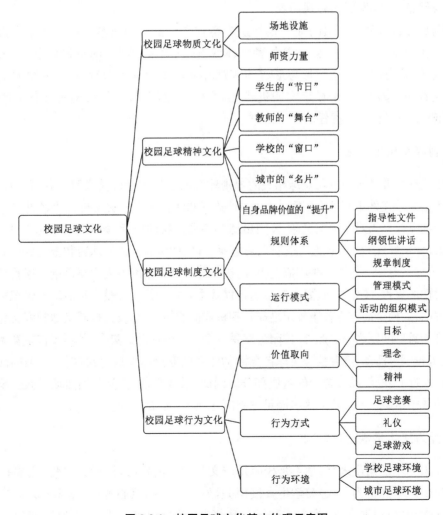

图 2.2.1　校园足球文化基本体现示意图

2.2.2 物质文化是基础

将校园足球物质文化划分为:足球相关的场地设施建设和师资力量投入。场地设施是足球项目在学校长期、稳定开展的基础性条件,是实施足球教育、教学活动的基本场所。师资力量是校园足球开展不可或缺的重要因素,"加强校园足球师资队伍建设"是校园足球开展的必然要求。"各级教育部门加快教师结构调整,……争取3到5年逐步落实每1所定点学校中至少有1名足球专业教师",成为校园足球贯彻实施的当务之急。

2.2.3 精神文化是方向

精神文化主要体现在校园足球作为学生的"节日"、教师的"舞台"、学校的"窗口"、城市的"名片"以及校园足球活动自身品牌价值的"提升"5个方面。精神文化是校园足球文化建设的方向,其承载的是学生、教师对于校园足球的基本需要所应达到的理想状态,是学校、城市等单位对校园足球与本单位协同发展所应达到效果的期望目标;同时,也是校园足球保证自身健康、持续发展的客观需求。

校园足球自身品牌价值的提升是其蕴含精神文化提升的根本前提。足球作为一项持续的活动在学校、城市开展,会对参与者个体或群体(学生、教师)的意识形态,以及参与单位(学校、城市)内部影响意识形态形成的客观环境产生深远的影响——"健康向上的足球文化代表着一个国家、一个城市文明进步的程度",只有在自身具有丰富文化内涵的前提下,才能够承担起相应的责任。

2.2.4 制度文化是保障

制度文化主要体现在校园足球相关的规则体系的建构与运行模式两个方面。其中,规则体系中的指导性文件主要是指国家体育总局、教育部联合下发相关文件。纲领性讲话指的主要是党和国家领导人对于中国足球、校园足球的高屋建瓴的指示:如邓小平同志"中国足球运动要上去,要从娃娃和少年抓起"的讲话;习近平主席"中国有一流的球迷和全世界可观的足球市场,……那么足球一定要下决心搞上去"的讲话等。规章制度方面主要是指足球管理机构下发的针对性的规程、实施方案、要求等。运行模式主要指的是管理模式和活动的组织模式。管理模式方面,如何全面推进各级校园足球管理机构的教体结合,成为校园足球制度文化建设道路上面临的重要问题之一。此外,校园足球是一个动态的活动的集合,其不仅包括竞赛、培训、训练营、进校园等活动,随着校园足球自身活动体系的健全与发展,会有更多类型的活动纳入进来,成为校园足球活动集合中的组成部分。因此,系统规划、规范各类活动,构建、设立同类型活动的基本组织运行模式成为校园足球制度化建设面临的一个问题。

2.2.5 行为文化是规范(核心)

从以人为本的角度来看,学生是校园足球文化建设的核心,而行为文化(主要指行为文化中的价值取向和行为方式)与学生直接相关,处于其中的核心地位(图2.2.2)。校园足球的行为文化由"价值取向、行为方式和行为环境"三部分构成。其中,价值取向包括了价值目标、学生认识理解足球的基本理念以及学生参与足球活动的精神状态构成;行为方式主要由足球竞赛、足球活动中的礼仪以及足球相关的游戏活动构成;行为环境主要考虑了学校和城市的足球环境——开展足球活动的传统、氛围、自然条件等要素。

学生的价值取向建设是校园足球行为文化建设的核心。价值目标、理念和精神状态均属于意识形态范畴,是影响学生行为方式的最根本的因素。价值目标反映出学生参与校园足球活动的原始动机。学生在参与足球活动的价值目标方面存在显著的个体性差异:健身、交友、兴趣、快乐、成为球星、展现自我等。这些目标有长期性的,相对稳定不变化的,也有暂时性的。积极、主动性的价值目标的确立对于青少年长期、持续地参与足球活动具有深远的影响。理念主要是指学生对于校园足球项目规律及其构成要素特征的认识或看法。如对于足球项目基本规律的认识;对于足球项目在技术、战术、体能、心理方面特征的认识等。精神状态是指学生在参与足球活动时思想意识的临时性定位。从对学生行为方式影响的时效性来看,价值目标和理念的影响具有持久性和稳定性的特点,而精神状态的影响则更多的趋向于短暂性和一过性的特点。

图 2.2.2 校园足球文化关系示意

行为方式是学生价值取向在校园足球实践活动中的具体反映。行为方式本身受到竞赛规则、礼仪、游戏规则等诸多规则、规章制度的统一性限制,但价值取向的差异性反映到行为方式的实践中,仍会表现出极大的个体性差异。在遵循规则的前提下,有效地保护甚至是发扬学生的个体差异,是校园足球行为文化建设的重要职责与内容。行为环境对于学生的价值取向和行为方式有着深远的影响,"近朱者赤,近墨者黑",学校、城市足球传统、氛围、环境的形成与培育对于校园足球的顺利实施至关重要。

2.2.6 结语

文化是校园足球的本质属性,而以人(学生)为本是校园足球文化建设的核心。校园足球文化是校园足球相关的物质文化、精神文化、制度文化和行为文化的总和,是由它们构成的文化统一体。其中,物质文化是基础,精神文化是方向(目标),制度文化是保障,行为文化是规范。行为文化在校园足球文化中处于核心地位,而学生的价值取向建设是校园足球行为文化建设的核心。校园足球文化建设,是培养学生体育兴趣与爱好,形成良好体育锻炼习惯的高效措施,是全面贯彻落实素质教育、推进阳光体育运动、构建良好校园文化的有效手段。正如时任国家体育总局副局长蔡振华所言:"要把开展包括足球在内的体育课和课外活动作为学校素质教育的重要内容"。以足球文化建设为手段,推动校园文化建设步伐,使足球活动成为校园文化活动的重要内容,成为伴随学生成长的生活方式,成为学生的精神寄托和学校文化建设的重要载体。

2.3 校园足球文化模型

校园足球的健康发展,关系着中国足球的未来。而培育良好的校园足球文化,则是校园足球健康、可持续发展的根本保障。建构校园足球文化模型的现实目的在于:为蓬勃发展的全国青少年校园足球活动定点学校的足球文化建设提供理论支撑与建设依据,为丰富与完善校园足球的理论体系服务。其研究方法主要采用了文献资料法、专家访谈法、特尔斐法、摇摆赋值法、对比分析法以及调研与实地考察法等。

2.3.1 校园足球文化指标体系分析

1) 初选指标的提出

根据专家访谈意见,结合文献资料,在分析校园足球文化内涵的基础上,初步制定出包括校园足球物质文化、校园足球精神文化、校园足球制度文化和校园足球行为文化4个一级指标和62个二级指标的校园足球文化指标体系(表2.3.1)。

表 2.3.1 校园足球文化指标体系(初选指标)

	一级指标	二级指标
校园足球文化	物质文化(Material Culture)	M1 学生的足球活动费用
		M2 教职工的足球活动费用
		M3 足球相关的雕塑
		M4 足球相关的代表性建筑
		M5 足球的 logo
		M6 足球场地分布
		M7 足球场是否能满足教师足球锻炼的需要
		M8 足球场是否能满足学生足球锻炼的需要
		M9 足球相关的书籍
		M10 足球相关的视频
		M11 足球相关的宣传画(报道栏)
		M12 足球相关的宣传报道(报道栏)
		M13 足球相关论坛
		M14 足球相关播报
		M15 足球器材的新旧程度
		M16 足球器材能否满足需要
		M17 足球相关服装
		M18 足球相关鞋袜
		M19 足球相关的横幅或标语
		M20 有无专业足球教练员
	精神文化(Spiritual Culture)	S1 学校校训中足球相关内容
		S2 足球相关的口号
		S3 足球的明星人物
		S4 学校的足球理念
		S5 教练员的足球理念
		S6 学生的足球理念
		S7 足球锻炼的价值取向
		S8 学生对足球教学环境的态度
		S9 学生对足球锻炼的动机和态度

(续表)

一级指标	二级指标
制度文化(Institutional Culture)	I1 足球相关政策的实施情况
	I2 是否有足球相关的分管人员
	I3 足球相关的管理方法
	I4 校园足球活动实施办法
	I5 校园足球俱乐部的规定
	I6 足球相关竞赛规则
	I7 足球校队相关奖惩机制
	I8 足球教练员的奖惩机制
	I9 足球教练员工作制度
	I10 足球课的相关规定
行为文化(Action Culture)	A1 足球课的课程设置
	A2 足球课的活动方式
	A3 足球课的出勤率
	A4 每周课外足球锻炼的次数
	A5 每周课外足球锻炼的持续时间
	A6 每周观看足球新闻的次数
	A7 每次比赛的强度
	A8 每次比赛的成绩
	A9 体育课足球游戏
	A10 重大足球比赛的收看次数
	A11 寒暑假足球锻炼次数
	A12 寒暑假足球锻炼的持续时间
	A13 足球相关知识讲座
	A14 学生身心健康状况
	A15 是否有足球协会和足球组织
	A16 足球俱乐部的有无
	A17 是否举办足球文化节
	A18 足球文化节规模
	A19 足球文化节的内容和活动方式
	A20 相关足球组织是否有专业足球教师
	A21 是否有校队
	A22 校队技术水平
	A23 每月校队足球比赛的次数

(一级指标:校园足球文化)

2) 指标的筛选与分析

对校园足球文化指标的筛选和确定主要采用特尔斐法,采用专家调查问卷的方式对20名专家进行调查,经过三轮的问卷调查,使20名专家的意见认识趋于统一,从而得到校园足球文化的一个指标体系。调查问卷按照"重要"得5分;"比较重要"得4分;"一般"得3分;"比较不重要"得2分;"不重要"得1分进行打分。

每一轮用各个指标所得到分值的平均数来表示专家的"意见一致度",用各个指标的变异指数来表示专家的"意见变异度"。变异指数越大,代表指标的专家意见协商程度越低,对这一指标的意见越不容易达成统一。

专家意见一致度:用每一个指标的算术平均值(X)来表示专家意见的统一认识程度。

专家意见变异度:用指标的变异指数(Z)来表示专家意见的可协商程度。

计算公式:
$$Z_i = Y_i / X_i \text{(以某个专家的第} i \text{个指标的打分为例)}$$

式中,X_i——i指标的得分平均值;

Y_i——i指标的标准差;

Z_i——i指标的变异指数。

(1) 第一轮专家调查问卷结果的分析 通过文献资料法确定第一级指标。在对专家进行调查后,都认可一级指标,而且没有不同意见,因此,我们直接分析二级指标。第一轮专家进行打分结果统计见表2.3.2。

表2.3.2 校园足球文化指标体系第一轮打分结果

	P1	P2	P3	P4	P5	P6	P7	P8	P9	P10	P11	P12	P13	P14	P15	P16	P17	P18	P19	P20	X(平均值)	Y(标准差)	Z(变异指数)
M1	4	3	2	4	3	2	3	2	5	4	3	4	3	2	5	3	4	3	3	4	3.30	0.92	0.28
M2	4	3	2	2	3	3	3	4	3	2	3	3	3	2	4	3	2	2	2	3	2.85	0.67	0.24
M3	4	3	3	2	3	4	2	3	3	3	3	3	4	2	4	3	3	3	3	4	3.10	0.72	0.23
M4	3	3	4	2	3	4	3	2	2	3	3	3	4	2	4	3	3	3	3	4	3.15	0.75	0.24
M5	3	3	5	4	4	4	3	4	3	5	3	4	3	4	3	4	4	3	4	5	3.65	0.93	0.25
M6	3	2	3	2	3	1	2	1	3	4	1	3	2	2	3	2	1	3	3	2	2.35	0.88	0.37
M7	1	2	2	1	2	1	2	1	2	3	1	3	2	1	3	2	3	1	2	1	1.90	0.79	0.42
M8	4	4	3	2	2	5	5	1	2	4	3	5	5	1	4	4	2	3	3	5	3.60	1.43	0.40
M9	3	3	2	3	4	2	4	3	2	3	3	3	2	3	3	3	3	3	3	2	2.95	0.60	0.20
M10	2	3	3	3	3	3	3	2	3	4	3	3	3	3	3	3	3	2	3	2	2.85	0.59	0.21
M11	3	3	5	1	1	2	3	2	2	2	1	2	2	1	2	4	2	2	2	3	2.25	1.12	0.50
M12	3	4	3	3	2	3	2	4	3	2	4	5	3	4	2	3	3	3	3	4	3.10	0.79	0.25
M13	4	2	3	3	3	2	2	3	2	3	2	2	4	2	4	1	2	3	2	2	2.45	0.94	0.38
M14	2	4	2	2	3	2	3	2	3	3	2	2	4	2	3	2	3	2	1	2	2.45	0.94	0.38
M15	2	1	3	2	3	2	2	2	2	3	2	2	2	2	2	3	3	2	2	3	2.25	0.64	0.28
M16	4	3	4	2	4	3	4	4	3	3	4	4	4	3	4	5	5	3	4	3	3.60	0.68	0.19
M17	2	3	1	3	2	3	3	2	2	3	2	3	2	3	3	4	3	2	4	3	2.75	0.79	0.29
M18	1	2	2	2	2	2	1	2	3	2	2	2	2	1	2	2	1	1	2	2	1.80	0.52	0.29

(续表)

	P1	P2	P3	P4	P5	P6	P7	P8	P9	P10	P11	P12	P13	P14	P15	P16	P17	P18	P19	P20	X(平均值)	Y(标准差)	Z(变异指数)
M19	3	4	3	3	4	3	4	3	3	3	3	2	3	3	3	3	2	2	4		3.10	0.64	0.21
M20	4	3	2	3	4	5	3	4	3	3	3	4	3	2	3	3	2	4	3		3.20	0.77	0.24
S1	3	2	3	1	2	1	3	2	3	4	3	2	1	2	3	2	3	2	2	1	2.25	0.85	0.38
S2	4	3	4	3	4	4	3	3	4	3	3	4	2	3	3	2	3	2	3	4	3.20	0.70	0.22
S3	4	3	4	3	4	3	4	3	3	2	3	2	3	3	3	4	5	3	3	5	3.40	0.82	0.24
S4	3	5	4	3	4	2	5	4	2	3	3	2	4	4	3	5	4	3	2	5	3.50	1.05	0.30
S5	5	4	3	4	3	3	4	3	5	4	3	4	3	4	3	3	4	3	5	4	3.80	0.77	0.20
S6	5	3	2	4	2	4	3	3	3	4	2	3	4	3	3	3	2	4	2	3	3.10	0.85	0.27
S7	3	3	3	4	2	3	3	2	3	4	3	2	3	3	3	2	4	3	3	3	2.95	0.60	0.20
S8	2	3	2	3	3	1	2	3	3	4	3	2	2	2	3	2	2	3	2	1	2.40	0.75	0.31
S9	3	4	3	5	3	3	2	3	4	3	4	3	4	2	3	2	3	2	3	3	3.10	0.79	0.25
I1	3	3	3	2	3	3	3	4	2	3	2	3	3	3	3	3	2	3	2	5	2.80	0.77	0.28
I2	2	3	2	3	2	3	2	3	2	3	3	1	2	3	3	3	2	2	2	2	2.35	0.59	0.25
I3	4	3	4	3	5	4	2	3	2	3	3	4	3	2	3	4	5	3	3	4	3.35	0.88	0.26
I4	3	5	4	3	4	2	3	4	3	4	3	4	3	4	3	4	3	4	3	4	3.30	0.66	0.20
I5	2	3	4	2	3	2	3	2	3	4	2	2	3	2	3	2	1	3	3	2	2.55	0.76	0.30
I6	3	4	2	3	3	2	3	4	3	2	3	2	3	3	2	3	4	3	2	4	2.90	0.72	0.25
I7	2	2	5	2	2	3	1	3	2	3	4	3	3	2	2	1	2	2	1		2.40	0.99	0.41
I8	4	4	2	3	4	3	4	5	3	5	3	3	3	3	2	3	4	3	4		3.45	0.83	0.24
I9	5	2	3	1	2	3	5	1	5	2	2	5	2	2	4	3	1	3	1	2	2.70	1.42	0.53
I10	4	3	5	4	4	3	5	4	5	3	3	4	3	5	3	4	5	3	3	4	3.90	0.79	0.20
A1	3	4	3	3	4	3	3	3	3	4	3	4	2	3	2	5	2				3.20	0.83	0.26
A2	2	3	3	1	2	3	2	4	2	1	2	3	2	1	3	2	1				2.15	0.81	0.38
A3	4	3	2	3	4	2	3	4	5	5	4	5	3	3	4	3	4	3	5		3.60	0.94	0.26
A4	3	4	3	2	3	4	3	4	3	4	3	3	2	4	2	3	2	4			3.15	0.67	0.21
A5	5	4	3	4	3	4	3	3	4	4	3	4	5	4	3	5	3	4	4		3.80	0.70	0.18
A6	2	2	4	3	2	3	2	3	2	2	3	1	2	2	3	2	1	2	2		2.25	0.72	0.32
A7	3	2	2	3	2	3	3	2	2	3	2	2	2	1	3	2	1				2.30	0.73	0.32
A8	3	4	3	3	3	2	3	4	3	2	3	2	1	3	2	3	2	5			2.85	0.81	0.28
A9	2	1	3	3	2	2	2	3	2	2	3	1	2	2	3	1	3	2	2	1	2.10	0.72	0.34
A10	3	3	4	2	3	2	4	3	3	2	3	4	2	3	3	3	3	3			2.90	0.64	0.22
A11	3	3	4	4	2	4	2	4	2	4	3	4	3	2	3	2	2	2			2.85	0.81	0.28
A12	3	4	2	3	3	3	2	4	3	3	3	2	3	2	3	4	4				2.95	0.69	0.23
A13	2	2	2	3	3	1	2	4	2	3	2	1	3	4	2	1	3	3			2.45	0.89	0.36
A14	2	3	2	3	2	2	2	3	4	2	3	2	2	1	3	2	2	2			2.35	0.67	0.29

(续表)

	P1	P2	P3	P4	P5	P6	P7	P8	P9	P10	P11	P12	P13	P14	P15	P16	P17	P18	P19	P20	X(平均值)	Y(标准差)	Z(变异指数)
A15	4	3	4	3	3	2	4	2	3	3	2	3	3	3	2	3	3	3	2	3	2.90	0.64	0.22
A16	3	4	2	3	2	3	4	3	3	2	3	3	4	4	4	2	2	3	4	3	3.00	0.79	0.26
A17	3	3	5	3	2	4	3	3	4	3	3	4	3	3	3	3	3	2	3	4	3.15	0.75	0.24
A18	3	3	3	3	3	4	3	3	3	3	4	3	2	2	3	2	3	2	3	3	2.75	0.64	0.23
A19	3	2	5	2	2	2	3	2	3	2	3	2	3	3	2	3	3	2	1	2	2.45	0.83	0.34
A20	3	3	5	3	4	2	4	3	4	3	4	3	3	2	3	3	3	2	3	2	3.10	0.72	0.23
A21	3	3	4	3	4	3	3	3	3	4	3	3	3	2	3	3	3	3	3	3	3.15	0.59	0.19
A22	3	3	3	4	3	4	3	2	4	2	3	2	3	2	4	3	1	2	3	3	3.00	0.86	0.29
A23	4	4	1	3	3	3	3	4	3	3	3	4	3	3	2	3	3	4	4	4	3.15	0.81	0.26

在本轮的问卷结果中,将专家意见一致度 $X \leqslant 2.50$ 以及意见变异度 $Z > 0.40$ 的指标挑选出来进行删除并对结果进行分析(表2.3.3)。在挑选出来的指标中,校园足球物质文化中有7项,校园足球精神文化中有2项,校园足球制度文化中有3项,校园足球行为文化中有7项。

表2.3.3 第一轮删除指标一览表

二级指标	意见一致度 X	变异指数 Z
M6 足球场地分布	2.35	0.37
M7 足球场是否能满足教师足球锻炼的需要	1.90	0.42
M11 足球相关的宣传画(报道栏)	2.25	0.50
M13 足球相关论坛	2.45	0.38
M14 足球相关播报	2.45	0.38
M15 足球器材的新旧程度	2.25	0.28
M18 足球相关鞋袜	1.80	0.29
S1 学校校训中足球相关内容	2.25	0.38
S8 学生对足球教学环境的态度	2.40	0.31
I2 是否有足球相关的分管人员	2.35	0.25
I7 足球校队相关奖惩机制	2.40	0.41
I9 足球教练员工作制度	2.70	0.53
A2 足球课的活动方式	2.15	0.38
A6 每周观看足球新闻的次数	2.25	0.32
A7 每次比赛的强度	2.30	0.32
A9 体育课足球游戏	2.10	0.34
A13 足球相关知识讲座	2.45	0.36
A14 学生身心健康状况	2.35	0.29
A19 足球文化节的内容和活动方式	2.45	0.34

从表 2.3.3 中反映出的数据看,如"足球相关鞋袜""足球场地分布""足球相关论坛""足球相关播报""足球器材的新旧程度""学校校训中足球相关内容""学生对足球教学环境的态度""是否有足球相关的分管人员""足球课的活动方式""每周观看足球新闻的次数""每次比赛的强度""体育课足球游戏""足球相关知识讲座""学生身心健康状况""足球文化节的内容和方式",这 15 项指标的专家意见一致度均未达到 2.50,专家意见变异度都在 0.40 以下,说明专家对这些指标的低分值意见较为统一,因此删除这些指标。

"足球场是否能满足教师足球锻炼的需要"(M7)这一项指标的专家意见一致度仅为 1.90,远低于标准值 2.50,专家意见变异度为 0.42,高于标准值 0.40,这说明专家对这一指标打分的分值都比较低,而且专家的意见分歧较大,意见趋于统一难度较大,因此将其删除。大部分专家认为校园足球文化的主体应该是学生,教师所起到的主要作用应该是上课和指导训练。因此,在校园足球文化指标体系中仅考虑学生对足球场地是否满足需要的意见即可,因此删除这一指标。

"足球相关的宣传画(报道栏)"(M11)这一项指标的专家意见一致度为 2.25,低于标准值 2.50。但指标的专家意见变异度为 0.50,高于标准值 0.40,说明专家不仅对这一项指标的打分偏低,而且意见分歧较大难于统一,因此将其删除。对这一指标的打分,有 3 位专家打分较高,其余专家打分较低。大部分专家认为 M11 指标与 M12"足球相关的宣传报道(报道栏)"存在重复,应将其删去。而足球相关的宣传画,可以通过把"足球相关的宣传报道(报道栏)"这项指标改为"足球相关的宣传和报道(报道栏)"后体现出来,所以删除这一指标,并在下一轮的调查问卷中将"足球相关的宣传报道(报道栏)"这项指标改为"足球相关的宣传和报道(报道栏)"。

"足球校队相关奖惩机制"(I7)这一项指标的专家意见一致度为 2.40,较为接近标准值 2.50。但是,专家意见变异度为 0.41,高于标准值 0.40,这说明专家对这一指标的打分有高有低,意见分歧较大。其中有两位专家打分较高,其他专家打分较低。大部分专家认为校队是学校校园足球文化建设中的指标之一,校队应该勇争胜利,不断提高成绩,但不应过于通过奖惩来对球队进行激发与促进,取得好的成绩应该奖励,成绩差了应以鼓励为主,要把提高身体素质、加强意志品质锻炼作为首要目标。因此,虽然这一指标接近标准值,但因其得分低而且专家意见不易达成一致,因此删除这一指标。

"足球教练员工作制度"(I9)这一项指标的专家意见一致度为 2.70,高于标准值 2.50,但其专家意见变异度为 0.53,高于标准值 0.40,说明专家对这一项指标的打分虽然不低,但是专家的意见较为分散且不容易趋向统一,因此将其删除。有的专家认为,学校中都有教职工工作制度,足球教练员的工作按照普通教师的工作制度执行即可,没有单独制定的必要。而也有专家认为,作为校园足球布局学校,足球教练员与学校中的普通教师存在差别,应该有专门的工作制度。专家意见分歧较大,不容易通过协调进行统一,因此删除这一指标。

(2) 第二轮专家调查问卷结果的分析　通过第一轮调查问卷专家打分后,经过统计和筛选,把不符合条件的指标进行删除,再综合以上的专家意见,对体系中的指标进行了修正,得到第二轮调查问卷的指标。再把第一轮调查问卷的打分结果统计图和第二轮的调查问卷一起发给这 20 位专家进行打分,打分标准与第一轮调查问卷相同。第二轮的打分结果统计见表 2.3.4。

表 2.3.4 校园足球文化指标体系第二轮打分结果

	P1	P2	P3	P4	P5	P6	P7	P8	P9	P10	P11	P12	P13	P14	P15	P16	P17	P18	P19	P20	X(平均值)	Y(标准差)	Z(变异指数)
M1	5	3	4	3	2	3	2	3	4	3	4	5	2	3	4	2	3	3	3	4	3.25	0.91	0.28
M2	2	3	3	2	2	2	3	4	1	2	3	2	3	2	2	2	3	2	3	2	2.40	0.68	0.28
M3	3	2	3	3	3	4	3	2	3	3	3	2	3	2	3	3	4	3	3	3	2.85	0.59	0.21
M4	3	4	3	3	2	3	3	2	3	2	2	3	2	2	3	1	3	3	3	2	2.60	0.68	0.26
M5	4	3	5	3	5	2	4	4	2	4	3	4	3	3	4	3	3	3	4	5	3.55	0.89	0.25
M8	4	3	5	3	3	5	2	5	4	4	3	3	3	5	3	3	3	2	2	4	3.45	1.00	0.29
M9	2	3	3	3	2	3	1	3	2	2	2	4	3	3	3	2	3	2	2	2	2.50	0.69	0.28
M10	3	3	1	2	4	1	2	2	3	2	3	1	2	1	2	2	2	4	2	4	2.30	0.98	0.43
M12	4	3	3	4	3	2	3	4	3	3	3	3	3	3	2	3	2	3	2	3	2.90	0.64	0.22
M16	4	3	4	3	3	5	3	5	3	4	3	3	4	3	4	2	3	3	3	4	3.45	0.76	0.22
M17	3	3	3	2	3	3	2	3	2	3	2	2	2	3	2	3	2	4	2	3	2.55	0.60	0.24
M19	3	3	3	3	4	3	3	2	3	3	3	2	3	3	3	3	3	2	3	4	2.90	0.55	0.19
M20	3	3	4	3	4	4	3	3	2	3	4	3	3	3	4	3	3	3	3	3	3.15	0.59	0.19
S2	3	5	5	3	3	3	3	2	3	4	2	3	3	3	2	3	3	3	3	2	3.15	0.88	0.28
S3	4	3	3	4	3	3	4	5	3	4	3	3	2	4	3	2	3	2	3	5	3.30	0.86	0.26
S4	4	3	4	3	4	3	3	3	3	4	3	3	3	4	4	4	3	3	3	3	3.35	0.59	0.18
S5	4	4	5	3	3	3	4	5	3	5	2	4	3	3	4	3	3	2	3	3	3.45	0.89	0.26
S6	3	3	3	3	2	3	3	3	3	3	2	3	3	3	3	3	3	2	2	2	2.80	0.52	0.19
S7	2	2	2	4	2	1	2	3	4	4	3	2	3	3	1	4	2	2	3	1	2.50	1.00	0.40
S9	3	3	4	3	2	3	2	3	3	3	2	3	3	3	2	2	3	1	2	2	2.60	0.75	0.29
I1	5	4	3	2	3	1	2	2	3	2	1	2	2	2	3	1	1	2	2	2	2.25	1.02	0.45
I3	4	3	3	4	3	4	3	3	4	3	3	4	3	2	3	2	3	4	3	4	3.25	0.64	0.20
I4	4	2	3	4	5	3	3	2	3	4	3	3	2	3	2	3	3	4	3	4	3.25	0.79	0.24
I5	3	2	2	3	2	2	2	3	2	2	2	2	2	2	2	2	2	1	2	2	2.00	0.65	0.33
I6	3	5	2	2	3	1	2	4	2	3	2	4	2	1	3	2	3	2	3	1	2.45	1.05	0.43
I8	4	3	3	4	5	2	3	4	3	4	3	4	3	2	3	2	3	2	3	3	3.30	0.86	0.26
I10	4	4	3	4	3	3	4	5	4	3	5	3	3	4	3	2	4	4	3	3	3.55	0.76	0.21
A1	3	3	3	5	4	3	4	2	2	3	3	3	3	2	3	3	3	3	3	4	3.10	0.79	0.25
A3	4	3	4	3	4	3	4	3	4	3	2	3	2	3	3	3	3	4	4	4	3.35	0.67	0.20
A4	3	3	3	3	2	3	2	3	3	3	3	2	3	3	3	3	3	4	3	2	2.90	0.55	0.19
A5	4	3	4	3	3	4	3	4	4	3	3	4	3	4	4	4	3	3	3	4	3.50	0.51	0.15
A8	3	3	3	2	3	4	2	3	3	2	4	3	2	1	3	2	3	2	2	3	2.55	0.76	0.30
A10	4	2	3	2	5	3	1	1	3	1	3	5	2	3	1	2	2	1	3	1	2.40	1.27	0.53
A11	1	2	2	2	3	3	2	2	3	2	3	2	3	3	2	2	3	3	3	2	2.35	0.59	0.25
A12	2	2	3	2	3	3	3	2	3	2	3	2	2	2	2	2	2	3	2	3	2.45	0.51	0.21

(续表)

	P1	P2	P3	P4	P5	P6	P7	P8	P9	P10	P11	P12	P13	P14	P15	P16	P17	P18	P19	P20	X(平均值)	Y(标准差)	Z(变异指数)
A15	2	3	2	2	3	2	2	2	2	4	2	3	2	2	3	2	3	2	3	4	2.45	0.69	0.28
A16	3	3	3	4	3	3	2	2	2	3	2	3	3	3	3	3	3	2	2	3	2.65	0.59	0.22
A17	4	3	4	3	3	3	2	2	3	3	2	3	3	4	3	3	3	2	2	4	3.05	0.76	0.25
A18	3	2	3	2	3	4	2	1	2	3	2	3	3	3	3	3	3	3	3	4	2.55	0.76	0.30
A20	2	2	3	3	1	3	2	3	4	3	2	3	3	2	4	3	3	1	2	2	2.45	0.83	0.34
A21	4	3	3	3	3	3	3	3	3	3	2	3	4	3	3	2	3	2	5	5	3.10	0.85	0.27
A22	3	3	2	3	2	3	3	2	1	3	3	3	2	3	3	3	3	2	3	2	2.60	0.68	0.26
A23	3	3	2	3	4	2	4	3	3	3	3	5	3	3	3	3	4	2	3	3	3.05	0.76	0.25

在第二轮的调查问卷结果中,将专家意见一致度 $X \leqslant 2.50$ 以及意见变异度 $Z > 0.40$ 的指标挑选出来进行删除并对结果进行分析(表 2.3.5)。在挑选出来的指标中,校园足球物质文化中有 3 项,校园足球精神文化中有 1 项,校园足球制度文化中有 3 项,校园足球行为文化中有 5 项。

表 2.3.5 第二轮删除指标一览表

二级指标	意见一致度 X	变异指数 Z
M2 教职工的足球活动费用	2.40	0.28
M9 足球相关的书籍	2.50	0.28
M10 足球相关的视频	2.30	0.43
S7 足球锻炼的价值取向	2.50	0.40
I1 足球相关政策的实施情况	2.25	0.45
I5 校园足球俱乐部的规定	2.00	0.33
I6 足球相关竞赛规则	2.45	0.43
A10 重大足球比赛的收看次数	2.40	0.53
A11 寒暑假足球锻炼次数	2.35	0.25
A12 寒暑假足球锻炼的持续时间	2.45	0.21
A15 是否有足球协会和足球组织	2.45	0.28
A20 相关足球组织是否有专业足球教师	2.45	0.34

从表 2.3.5 中反映出来的指标数据看,如"教职工的足球活动费用""校园足球俱乐部的规定""寒暑假足球锻炼次数""寒暑假足球锻炼的持续时间""是否有足球协会和足球组织""相关足球组织是否有专业足球教师",这 6 项指标的专家意见一致度均未达到 2.50,专家意见变异度都在 0.40 以下,说明专家对这些指标的打分低且意见较为统一,所以删除。

"足球相关的书籍"(M9)这一项指标的专家意见一致度为 2.50,等于标准值 2.50,其专家意见变异度为 0.28,低于标准值 0.40,这说明专家对这一指标的打分意见较为一致。专家认为,足球相关的书籍在校园足球文化中能够体现校园足球活动的文化性,但书籍在校园足球活动中的作用不同于书籍对普通文化教学方面的作用,对校园足球活动的实用性不大,学生获得相关的足球知识以及训练的方法,主要是由教练员的传授和指导,书籍只是起到辅助作用。因此,在考虑校园足球文化代表性方面后将其删除。

"足球相关的视频"(M10)这一项指标的专家意见一致度为2.30,低于标准值2.50,而且其专家意见变异度为0.43,高于标准值0.40,这就说明专家对这一指标的打分普遍较低,其中给出1分的就有4位专家,但有3位专家打分较高,专家的意见分歧明显,不易达成统一意见,因此将其删除。打分较高的专家认为足球相关的视频对青少年接受足球知识能够起到非常大的作用,视频的作用直观且容易接受。大部分专家则认为,青少年在校期间,年龄较小,应该主要以接受教练员的授课和指导为主,不看视频或有选择性地收看足球相关视频对校园足球活动的开展影响不大。

"足球锻炼的价值取向"(S7)这一项指标的专家意见一致度为2.50,等于标准值2.50,其专家意见变异度为0.40也等于标准值0.40。专家认为,在校青少年的年龄偏小,对价值取向的理解还不深,还不易形成正确的足球锻炼价值观,而且这一指标不如"学生的足球理念"这项指标更能体现学生对校园足球活动的态度和看法。

"足球相关政策的实施情况"(I1)这一项指标的专家意见一致度为2.25,低于标准值2.50,而且指标的专家意见变异度为0.45,高于标准值0.40。说明这项指标专家打低分的较多,但也有2位专家打了很高的分,导致专家的意见变异度较高,意见分歧明显,不易达成统一意见。大部分专家认为足球相关政策的实施情况完全可以体现在一些校园足球制度文化指标和校园足球文化行为指标上,没有必要将这项指标单独列出,所以将其删除。

"足球相关竞赛规则"(I6)这一项指标的专家意见一致度为2.45,低于标准值2.50,而且指标的专家意见变异度为0.43,高于标准值0.40。一部分专家认为,校园足球活动中的相关竞赛规则完全可以采用足球运动竞赛规则,所以打分不高。而打分较高的专家则认为校园足球布局学校可以根据学校自身的情况,制定适合自己的足球相关竞赛规则,这一指标可以体现学校对足球相关竞赛的理解与运用。因此,专家们的意见分歧较为明显,趋于统一意见较难,所以将这一项指标删除。

"重大足球比赛的收看次数"(A10)这一项指标的专家意见一致度为2.40,低于标准值2.50,而且指标的专家意见变异度为0.53,高于标准值0.40。这项指标的专家意见变异度远高于标准值,说明专家对这一指标的分歧较大,较难达成统一意见,所以将其删除。有的专家认为,重大足球比赛能刺激学生对足球活动的兴趣。也有的专家认为,重大足球比赛的时间往往与学生的作息时间相冲突,不能因为收看足球比赛而耽误学生的学习与休息。

(3)第三轮专家调查问卷结果的分析 通过两轮的专家调查问卷打分后,经过筛选和统计,综合专家的意见建议,把不符合条件的指标进行删除,得到第三轮调查问卷的指标。再把第二轮调查问卷的打分图和第二轮的调查问卷一起发给这20位专家进行打分,打分标准与第一轮调查问卷相同。第三轮的打分结果统计见表2.3.6。

在第三轮的调查问卷结果中,将专家意见一致度$X \leqslant 2.50$,以及意见变异度$Z>0.40$的指标挑选出来进行删除并对结果进行分析(表2.3.7)。在挑选出来的指标中,校园足球物质文化中有2项,校园足球精神文化中有1项,校园足球制度文化中0项,校园足球行为文化中有3项。

表 2.3.6 校园足球文化指标体系第三轮打分结果统计表

	P1	P2	P3	P4	P5	P6	P7	P8	P9	P10	P11	P12	P13	P14	P15	P16	P17	P18	P19	P20	X(平均值)	Y(标准差)	Z(变异指数)
M1	4	3	4	3	2	3	2	3	4	5	4	3	2	3	3	4	3	2	3	4	3.20	0.83	0.26
M3	3	2	3	3	3	4	3	2	2	3	3	2	3	2	3	3	3	4	2	3	2.80	0.62	0.22
M4	3	2	3	3	2	3	3	2	3	2	3	2	3	2	3	1	3	2	1	2	2.40	0.68	0.28
M5	3	3	4	3	5	2	3	4	2	3	4	3	5	3	4	3	4	3	4	3	3.40	0.82	0.24
M8	4	3	3	3	5	3	4	3	2	4	3	2	3	3	3	5	4	3	2	3	3.20	0.89	0.28
M12	4	3	3	3	3	4	3	3	4	3	2	2	3	3	3	2	3	3	2	3	2.90	0.64	0.22
M16	3	3	4	3	3	4	3	4	3	4	3	2	2	3	2	3	3	3	3	4	3.10	0.64	0.21
M17	3	3	2	3	2	2	3	2	2	3	2	2	1	2	3	2	3	2	3	2	2.45	0.69	0.28
M19	4	2	3	3	2	3	3	4	3	2	3	3	2	3	3	2	3	2	3	4	2.85	0.67	0.24
M20	3	3	4	3	4	4	3	3	2	3	3	2	5	3	4	3	3	3	2	3	3.15	0.75	0.24
S2	3	4	5	3	2	3	2	3	4	3	1	3	3	3	3	2	3	3	3	2	2.90	0.91	0.31
S3	4	3	3	4	3	3	3	4	5	3	4	3	3	2	4	3	2	3	2	5	3.30	0.86	0.26
S4	4	3	3	4	3	3	3	4	3	3	4	3	3	4	3	4	4	3	3	3	3.35	0.59	0.18
S5	4	4	5	3	3	3	4	5	3	3	5	2	4	3	3	3	4	3	2	3	3.45	0.89	0.26
S6	3	3	3	3	3	3	3	2	3	3	2	3	3	4	3	3	2	3	2	2	2.80	0.52	0.19
S9	3	3	3	3	2	3	2	3	4	2	1	3	3	3	2	3	3	1	2	2	2.50	0.76	0.30
I3	3	3	4	3	3	4	2	3	3	3	3	2	2	3	2	3	3	3	2	3	2.85	0.67	0.24
I4	4	3	4	3	5	3	3	2	2	3	2	3	4	3	2	3	3	4	3	4	3.15	0.81	0.26
I8	4	3	4	3	5	3	4	3	4	3	3	2	4	3	3	5	2	3	3	3	3.30	0.86	0.26
I10	4	3	3	3	2	3	4	4	2	3	5	3	3	4	3	3	3	3	3	2	3.10	0.79	0.25
A1	3	3	4	3	5	3	4	2	2	3	2	3	3	2	3	3	3	2	3	4	3.05	0.83	0.27
A3	4	3	4	4	3	4	4	3	4	3	4	3	3	3	3	3	3	3	3	3	3.35	0.67	0.20
A4	3	2	3	3	3	3	3	3	3	2	3	3	3	3	3	3	3	3	3	2	2.90	0.55	0.19
A5	4	3	4	3	4	3	4	4	3	3	4	3	4	3	4	4	4	3	3	4	3.50	0.51	0.15
A8	3	2	3	2	2	3	2	2	2	1	3	2	2	1	3	2	3	2	3	3	2.35	0.67	0.29
A16	3	3	3	4	3	3	2	2	2	3	2	3	3	2	3	2	2	3	3	3	2.65	0.59	0.22
A17	4	3	4	3	2	3	3	2	3	3	4	3	3	3	2	3	4	3	2	4	3.05	0.76	0.25
A18	3	2	3	2	3	2	3	2	1	2	1	2	3	3	3	2	3	3	3	3	2.45	0.76	0.31
A21	4	3	2	3	3	3	3	3	4	2	3	2	3	3	3	3	2	4	3	5	3.05	0.76	0.25
A22	3	2	2	2	3	2	1	2	4	3	3	2	3	1	3	3	3	3	2	3	2.50	0.76	0.30
A23	3	3	2	3	4	2	4	3	3	2	3	3	5	3	3	3	4	2	3	3	3.05	0.76	0.25

表 2.3.7 第三轮删除指标一览表

二级指标	意见一致度 X	变异指数 Z
M4 足球相关的代表性建筑	2.40	0.28
M17 足球相关服装	2.45	0.28
S9 学生对足球锻炼的动机和态度	2.50	0.30
A8 每次比赛的成绩	2.35	0.29
A18 足球文化节规模	2.45	0.31
A22 校队技术水平	2.50	0.30

从表 2.3.7 中反映出来的指标数据看,这 6 项指标专家的意见一致度都小于或等于标准值 2.50,而且专家的意见变异度都小于标准值 0.40,可以看出专家在进行了三轮的打分后,对指标体系的认识都逐渐清晰,而且对指标的意见都趋于统一。

"足球相关的代表性建筑"(M4)这项指标,专家指出指标可以代表学校对校园足球活动的重视程度,但是可操作性太差,目前我国的中小学师资力量对于专门拿出经费建造足球相关代表性建筑的可能性不大,所以删除这项指标。

"足球相关服装"(M17)这项指标,专家认为统一的足球服装可以代表一个学校团结向上的精神面貌,专业的服装也有利于足球活动的训练与比赛。但是从目前的校园足球发展来看,学校设计代表本校理念和风格的服装较少,大部分都是批量买的成品服装,只是在服装上达成统一。因此,这项指标相对其他指标,代表足球物质文化的作用较低,将其删除。

"学生对足球锻炼的动机和态度"(S9)这项指标,专家认为学生对足球锻炼的动机和态度可以体现学生对校园足球文化的理解和接受程度,但是与"学生的足球理念"指标的范畴存在重复,因此删除该指标。

"每次比赛的成绩"(A8)和"校队技术水平"(A22)这两项指标,专家认为存在重复,成绩可以代表学校校队水平的高低,成绩的好坏可以影响学生对校园足球活动热情的高低,但对于校园足球文化建设来说,重点在于让更多的学生参与进来。所以"每次比赛的成绩"和"校队技术水平"这两项指标不用单独提出来,可以包含在"是否有校队"(A21)中,作为学校校队建设好与差的评判标准,故将其删除。

"足球文化节规模"(A18)这项指标,专家认为文化节的规模只能代表学生的重视程度和自身实力,对众多的校园布局城市中小学校来说,能够举办文化节就可以证明学校对校园足球活动的支持与重视。而且规模大不代表成果多、效果好,各学校应根据自身水平,开展各具特色符合本校特点的足球文化节,让更多的学生参与进来,能力发挥出来。因此,删除这项指标。

通过三轮的专家问卷调查,把调查结果进行分析和筛选后,得到初步的校园足球文化指标体系(表 2.3.8)。

表 2.3.8 初步的校园足球文化指标体系

一级指标	二级指标
校园足球物质文化(M)	M1 学生的足球活动费用
	M3 足球相关的雕塑
	M5 足球的 logo
	M8 足球场是否能满足学生足球锻炼的需要
	M12 足球相关的宣传和报道(报道栏)
	M16 足球器材能否满足需要
	M19 足球相关的横幅或标语
	M20 有无专业足球教练员
校园足球精神文化(S)	S2 足球相关的口号
	S3 足球的明星人物
	S4 学校的足球理念
	S5 教练员的足球理念
	S6 学生的足球理念
校园足球制度文化(I)	I3 足球相关的管理方法
	I4 校园足球活动实施办法
	I8 足球教练员的奖惩机制
	I10 足球课的相关规定
校园足球行为文化(A)	A1 足球课的课程设置
	A3 足球课的出勤率
	A4 每周课外足球锻炼的次数
	A5 每周课外足球锻炼的持续时间
	A16 足球俱乐部的有无
	A17 是否举办足球文化节
	A21 是否有校队
	A23 每月校队足球比赛的次数

(4) 校园足球文化指标的权重分析　首先专家将指标按照重要性从高到低排列,再将最重要的评价因素权重赋值为 1,而后将其余的因素与最重要的因素相比较,根据两者之间的相对重要性,对其余因素赋值,取值范围在 0~1 之间,必须是"0.1"的整数倍。依此类推,这个过程一直持续到其余指标都赋权。最后将权重进行加和,然后各权重再分别除以这个加和数,就可以得到标准化的权重,见表 2.3.9 和表 2.3.10。

表 2.3.9　校园足球文化一级指标权重表

一级指标	P1		P2		P3		P4		P5		P6		P7		P8		P9		P10		权重（专家统一值）
	打分	权重	打分	权重	打分	权重	打分	权重	打分	权重	打分	权重	打分	权重	打分	权重	打分	权重	打分	权重	
校园足球物质文化	1	0.25	1	0.36	0.8	0.29	0.8	0.25	0.8	0.25	1	0.31	0.8	0.24	0.6	0.19	0.7	0.22	0.8	0.26	0.26
校园足球精神文化	1	0.25	0.4	0.14	0.5	0.18	0.6	0.19	0.8	0.25	0.6	0.19	0.8	0.24	1	0.32	0.7	0.22	0.7	0.23	0.22
校园足球制度文化	1	0.25	0.6	0.21	0.5	0.18	1	0.31	0.6	0.19	0.6	0.19	0.8	0.24	0.7	0.23	1	0.31	0.6	0.19	0.23
校园足球行为文化	1	0.25	0.8	0.29	1	0.36	0.8	0.25	1	0.31	1	0.31	1	0.29	0.8	0.26	0.8	0.25	1	0.32	0.29

表 2.3.10　校园足球文化二级指标权重表

二级指标	P1		P2		P3		P4		P5		P6		P7		P8		P9		P10		权重（专家统一值）
	打分	权重	打分	权重	打分	权重	打分	权重	打分	权重	打分	权重	打分	权重	打分	权重	打分	权重	打分	权重	
M1	0.5	0.08	0.8	0.13	0.6	0.12	0.8	0.14	0.6	0.11	1	0.15	0.8	0.14	0.6	0.12	0.5	0.09	0.6	0.10	0.12
M3	0.6	0.10	0.6	0.10	0.7	0.12	0.8	0.10	0.8	0.14	0.8	0.12	0.6	0.11	0.7	0.14	0.6	0.10	0.8	0.13	0.12
M5	1	0.17	0.7	0.10	0.7	0.13	0.7	0.13	1	0.18	0.6	0.14	0.7	0.12	1	0.20	0.7	0.12	1	0.16	0.14
M8	0.8	0.13	1	0.17	0.5	0.10	0.5	0.08	0.5	0.09	0.9	0.13	0.8	0.14	0.3	0.06	0.8	0.14	0.6	0.10	0.11
M12	0.8	0.13	0.7	0.12	0.6	0.12	0.8	0.14	0.7	0.12	0.8	0.12	0.7	0.12	0.8	0.16	0.7	0.12	0.9	0.15	0.13
M16	0.8	0.13	1	0.17	0.5	0.10	1	0.17	0.6	0.11	1	0.13	1	0.18	0.5	0.10	0.9	0.16	0.7	0.11	0.14
M19	0.6	0.10	0.5	0.08	0.6	0.12	0.7	0.12	0.7	0.12	0.7	0.10	0.4	0.07	0.2	0.04	0.6	0.1	0.8	0.13	0.10

(续表)

二级指标	P1 打分	P1 权重	P2 打分	P2 权重	P3 打分	P3 权重	P4 打分	P4 权重	P5 打分	P5 权重	P6 打分	P6 权重	P7 打分	P7 权重	P8 打分	P8 权重	P9 打分	P9 权重	P10 打分	P10 权重	权重（专家统一值）
M20	0.9	0.15	0.8	0.13	1	0.19	0.8	0.14	0.8	0.14	0.8	0.12	0.7	0.12	0.8	0.16	1	0.17	0.8	0.13	0.15
S2	0.8	0.21	0.7	0.18	0.5	0.14	1	0.26	0.5	0.14	0.9	0.23	0.7	0.18	0.6	0.17	0.4	0.13	1	0.27	0.19
S3	0.5	0.13	0.6	0.15	0.3	0.09	0.6	0.16	0.5	0.14	0.5	0.13	0.5	0.13	0.3	0.09	0.4	0.13	0.6	0.16	0.13
S4	1	0.26	0.8	0.21	0.8	0.23	0.7	0.18	1	0.28	0.8	0.21	0.9	0.23	1	0.29	0.8	0.25	0.7	0.19	0.23
S5	0.6	0.15	0.8	0.21	1	0.29	0.7	0.18	0.7	0.19	0.7	0.18	0.8	0.21	0.7	0.2	0.6	0.19	0.6	0.16	0.20
S6	1	0.26	1	0.26	0.9	0.26	0.8	0.21	0.9	0.25	1	0.26	1	0.26	0.9	0.26	1	0.31	0.8	0.22	0.26
I3	0.8	0.26	0.6	0.2	1	0.34	0.8	0.25	0.6	0.21	0.8	0.34	0.7	0.23	0.6	0.2	0.8	0.25	1	0.31	0.26
I4	1	0.32	1	0.33	0.8	0.28	1	0.31	0.7	0.25	1	0.28	1	0.32	1	0.33	1	0.25	0.9	0.28	0.29
I8	0.6	0.19	0.6	0.2	0.5	0.17	0.6	0.19	0.5	0.18	0.6	0.21	0.6	0.19	0.8	0.27	0.7	0.25	0.6	0.19	0.20
I10	0.7	0.23	0.8	0.27	0.6	0.21	0.8	0.25	1	0.36	0.5	0.17	0.8	0.26	0.6	0.2	0.7	0.31	0.7	0.22	0.25
A1	1	0.16	0.8	0.15	0.7	0.11	0.8	0.14	0.7	0.13	0.8	0.15	0.6	0.11	0.8	0.13	0.8	0.18	0.8	0.13	0.14
A3	0.8	0.13	0.6	0.11	0.5	0.08	0.6	0.05	0.2	0.04	0.5	0.15	0.5	0.09	0.5	0.1	0.7	0.13	0.5	0.08	0.10
A4	0.7	0.16	0.5	0.09	0.8	0.13	0.7	0.12	0.6	0.11	0.8	0.19	1	0.18	0.6	0.13	0.8	0.14	0.7	0.11	0.12
A5	0.8	0.13	1	0.18	0.9	0.15	0.8	0.14	0.6	0.11	0.7	0.1	0.9	0.16	0.9	0.15	0.6	0.14	0.8	0.13	0.14
A16	0.5	0.08	0.5	0.09	0.6	0.1	0.6	0.1	0.5	0.09	0.3	0.06	0.5	0.09	0.5	0.08	0.8	0.11	0.5	0.08	0.09
A17	0.8	0.13	0.9	0.16	1	0.16	1	0.17	0.8	0.15	0.8	0.15	0.6	0.13	0.6	0.1	0.8	0.14	0.8	0.13	0.14
A21	0.9	0.15	0.6	0.11	0.8	0.13	0.9	0.16	1	0.19	0.7	0.13	0.7	0.13	1	0.17	0.5	0.09	1	0.16	0.14
A23	0.6	0.1	0.6	0.11	0.8	0.13	0.7	0.12	1	0.19	0.6	0.12	0.7	0.13	0.8	0.13	0.4	0.07	1	0.16	0.13

从表 2.3.9 和表 2.3.10 可以得到校园足球文化指标体系的权重表(表 2.3.11)。

表 2.3.11 校园足球文化指标体系权重表

一级指标	二级指标
校园足球物质文化(0.26)	M1 学生的足球活动费用(0.12)
	M3 足球相关的雕塑(0.12)
	M5 足球的 logo(0.14)
	M8 足球场是否能满足学生足球锻炼的需要(0.11)
	M12 足球相关的宣传和报道(报道栏)(0.13)
	M16 足球器材能否满足需要(0.14)
	M19 足球相关的横幅或标语(0.10)
	M20 有无专业足球教练员(0.15)
校园足球精神文化(0.22)	S2 足球相关的口号(0.19)
	S3 足球的明星人物(0.13)
	S4 学校的足球理念(0.23)
	S5 教练员的足球理念(0.20)
	S6 学生的足球理念(0.26)
校园足球制度文化(0.23)	I3 足球相关的管理方法(0.26)
	I4 校园足球活动实施办法(0.29)
	I8 足球教练员的奖惩机制(0.20)
	I10 足球课的相关规定(0.25)
校园足球行为文化(0.29)	A1 足球课的课程设置(0.14)
	A3 足球课的出勤率(0.10)
	A4 每周课外足球锻炼的次数(0.12)
	A5 每周课外足球锻炼的持续时间(0.14)
	A16 足球俱乐部的有无(0.09)
	A17 是否举办足球文化节(0.14)
	A21 是否有校队(0.14)
	A23 每月校队足球比赛的次数(0.13)

2.3.2 校园足球文化建设现状分析

在初步校园足球文化指标体系模型基础上,通过进行专家访谈,制定出了校园足球文化建设现状调查表,通过效度和信度检查后,将调查表发放到随机抽取的开展校园足球活动的学校进行问卷调查,而后对调查结果进行分析研究。

1) 总体分析

将10所学校的校园足球文化建设现状调查表回收后,对各学校的打分情况进行统计和分析(表2.3.12)。

表2.3.12　10所学校的校园足球文化建设现状打分统计表

指标	楚雄师院附小	杭州求知小学	合肥梦园学校	石家庄柏林南路小学	开远灵泉小学	成都盐小德胜分校	长沙德馨园小学	广州中大黄埔实小	沈阳实验小学	大连桃源小学
M1	6	10	10	7	10	10	10	10	10	10
M3	0	0	0	0	0	0	0	0	0	10
M5	10	10	0	0	10	10	10	0	10	10
M8	10	10	10	10	0	10	10	0	10	10
M12	10	10	10	8	8	10	10	10	10	10
M16	10	10	10	10	10	10	10	10	10	10
M19	6	6	10	6	8	10	10	8	8	10
M20	10	10	10	10	10	10	10	10	10	10
S2	10	10	10	10	10	10	10	10	10	10
S3	8	10	6	6	8	10	10	10	10	10
S4	10	10	10	8	8	10	10	8	10	10
S5	10	10	10	10	10	10	10	10	10	10
S6	8	10	10	8	8	10	10	8	10	10
I3	10	10	10	8	10	10	10	8	8	10
I4	10	10	8	8	8	10	8	8	10	10
I8	0	0	10	0	0	0	0	0	0	0
I10	0	10	10	0	8	8	8	8	8	8
A1	8	10	8	6	8	10	8	8	10	10
A3	10	10	10	10	8	10	10	10	10	10
A4	8	8	10	6	8	10	10	6	10	10
A5	8	10	10	6	6	10	10	6	8	10
A16	0	10	10	0	0	10	0	0	0	0
A17	10	10	10	0	10	0	10	10	10	10
A21	8	8	10	8	8	10	10	8	10	10
A23	10	6	10	8	10	10	10	6	10	10

通过下面的公式来计算每个学校的综合得分,然后进行分析(表2.3.13):

$$Z = \sum M(m_1 \times mx_1 + m_3 \times mx_3 + m_5 \times mx_5 + m_8 \times mx_8 + m_{12} \times mx_{12} + m_{16} \times mx_{16} + m_{19} \times mx_{19} + m_{20} \times mx_{20}) + \sum S(s_2 \times sx_2 + s_3 \times sx_3 + s_4 \times sx_4 + s_5 \times sx_5 + s_6 \times sx_6) + \sum I(i_3 \times ix_3 + i_4 \times ix_4 + i_8 \times ix_8 + i_{10} \times ix_{10}) + \sum A(a_1 \times ax_1 + a_3 \times ax_3 + a_4 \times ax_4 + a_5 \times ax_5 + a_{16} \times ax_{16} + a_{17} \times ax_{17} + a_{21} \times ax_{21} + a_{23} \times ax_{23})$$

式中,Z——代表学校的综合得分;

$\sum M$——校园足球物质文化得分;

$\sum S$——校园足球精神文化得分;

$\sum I$——校园足球制度文化得分;

$\sum A$——校园足球行为文化得分;

$m_1,\cdots,m_{20}$——校园足球物质文化各指标得分;

$mx_1,\cdots,mx_{20}$——校园足球物质文化各指标权重值;

$s_2,\cdots,s_6$——校园足球精神文化各指标得分;

$sx_2,\cdots,sx_6$——校园足球精神文化各指标权重值;

$i_3,\cdots,i_{10}$——校园足球制度文化各指标得分;

$ix_3,\cdots,ix_{10}$——校园足球制度文化各指标权重值;

$a_1,\cdots,a_{23}$——校园足球行为文化各指标得分;

$ax_1,\cdots,ax_{23}$——校园足球行为文化各指标权重值。

表 2.3.13 10 所学校的校园足球文化建设现状得分表

学校	$\sum M$	$\sum S$	$\sum I$	$\sum A$	Z
楚雄师院附小	8.02	9.32	5.5	8.02	30.86
杭州求知小学	8.5	10.1	8	8.96	35.56
合肥梦园学校	7.5	9.58	9.42	9.72	36.22
石家庄柏林南路小学	6.48	8.6	4.4	5.56	25.04
开远灵泉小学	7.34	8.86	8.4	8.48	33.08
成都盐小德胜分校	8.9	9.84	7.5	8.32	34.56
长沙德馨园小学	8.9	10.1	8.92	8.82	36.74
广州中大黄埔实小	6.2	7.82	8.4	6.98	29.4
沈阳实验小学	8.7	10.1	8.98	9.48	37.26
大连桃源小学	9.21	10.1	9.5	9.72	38.53

2) 具体分析

(1) 学生的足球活动费用(M1)指标分析　楚雄师院附小校园足球活动经费为 1 500 元/年,是这 10 所学校中最少的。石家庄柏林南路小学校园足球活动经费为 2 000 元/年,杭州求知小学为 5 000 元/年,合肥梦园学校为 3 500 元/年,开远灵泉小学为 3 500 元/年,成都盐小德胜分校为 5 000 元/年,长沙德馨园小学为 5 000 元/年,广州中大黄埔实小为 10 000 元/年,沈阳实验小学为 6 000 元/年,大连桃源小学为 8 000 元/年。从这些数据可以看出,各学校之间对校园足球经费投入的差别,体现了每个学校的经济实力。学校整体经费投入还是偏少,而且主要以校园足球办公室下发的资金为主,自身投入较少。

(2) 足球相关的雕塑(M3)指标分析　10 所学校之中只有大连桃源小学拥有足球相关的雕塑(图 2.3.1),其他学校都未建设。可以看出,目前开展校园足球活动的学校对足球相关雕塑的重视程度较差,还未认识到相关雕塑对校园足球文化的促进作用。主要原因还是在于学校投入校园足球文化建设的经费较少,资金投入方面还未考虑到这一指标。

图 2.3.1 大连桃源小学校园足球雕塑

(3) 足球的 logo(M5)指标分析　根据打分结果显示,10 所学校中只有合肥梦园学校、石家庄柏林南路小学和广州中大黄埔实小没有足球 logo。这说明其他学校已经认识到了足球 logo 对校园足球活动开展起到的重要作用,足球 logo 可以作为一个学校的标志被人们一直熟知(图 2.3.2)。

(a) 楚雄师范附小　　　(b) 杭州求知小学　　　(c) 沈阳实验小学

图 2.3.2 学校足球的 logo 展示

(4) 足球场是否满足学生足球锻炼的需要(M8)指标分析　10 所学校中只有开远灵泉小学和广州中大黄埔实小两所学校因为足球场地不足,不能满足学生足球锻炼的需要(图 2.3.3)。主要问题在于学校建设资金投入不重视足球场地建设,有限的资金投入到办公楼、教学楼、实验室的建设上去。

图 2.3.3　广州中大黄埔实小足球场地

(5) 足球相关的宣传和报道(报道栏)(M12)指标分析　在这项指标的打分中,10 所学校得分都比较高,石家庄柏林南路小学和开远泉灵小学得到 8 分,其他学校都为 10 分。开展校园足球活动的这 10 所学校对宣传报道比较重视,主要原因在于各地校园足球办公室目前考量学校校园足球活动开展情况的侧重点在于学校的宣传和所在地区的比赛成绩。

(6) 足球器材能否满足需要(M16)指标分析　通过打分的情况看,各学校的足球器材都能满足其校园足球活动的需要,10 所学校的得分都为 10 分。足球器材在校园足球活动中属于最容易满足的物质指标,在开展校园足球活动后,这些学校首先考虑的就是这一指标,因此这项指标普遍得分高。

(7) 足球相关的横幅或标语(M19)指标分析　指标的得分情况显示各学校的差异较明显,如楚雄师院附小、杭州求知学校和石家庄柏林南路小学都有横幅或标语,但较少。而合肥梦园学校、成都盐小德胜分校(图 2.3.4)、长沙德馨园小学和大连桃源小学与足球相关的横幅或标语很多,得分 10 分。

a　　　　　　　　　　　　　　b

图 2.3.4　成都盐小得胜分校

(8) 有无专业足球教练员(M20)指标分析　针对这一指标的打分,10 所学校都打了 10 分,说明 10 所学校都拥有专业的足球教练员。通过调查发现,在这 10 所学校中都拥有至少 1 名具有体育教育专业足球专项本科学历的足球教师,像沈阳实验小学还拥有当年沈阳金德队的主力后卫、后上海国际队的队长曲楠男这样曾经的著名球员作为足球教练。从这项指标中看出,开展校园足球活动的学校还是较为重视校园足球师资力量建设的。

(9) 足球相关的口号(S2)指标分析　对这一指标的打分,10 所学校也都打了 10 分,说明 10 所开展校园足球活动的学校都拥有自己的足球口号。如长沙德馨园小学开展"我徽我绘,我口我心"队徽、口号征集比赛(图 2.3.5)。

图 2.3.5　长沙德馨园小学"我徽我绘,我口我心"队徽、口号征集比赛展示图

(10) 足球的明星人物(S3)指标分析　足球的明星人物可以起到激励鼓舞学生对校园足球运动的兴趣。通过打分可以看出,10 所学校之间的明星知名度有明显的差别。如石家庄柏林南路小学,只有班级球星,指本班级中的校队成员。而沈阳实验小学,中国足球先生郑智、前国奥前锋曹添堡、中超冠军亚泰队队员姜鹏翔都曾在这所学校就读。大连桃源小学不仅为山东鲁能足球俱乐部、大连实德足球俱乐部和大连阿尔滨足球俱乐部输送了多名球星,其培养的学生朱家漩还远赴西班牙瓦伦西亚俱乐部进行留学,并在两年后成为比利亚雷亚尔梯队成员(图 2.3.6)。

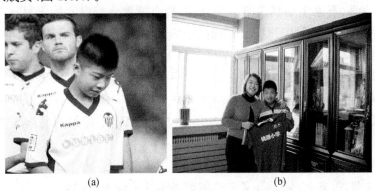

(a)　　　　　　　　　(b)

图 2.3.6　大连桃源小学学生朱家漩相关图片

(11) 学校的足球理念(S4)指标分析　通过打分情况可以反映出,这10所开展校园足球活动的学校,都是对校园足球活动的开展表示支持的,如成都盐小得胜分校的校长亲身参与校园足球活动(图2.3.7)。但通过调查发现,虽然大部分学校支持校园足球活动的开展,但是大部分学校的领导对校园足球活动的重视程度不够,对学校的校园足球活动未做长期规划。

(12) 教练员的足球理念(S5)指标分析　通过打分情况反映出,10所开展校园足球活动学校的教练员,对学校开展校园足球活动都持有非常支持的态

图2.3.7　成都盐小德胜分校校长参与校园足球活动

度。通过调查发现,学校教练员虽然对开展校园足球活动非常支持,但受制于学校领导对校园足球的态度,大部分都只是进行按部就班的教学与运动,对校园足球活动缺乏长期规划和方式创新。

(13) 学生的足球理念(S6)指标分析　10所学校对这一指标的打分差异不大,学生大都选择支持学校开展校园足球活动。而像杭州求知小学、合肥梦园学校、成都盐小得胜分校、长沙德馨园小学、沈阳实验小学和大连桃源小学更是选择了非常支持。可以看出,校园足球活动在学生当中还是比较受欢迎的,学生对足球活动的兴趣还是很大的。因此,如何能因势利导地开展好校园足球活动,对我国足球运动的发展具有相当重要的意义。

(14) 足球相关的管理办法(I3)指标分析　通过打分情况可以显示,10所学校都建立了足球相关的管理办法,如楚雄师院附小、杭州求知小学、合肥梦园学校(图2.3.8)、成都盐小德胜分校、长沙德馨园小学和大连桃源小学制定得较为全面。

(15) 校园足球活动实施办法(I4)指标分析　通过打分情况显示,10所学校都制定了校园足球活动实施办法,像楚雄师院附小、杭州求知小学、成都盐小德胜分校、沈阳实验小学和大连桃源小学制定得较为全面细致。

(16) 足球教练员的奖惩机制(I8)指标分析　通过调查问卷可以看出,楚雄师院附小、杭州求知小学、石家庄柏林南路小学、成都盐小德胜分校没有指定足球教练员相关的奖惩机制,得分为0。而像广州中大黄埔实小等其余6所学校都制定了足球教练员的相关奖惩机制(图2.3.9)。

(17) 足球课的相关规定(I10)指标分析　根据打分情况显示,10所学校中楚雄师院附小、石家庄柏林南路小学没有制定足球课的相关规定。杭州求知小学、合肥梦园学校则制定了较为细致全面的足球课相关规定。其余学校虽然制定了相关的足球课规定,但不是很全面。

(18) 足球课的课程设置(A1)指标分析　通过调查得出,杭州求知小学足球课设置课时多,为每周3节,得到10分。石家庄柏林南路小学足球课课时较少,为每周1节,得到6

2 校园足球的文化内涵

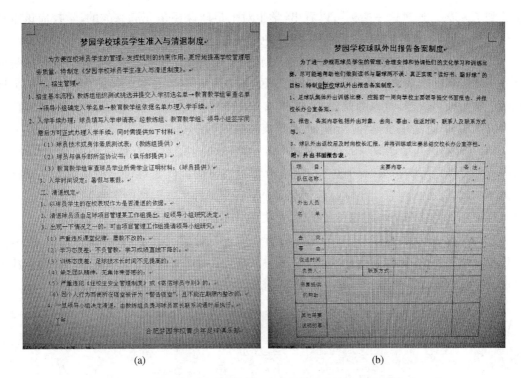

图 2.3.8 合肥梦园学校足球相关的管理办法

图 2.3.9 广州中大黄埔实小校园足球奖励方案展示

分。其他学校足球课设置课时中等,为每周 2 节,得到 8 分。通过调查可以看出,部分学校对足球课的重视程度还是较低,作为开展校园足球活动的学校,应该重视足球课的开展。

(19) 足球课的出勤率(A3)指标分析 通过打分情况显示,10 所学校的得分都很高,除了开远灵泉小学得到 8 分外,其余学校都得到 10 分。但是,开远灵泉小学的足球课出勤率也达到了85%。通过这一指标可以看出,学生对上足球课还是充满兴趣的,学校应该重视足球课的开展,足球教师应充分展示足球特色的足球课。

(20)每周课外足球锻炼的次数(A4)指标分析　通过打分情况显示,10所学校的每周课外足球锻炼的次数差异明显,合肥梦园学校、成都盐小德胜分校、长沙德馨园小学、大连桃源小学为较高一档,楚雄师院附小、杭州求知小学、沈阳实验小学为中间一档,石家庄柏林南路小学、开远灵泉小学和广州中大黄埔实小为较低一档。

(21)每周课外足球锻炼的持续时间(A5)指标分析　通过调查情况显示,10所学校的每周课外足球锻炼的持续时间这一指标得分情况与每周课外足球锻炼的次数这一指标得分基本一致,除了杭州求知小学。杭州求知小学每周课外足球锻炼的次数为2次,但每周课外足球锻炼的持续时间却超过了2小时,每次课外足球锻炼的时间都超过1小时。

(22)足球俱乐部的有无(A16)指标分析　通过打分情况显示,只有楚雄师院附小、石家庄柏林南路小学、长沙德馨园小学、广州中大黄埔实小没有成立足球俱乐部。而像沈阳实验小学(图2.3.10)等学校都成立了相关的校园足球俱乐部。

图2.3.10　沈阳实验小学春润华腾足球俱乐部展示

(23)是否举办足球文化节(A17)指标分析　通过调查发现,10所学校中只有石家庄柏林南路小学和成都盐小德胜分校没有举办过足球文化节,其余8所学校都举办了校园足球文化节(图2.3.11)。可以看出,大部分开展校园足球活动的学校都认识到足球文化节的举办会对校园足球活动的开展具有积极的推动作用。

(24)是否有校队(A21)指标分析　通过调查发现,10所开展校园足球活动的学校都拥有自己的校队,而且合肥梦园学校、开远灵泉小学、成都盐小德胜分校、长沙德馨园小学、沈阳实验小学、大连桃源小学等学校在各自地区的校园足球比赛中都名列前茅。目前存在的主要问题是学校过于重视校队成绩,大部分学校把开展校园足球活动的经费过多地投入到校队的训练和比赛中去,而忽视了其他校园足球文化的建设。

(a) 楚雄师院附小　　　　　　　　　　　　(b) 杭州求知小学

图 2.3.11　校园足球文化节展示

（25）每月校队足球比赛的次数（A23）指标分析　通过打分情况发现，10 所开展校园足球活动的学校，越是校队成绩较好的学校，每月校队足球比赛的次数越多，每个月都在 6 次以上。可以看出学校大都通过比赛成绩来评价校园足球活动开展的好坏，越是成绩好越是感觉开展的好，越是敢于参加比赛宣传展示。

2.3.3　校园足球文化建设存在的问题

通过对全国校园足球办公室推荐的 10 所学校进行分析，发现目前校园足球活动的开展存在以下问题：

1) 校园足球活动经费不足

截至 2012 年底，全国校园足球布局城市达到 102 个，涉及 3 082 所学校。虽然国家体育总局每年拨款 4 000 万元用于全国校园足球活动的组织和对地方学校的扶持，而且各布局城市按照比例配套经费用于地方的校园足球开展，但真正下发到学校的经费普遍不足。

2) 场地基本满足，标准化程度不够

目前随着经济的发展，一般学校操场的设置都基本达到外围跑道中间足球场的配置。但是，足球场的标准化程度不够，有的是 400 米跑道的标准场，有的是 200 米跑道的小场地，有的是土地但杂草丛生，有的是人工草皮但质量很差。

3) 宣传不到位，对外宣传较少

目前开展校园足球活动的学校对足球活动的宣传还是比较重视的，相关的报道栏和宣传栏的建设还是比较好的。但是，报道栏和宣传栏的样式和内容中规中矩，花样和创新较少；过多地宣传比赛，对校园足球文化的宣传较少；学校内部的宣传较多，对外宣传较少。

4) 师资力量不足，足球教练员的培训较少

截至 2012 年底，开展校园足球活动的学校基本贯彻了《国家体育总局、教育部关于加强全国青少年校园足球工作的意见》，配备了至少 1 名专业的足球教练，但大部分的学校仅仅也就是 1~2 名专业的足球教练，随着学校招生人数的不断扩大，师资力量不足的问题越发明显。而且，学校对足球教练员的培训工作重视程度不够，每年教练员的培训次数平均还不到 1 次。

5）学校校长态度支持，但对校园足球理解不深、重视程度不够

开展校园足球活动学校的校长对开展校园足球活动的态度大都是支持的，但是大部分的校长却对校园足球活动了解不深，简单地认为校园足球就是让大部分学生在体育课上踢足球，只是关注开展校园足球活动可以争取到校园足球活动资金。较少的资金又无法刺激大部分校长对校园足球活动的重视。

6）相关制度基本制定，但缺乏长期规划与执行力度不大

开展校园足球活动的学校，在活动开展初期按照要求制定了校园足球活动相关的制度和规定，但制度和规定往往只是针对本年度学校情况的，缺乏长期的规划。而且，随着学校领导对校园足球活动的重视程度不够，教练员和学生对相关制度与规定的执行力度也渐渐减弱。

7）足球课虽然有设置，但课堂内容和形式缺乏创新

开展校园足球活动的学校有的开设了足球课，有的学校还没有开设，还只是以体育课足球项目为主。但是，开设足球课的学校，足球课的内容和形式千篇一律，基本以基本功训练为主，分队比赛为辅。

8）足球文化节虽然举办，但只是注重形式忽略意义

目前，各地开展校园足球活动的学校大都举办了校园足球文化节。但是，大部分学校举办的校园足球文化节形式大同小异，相关学校领导只是重视校园足球文化节的举办所带来的宣传效果和影响，关注能请来的领导与明星，不在意举办校园足球文化节对学生参与校园足球活动带来的深远影响。

9）校队的管理只针对训练与比赛，忽视日常管理与文化课管理

大部分开展校园足球活动的学校，很少有专门负责管理校队的领导与人员，大都由教练员负责管理，大部分教练员只重视校队学生的训练与比赛的管理，对学生的日常管理和文化课的管理忽略。

2.3.4 校园足球文化建设相关对策

1）增强学校领导对校园足球活动的认识，提高其对校园足球活动的重视程度

学校领导对开展校园足球活动的支持态度是校园足球活动得以开展的前提保证，但要想开展好校园足球活动，学校领导的认识程度和重视程度，将对开展好校园足球活动起到相当重要的作用。因此，各地校园足球办公室和教育部门，要把各学校校长作为开展校园足球活动第一责任人，组织召开校长培训指导会议，加强学校校长对校园足球活动的认识程度，提高其对校园足球活动的重视程度。

2）增加经费投入，改善足球物质条件

各开展校园足球活动的学校，不应只仅仅把各地校园足球办公室所拨的经费作为经费来源，应该寻求经济实力较强的企业给予赞助，这样经费问题才能获得更好地解决，才能为校园足球的开展提供有力的保障。当然，无论校园足球经费是否充足，校园足球文化建设的专项经费应合理分配、勤俭节约，决不能挥霍浪费。

3）扩大校园足球对外宣传，营造好各方关注的校园足球文化氛围

开展校园足球活动的各地学校，不应只关注校内宣传，更应该把自身文化建设搞好，把对外宣传工作做好。通过加强对外宣传,把学校校园足球文化特色宣传出去,营造好各方关注的校园足球文化氛围,加强社会各界对校园足球活动的关注和支持。

4) 加大师资力度,加强教练员培养培训

各地教育部门应加快教师招聘结构调整,短时间多渠道解决好足球教师配备问题。各开展校园足球活动的学校要根据学校足球工作需要,逐步增加足球专业教师。各学校要开展好对足球教练员的培养培训工作,制定相应的措施,安排本校的足球教练员参加各级校园足球办公室举行的足球教练员培训班。利用寒暑假派遣足球教师外出学习,掌握先进的足球技战术和发展理念。

5) 加快足球课的改革,提升学生参与足球活动的兴趣

各开展校园足球活动的学校,应加快对足球课的设置与改革,不断创新足球课的内容,增强足球课的吸引力,提升学生上课的积极性和参与足球活动的兴趣,加快校园足球活动在校园的推广。

6) 发现自身的亮点,举办各具特色的文化节

各地各学校应根据地域特色和办学亮点,举办各具特色、花样繁多的足球文化节。在文化节期间,开展校园足球征文、足球画展、足球知识竞赛、足球黑板报评比、足球技术表演、足球宝贝评选、班级足球比赛等一系列的活动。

7) 加强校队的管理,提高学生素质

学校应加强对校队的管理,不应只关注校队的训练与比赛的管理,更应该加强学生日常管理。开展校园足球活动,不仅仅只是为提高学生身体素质,更应该通过活动的开展,加强校园足球文化的建设,提高学生的思想品德和意志品质。同时,还要注意不能因为开展校园足球活动而导致学生成绩的下降。

8) 加强校园足球文化研究

目前,校园足球活动如火如荼,但对校园足球文化的研究却是凤毛麟角。校园足球的核心在于校园足球文化,校园足球文化是校园足球的关键。为了能够更好地让校园足球活动服务于素质教育,强化校园足球文化建设是必然的。只有抓好校园足球文化建设,不断加强校园足球文化的研究,校园足球活动才能持续、健康地发展下去。

9) 各级各地校园足球办公室应建立或完善校园足球文化建设评价体系

全国、省、市校园足球办公室应加强对校园足球活动开展情况进行调查与研究,尽快建立或完善校园足球文化建设评价体系,用以对校园足球文化建设进行评比和指导。对建设较好的学校给予表彰和奖励,对建设不算好的学校应给予帮助和指导,逐步把我国青少年校园足球活动开展得更广,把校园足球文化建设更上一层楼。

10) 应继续坚定不移地推动校园足球活动的开展

开展青少年校园足球活动,不仅可以扩大我国足球人口、培养足球青少年后备人才,更能够促进广大青少年的全面发展。增强我国青少年体质,促进其健康成长,是关系国家前途和民族未来的头等大事。因此我们必须抓住机遇,充分发挥足球运动在校园中的独特吸引力和综合教育作用,坚定不移地开展校园足球活动。通过校园足球活动的不断开展,带动校园体育活动的进一步发展。

3 中国足球项目的价值定位与路径设计

　　中国足球,首先是中国的足球。应是符合中国国情、民情,与中国政治、经济、文化、社会发展深度契合的独具中国特色的体育项目。中国足球的核心价值,是中国足球本质属性的集中反映,直接决定着中国足球改革与发展的根本方向,影响着中国足球的顶层设计与战略规划,关系着具体实践操作的历史进程。而核心价值的实现过程,则是足球项目与中国社会实践深度融合的具体过程,也是足球项目中国化的过程。

　　目前,中国足球面临诸多棘手的问题。例如,竞技水平日益降低;职业俱乐部逐步沦为财团谋取经济、政治私利的工具;校园"足球操"类的形式主义;后备人才培养机构数量下降,人才输送渠道为少数俱乐部"垄断"等。这些问题的根源在于:在足球项目中国化过程中,对中国政治、经济、文化、教育、社会等特殊性的重视与研究不够,忽视中国足球的社会价值、民族价值、文化价值、教育价值、政治价值等,而过于片面地追求经济价值和竞技价值,并对中国足球的价值内涵、目标、类型、地位、核心价值等基本理论问题缺乏系统全面的把握与认识。因此,应立足中国具体国情,研究中国政治、经济、文化、教育、社会等各方面特色,从管理、职业化、业余化、人才培养、国家队建设、文化、教育、竞赛等多角度分析中国足球的价值本真、价值内涵、价值目标、价值地位、价值实现手段与方法、价值实现路径等问题,并凝练出中国足球的核心价值体系,从而进一步明确中国足球各领域肩负的责任与使命、改革的方向与发展思路。为中国足球宏观管理与顶层设计提供理论借鉴;为丰富中国特色的足球理论体系服务;为使中国足球尽快走上正确的改革发展道路服务。

　　校园足球是中国足球的重要构成部分,是足球人才孕育的"土壤",中国足球是校园足球发展的重要导向与引领。要弄清校园足球的价值问题,首先应理解中国足球的价值问题。基于对足球项目自身价值的分析与中国足球未来发展的方向性思考,分别从政治、经济、文化、教育的角度归纳了中国足球项目的价值目标,即中国足球项目价值所能达到的最佳状态,并对价值目标的现实差距进行了系统分析,设计了保障中国足球价值目标实现的基本路径。中国足球项目的价值目标是指导中国足球发展方向的基本依据,对价值目标认识的偏差将直接导致中国足球项目发展方向的偏离。目前,社会各界对中国足球项目价值认识的千差万别,正是对价值目标认识偏离的具体表现。而对中国足球项目价值现状的准确判断,是确定中国足球项目价值目标的基本前提。实现价值目标的路径众多,优化设计路径成为达成目标的关键点之一。从政治、经济、文化、教育的视角探寻中国足球项目的价值目标,从民心、竞技体育、体育产业、文化、教育、人才培养等角度分析中国足球项目价值目标的现实差距,从顶层设计、体制保障、具体举措等方面设计中国足球项目价值目标的路径。足球是世界人民普遍喜爱与广泛参与的运动项目,中国足球项目的发展牵动着全国人民的心。

3.1 中国足球项目的战略价值

2012年11月,在江苏省盐城市召开了"中国足球发展规划研讨会暨全国青少年校园足球十年发展规划研讨会"。针对中国足球相关问题,国务院、发改委、财政部、体育总局和教育部的领导以及与会的专家进行了深入探讨与交流。在此期间,发改委的同志提出了一个深刻的问题:就重要性而言,足球作为体育项目的一种,能否上升到国家战略的高度? 也就是中国足球的价值地位问题。简单的足球项目对国家、民族、文化、经济、教育等有着怎样的战略价值? 对于这一问题的回答,直接决定着中国足球所能获得政策支持的层次与力度,深刻影响着未来中国足球从发展到振兴的进程。为此,笔者主要采用文献资料法、访谈法、问卷调查法、调研与实地考察法等方法,对这一问题展开探索性研究。

3.1.1 研究方法

1) 文献资料法

2009年10月14日,"中国足球工作座谈会"在青岛召开,时任国务委员刘延东对于中国足球相关问题进行了系统、全面的阐述,作了重要的指示。本研究以《刘延东同志在中国足球工作座谈会上的讲话》为最基本的理论依据,对与中国足球战略相关的重要指示精神进行系统分析、全面归纳与总结。通过CNKI数据库和南京体育学院数据库搜索国内外的相关研究文献,参考了2009年4月召开的"中国足球发展问题座谈会"部分代表的观点,参考了2012年11月召开的"中国足球发展规划研讨会"部分代表的观点。

2) 访谈法

(1) 访谈的对象　专家访谈:分别对杨一民教授和北京体育大学黄竹杭、张廷安、马冰、孙文新、金晓平、陈效科教授等专家进行了访谈。访谈了时任全国青少年校园足球工作领导小组办公室主任、中国足球协会副主席薛立同志;时任全国青少年校园足球工作领导小组办公室副主任、中国足协青少部主任冯剑明和青少部副主任陆煜。调研访谈:武汉市万松园路小学校长、教师和学生家长;湖南省长沙市长塘里小学校长、教师,等等。

(2) 访谈提纲　在北京体育大学黄竹杭、张廷安教授指导下,进行了访谈提纲的设计。

(3) 专家访谈提纲　①您认为中国足球重要吗? 其重要性主要体现在哪些方面? ②您认为中国足球有哪些令人满意的方面? 有哪些令人不满意的方面? ③从政治方面来看,您认为中国足球有哪方面的意义或作用? ④从经济方面来看,您认为中国足球有哪方面的意义或作用? ⑤从文化方面来看,您认为中国足球有哪方面的意义或作用? ⑥请从政治、经济、文化角度谈一谈,中国足球国家队的作用。⑦请从政治、经济、文化角度谈一谈,中国的青少年足球运动的作用。⑧请从政治、经济、文化角度谈一谈,中国足球职业联赛(中超、中甲)的作用。⑨请从政治、经济、文化角度谈一谈,中国的业余足球活动的作用。

(4) 调研访谈提纲　①请您谈谈×××学校足球活动的开展情况及感受。②请谈谈您对足球在××(班级/年级/学校)开展的看法。③您的孩子踢球多久了? 是否进入校队? 足球对孩子意味着什么? ④对您的孩子来讲,踢足球是否有负面的影响? 表现在哪些方面?

(5) 访谈的归纳　根据专家访谈反馈信息,结合黄竹杭、张廷安教授的指导意见,将中国足球战略价值的初级指标按表 3.1.1 分类,制作"中国足球战略价值筛选指标体系"。

表 3.1.1　中国足球战略价值筛选指标体系

一级指标	二级指标	三级指标
中国足球国家队	政治	国家荣誉与形象
		政治宣传
		外交手段
		国家竞争力
		民众关心
		意识形态(爱国主义)
	经济	国家经济软实力
		绿色产业
	文化	国家文化软实力
		国民教育
		民族精神
		群众精神文化生活需要
		生活方式(观赏)
		改变命运
职业足球	政治	区域荣誉与形象
		区域宣传
		区域交流手段
		区域竞争力
		民众关心
		意识形态(集体主义)
	经济	区域经济实力
		绿色产业
		社会公益(博彩业)
		就业岗位
	文化	区域文化软实力
		国民教育(区域性)
		民族精神(区域性)
		群众精神文化生活需要
		人际交流(共性爱好)
		生活方式(观赏)
		改变命运
业余足球	政治	历史责任(发源地)
	经济	区域经济实力
		绿色产业

(续表)

一级指标	二级指标	三级指标
业余足球	文化	区域文化软实力
		强身健体
		群众精神文化生活需要
		人际交流手段(共性爱好)
		生活方式(参与)
青少年足球	政治	人才战略(全面发展的人)
	经济	绿色产业(人才培养的长期性)
	文化	强身健体
		素质教育
		民族精神(爱国主义)
		青少年精神文化生活需要
		社交能力
		生活方式(参与)
		改变命运

3) 问卷调查法

设计以《中国足球战略价值筛选指标体系》为内容的调查问卷(量表)。请专家、学者、管理人员对三级指标进行赋值,然后计算各项的平均值,并将三级指标按照平均值的高低进行排序,从中选择出具有较高影响力的指标,从而确定《中国足球战略价值指标体系》。

(1) 效度和信度的检验 请北京体育大学足球研究方面的 5 位专家和其他高校的 3 位教授,对问卷的结构效度和内容效度进行了问卷评判,一致认为问卷的结构效度和内容效度达到问卷设计的需求,可以进行问卷的发放。通过 SPSS17.0 软件对问卷的信度进行了检验。Cronbachs Alpha 系数达到 0.970 水平,表明量表的信度非常高。

(2) 调查对象 请 16 位专家对问卷中三级指标的重要性进行评分。专家主要分为三

	专家	NTP国家荣誉与形象	NTP政治宣传	NTP外交手段	NTP国家竞争力	NTP民众关心	NTP意识形态爱国主义	NTE国家经济软实力	NTE绿色产业	NTC国家文化软实力	NTC国民教育
1	SunWenX	10.00	7.00	7.00	9.00	10.00	7.00	6.00	6.00	7.00	7.00
2	JinXiaoP	9.00	6.00	6.00	7.00	9.00	8.00	6.00	7.00	9.00	8.00
3	MaBing	8.00	5.00	6.00	9.00	10.00	7.00	7.00	7.00	9.00	8.00
4	ZhangTan	9.00	6.00	7.00	10.00	9.00	9.00	7.00	7.00	9.00	8.00
5	HuangZhH	9.00	7.00	8.00	8.00	10.00	8.00	8.00	8.00	10.00	9.00
6	ChenXKe	10.00	7.00	8.00	9.00	9.00	6.00	7.00	7.00	9.00	8.00
7	ChenHao	9.00	6.00	7.00	8.00	10.00	7.00	8.00	8.00	9.00	8.00
8	ChenYzh	10.00	7.00	8.00	7.00	10.00	7.00	7.00	7.00	9.00	8.00
9	YangXTao	10.00	8.00	8.00	9.00	10.00	8.00	8.00	8.00	9.00	8.00
10	TangFeng	10.00	9.00	8.00	10.00	9.00	9.00	8.00	8.00	9.00	9.00
11	ZhuJunka	9.00	6.00	6.00	8.00	9.00	8.00	6.00	6.00	7.00	7.00
12	ZhongMB	8.00	7.00	5.00	8.00	9.00	7.00	6.00	6.00	7.00	7.00
13	ZhangXLi	10.00	10.00	9.00	10.00	10.00	10.00	9.00	8.00	10.00	9.00
14	FengJM	9.00	9.00	8.00	9.00	10.00	9.00	8.00	8.00	8.00	9.00
15	LuYu	10.00	10.00	9.00	9.00	10.00	10.00	10.00	10.00	10.00	9.00

图 3.1.1 专家打分情况(SPSS 软件统计分析)

类;第一类,高校足球研究专家:黄竹杭、张廷安、马冰、孙文新、金晓平、陈效科、陈亚中、陈浩、朱军凯;第二类,中国足球领域的管理者:冯剑明、陆煜、郭潇、唐峰、杨晓涛;第三类,高校体育行业的专家:张志诚、钟明宝(图3.1.1)。

(3)问卷打分原则　请专家按照指标的重要程度打分,选择从1到10分之间的整数,重要性随数值增加依次增强。其中,1分为"根本不重要",2分、3分为"极不重要",4分、5分为"不重要",6分、7分为"重要",8分、9分为"比较重要",10分为"极其重要"(表3.1.2)。

表3.1.2　中国足球战略价值筛选指标专家打分统计

	N	极小值	极大值	和	均值	标准差	方差
	统计量	统计量	统计量	统计量	统计量	统计量	统计量
NTP 民众关心	16	9	10	156	9.750 0	0.447 2	0.200 0
AP 历史责任之足球发源地	16	9	10	155	9.687 5	0.478 7	0.229 0
NTP 国家荣誉与形象	16	9	10	155	9.687 5	0.478 7	0.229 0
PE 绿色产业	16	9	10	154	9.625 0	0.500 0	0.250 0
YC 素质教育	16	9	10	153	9.562 5	0.512 4	0.262 0
YC 强身健体	16	9	10	153	9.562 5	0.512 4	0.262 0
NTC 群众精神文化生活需要	16	9	10	152	9.500 0	0.516 4	0.267 0
PP 民众关心	16	9	10	152	9.500 0	0.516 4	0.267 0
YC 民族精神	16	8	10	151	9.437 5	0.629 2	0.396 0
YP 人才战略之全面发展	16	8	10	151	9.437 5	0.727 4	0.529 0
PC 群众精神文化生活需要	16	8	10	151	9.437 5	0.512 4	0.263 0
YC 青少年精神文化生活需要	16	8	10	150	9.375 0	0.718 8	0.517 0
YC 改变命运	16	8	10	150	9.375 0	0.806 2	0.650 0
NTC 民族精神	16	8	10	149	9.312 5	0.602 1	0.363 0
NTC 国家文化软实力	16	8	10	146	9.125 0	0.718 8	0.517 0
NTP 国家竞争力	16	8	10	145	9.062 5	0.771 9	0.596 0
YC 生活方式之参与	16	8	10	144	9.000 0	0.632 5	0.400 0
NTP 意识形态爱国主义	16	6	10	143	8.937 5	1.460 2	1.870 0
PE 社会公益之博彩业	16	8	10	142	8.875 0	0.718 8	0.517 0
YC 社交能力	16	7	10	141	8.812 5	0.981 1	0.962 0
AC 群众精神文化生活需要	16	8	10	141	8.812 5	0.655 1	0.429 0
PP 区域荣誉与形象	16	7	10	141	8.812 5	0.910 6	0.829 0
PC 生活方式之观赏	16	8	10	140	8.750 0	0.577 4	0.333 0
NTE 国家经济软实力	16	7	10	140	8.750 0	0.931 0	0.867 0
PP 区域竞争力	16	7	10	139	8.687 5	0.704 2	0.496 0
AE 绿色产业	16	7	10	137	8.562 5	0.892 1	0.796 0
PP 区域交流手段	16	7	10	137	8.562 5	0.813 9	0.662 0
PE 就业岗位	16	7	10	136	8.500 0	1.032 8	1.067 0
AC 生活方式之参与	16	7	10	133	8.312 5	0.793 2	0.629 0

(续表)

	N	极小值	极大值	和	均值	标准差	方差
	统计量	统计量	统计量	统计量	统计量	统计量	统计量
PP 区域宣传	16	6	10	133	8.312 5	1.078 2	1.163 0
AC 强身健体	16	6	10	132	8.250 0	1.238 3	1.533 0
PC 区域文化软实力	16	7	10	132	8.250 0	0.774 6	0.600 0
PE 区域经济实力	16	7	9	132	8.250 0	0.683 1	0.467 0
NTC 生活方式之观赏	16	6	10	130	8.125 0	1.147 5	1.317 0
NTC 国民教育	16	6	9	130	8.125 0	0.806 2	0.650 0
PC 人际交流之共性爱好	16	6	9	127	7.937 5	0.771 9	0.596 0
PC 区域民族精神	16	6	9	125	7.812 5	1.223 0	1.496 0
NTP 外交手段	16	5	10	124	7.750 0	1.483 2	2.200 0
AE 区域经济实力	16	6	9	124	7.750 0	0.856 4	0.733 0
NTP 政治宣传	16	5	10	123	7.687 5	1.537 0	2.363 0
PC 区域国民教育	16	6	9	120	7.500 0	1.032 8	1.067 0
AC 人际交流手段之共性爱好	16	6	8	119	7.437 5	0.629 2	0.396 0
NTE 绿色产业	16	6	9	119	7.437 5	1.093 6	1.196 0
PC 改变命运	16	6	9	117	7.312 5	0.946 5	0.896 0
AC 区域文化软实力	16	6	9	116	7.250 0	1.000 0	1.000 0
PP 意识形态集体主义	16	6	9	115	7.187 5	1.046 8	1.096 0
NTC 改变命运	16	3	9	103	6.437 5	1.787 7	3.196 0
YE 绿色产业	16	1	7	70	4.375 0	1.746 4	3.050 0
有效的 N(列表状态)	16						

备注:中国足球国家队:National Team,缩写 NT;职业足球:Professional football,缩写 P;业余足球:Amateur football,缩写 A;青少年足球:Young football,缩写 Y;政治:Politics,缩写 P;经济:Economy,缩写 E;文化:Culture,缩写 C。

(4)《中国足球战略价值指标体系》的确定 根据专家意见,选择得分高于 9 分的指标作为中国足球战略价值的指标体系,共包括 17 项指标。按照政治属性、经济属性、文化属性三个角度对 17 项指标进行初步分类,然后根据其所表现出的特征,总结归纳出了不同指标的共性特征,共 6 个方面:民心工程、公益性事业、绿色产业、共性文化、教育手段、生活方式,作为中国足球战略价值的 6 个维度(图 3.1.2)。

4) 调研与实地考察法

2012 年 11 月 16 日,国务院办公厅、国家发改委、财政部、教育部和国家体育总局联合在江苏盐城召开了"全国青少年校园足球十年发展规划研讨会"(图 3.1.3)。研讨会期间,对中国足球的战略价值问题进行了深入的讨论,在这一问题上有共识,也存在一定分歧。本研究采纳了研讨会上专家普遍达成共识的某些观点。

对湖北省武汉市万松园路小学、湖南省长沙市长塘里小学(图 3.1.4)、辽宁省大连市东

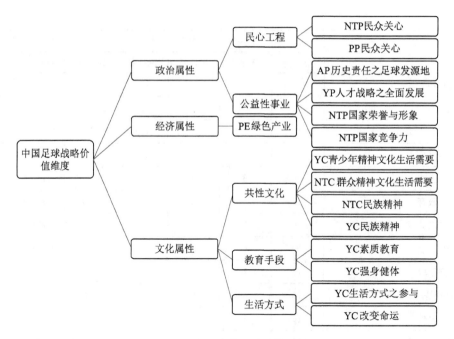

图 3.1.2　中国足球战略价值指标体系

图 3.1.3　中国足球发展规则研讨会暨全国青少年校园足球十年发展规划研讨会

(a)　　　　　　　　　　　(b)

图 3.1.4　湖南省长沙市长塘里小学 3 年级 4 班足球队

北路小学、云南省开远市灵泉小学、山东省济南市育才中学等学校进行了实地考察。调研并实地考察了部分中国足协会员协会,主要包括四川省成都市足协、辽宁省大连市足协、青海省足协、新疆维吾尔自治区足协、广西壮族自治区足协。

5)数理统计法

运用SPSS17.0对搜集的数据进行分析整理。

3.1.2 中国足球的战略价值分析

依据中央领导相关讲话精神,结合《中国足球战略价值指标体系》,对中国足球的战略价值进行系统分析。

1)足球是一项民心工程

(1)振兴足球是民心所向 对于足球项目的民心工程属性,时任国务委员刘延东进行了高度概括:"足球真是牵动着全国人民、举国上下各种年龄段群众的心,……足球工作……已经到了刻不容缓的地步"。足球作为一项民心工程,首先体现在广大人民群众对其广泛地关注与积极地参与上。中国有广大的球迷群体,经CCTV-5观看1998年世界杯的中国观众超过28亿人次,而到2002年世界杯,这一数字超过了70亿人次。在中国,足球运动有着深厚的群众基础。20世纪80年代初期,上海市组织开展了"陈毅杯"足球赛,比赛总场次近6万,超过1万支群众队伍参赛,参赛总人数超过10万。而至20世纪80年代中期,全国层面、规模空前的职工足球赛开展起来,有"62个城市的19 907个基层单位的44 878个职工足球队的2 077 624名运动员参加,共进行了177 612场比赛"。2009年,中国足协组织的"城市足球冠军联赛"涵盖32座城市,每座城市有32支队伍参赛,总队伍数量达到1 024支,运动员达到20 480人,总比赛场次达到2 088场,观众人数超过100万人次,电视转播观看人次超过2 000万。足球与人民群众的关系,正如有的学者所言:"足球的真正意义属于泛性的人类本体""足球如果脱离了大批量观众,就会变成一种隐私性的个人身体修炼技巧,从而导致其异化"。

广大人民群众对中国足球的深切关注,是中国足球成为一项民心工程的重要依据。时任国务委员刘延东用"爱之深、痛之切、责之重"九个字,高屋建瓴地概括了全国人民对于中国足球的复杂情感,可谓一针见血、言简意赅! 中国足球的改革与发展,牵动着全国人民的心,爱之深,才会痛之切,才有责之重。所谓的"深",是指全国人民对于中国足球喜爱与关心的深度;所谓"责",是指中国足球肩负着全国人民的深切希望。可以说,恰恰是由于全国人民的广泛喜爱与普遍关心,才是中国足球改革与发展的根本动力,成为足球负担着的不可推卸的历史性责任。

(2)改变足球落后面貌,凸显党的执政能力 党和国家领导人充分肯定足球项目在人民群众中的影响力,高度重视足球建设的重要意义。1985年,邓小平同志指示:"中国足球运动要上去,要从娃娃和少年抓起";1999年,江泽民同志接见获得世界杯亚军的中国女足,对女足的表现给予了充分的肯定;2009年,胡锦涛同志指示:"中国足球还要继续发扬'志行风格'";2009年,习近平主席在德国访问期间指示:"中国有一流的球迷和全世界可观的足球市场,但目前水平还比较低,希望可以迎头赶上";并强调:举办完奥运会之后,中国下了一个决心,既然我们其他的运动可以拿到金牌,那么足球啊,一定要下决心搞上去。但是,这个时间会很长"。刘延东同志对中国足球运动的发展高度重视,多次参与足球工作调研,她指示:"我们要以对国家和人民高度负责的态度,深刻总结足球运动发展的经验和教训,找准阻碍我国足球发展的症结,抓紧研究提出符合国情的足球运动改革与发展的思路和措施,不断提高我国足球运动发展水平"。

人民群众普遍关心的共性问题,就是执政党要着力解决的根本性问题。党和国家领导人的高度重视与关心,反映出发展中国足球的重要性、必要性和紧迫性,反映出党和国家领导人对于人民群众普遍关心的共性问题的密切关注与深切关怀!习主席提出中国梦的科学理念,其实质就是中国人民的梦。落实到具体问题上,就是要解决人民群众普遍关心的共性问题,引领、帮助人民群众实现其共同关注的普遍性愿望(梦想)。尽快改变中国足球的落后面貌,实现中国足球的全面振兴,是民心所指、民心所向。因此,解决中国足球的持续、健康发展问题,尽快实现中国足球的振兴,成为展现中国共产党执政能力的重要契机,体现的是党解决问题、处理问题的能力和效率。可以说,人民群众对于中国足球发展现状的极度不满以及振兴中国足球的殷切期望,恰恰是中国足球改革的原动力。

当然,中国社会主义的国家属性决定了在体育项目中作为集体项目的足球更具推广与普及的价值。这是由足球项目蕴含的集体主义特征决定的。同时,也是由于足球项目在世界范围内的广泛、深入普及所决定的。足球,尤其是国家队在国际舞台的表现,是一国政治、经济、文化实力的综合反映,是国家荣誉与民族尊严的重要展现方式。人民群众普遍关心中国足球运动的发展,表面看来关注的是足球项目的表现,深层次的原因则是其对足球项目所承载的民族精神、国家形象、国家实力的强烈关注。

(3) 改变中国足球落后面貌的长期性与艰巨性 所谓系统工程,主要指的是中国足球改革与发展的长期性和艰巨性。从时间上来看,中国足球的改革与发展,需要一个相对较长的时期,绝不是一蹴而就的过程。这是由足球项目发展必须尊重的两个规律所决定的:足球项目自身发展的规律和青少年生长发育的规律。足球项目的发展,是一个由量变到质变的过程,没有量的积累,便不会出现质的变化,而量变到质变的过程,是一个长期的积累过程。习近平主席曾高瞻远瞩地指出:"中国足球一定要下决心搞上去,但是这个时间会很长"。这是对足球项目发展规律的深刻认识与精确阐述。同时,强调了中国足球由量变积累到质变的必然进程,肯定了中国足球振兴的历史必然性。青少年生长发育的基本规律是:所需时间的固定性和身体素质发展敏感期的存在。从出生到成年的时间不可变,且比较漫长,这一过程对于从事足球训练的青少年而言,充满了变数和不确定性。国际足联的相关研究表明,儿童接触足球的时间越早,对其足球技能的培养更为有利。因此,将儿童培养成职业球员,最短的培养年限也应在10年以上,正常的培养年限在13年以上。并且,不同的年龄阶段,身体素质发展的敏感期不同,错过敏感期便错过了训练的最佳阶段,成才的可能会大大降低。

所谓艰巨性,指的是中国足球发展所需支持的全面性,自身发展的均衡性以及发展过程的波动性与总体发展方向的导向性。中国足球的发展,需要政府、企事业单位、市场等多部门、多种方式的全面支持。广大青少年主要集中在学校里,需要教育部门的支持;职业俱乐部通过市场募集资金,需要政府部门的监管与支持,同时,需要依靠市场进行资源的配置;各级国家队肩负着祖国和人民的期望与重托,是国家形象的代表,同时,队员隶属于俱乐部,还要顾虑自身利益,三者之间的博弈关系决定着特定的时期必须有一方或两方做出一定的让步。此外,要实现中国足球的持续健康发展,便要解决其内部各要素的均衡发展问题。在足球相关的人、财、物方面达到均衡发展;在足球相关的政治、经济、文化上形成合力;在不同类型、不同任务的足球项目上实现协调发展。但是,均衡发展并非是同步发展,而是在尊重足球项目规律的前提下,有先后顺序的依次发展。深入广泛的普及,是足球项目健康、可持续发展的根本前提条件。足球项目规律决定了"足球要从娃娃抓起",首先解决好足球项目的深入广泛普及工作,这是中国足球发展的第一要务,是足球项目进行量的积累的第一步。此后,才是后备人才的培养以及职业俱乐部梯队建设、国家队建设的问题。没有青少年足球深入广泛普及的量的积累,便不会有中国足球后备人才的批量产生,并最终实现中国足球整体竞技水平提高的质的变化。

毋庸置疑,中国足球的前途是光明的,但走向光明的道路是曲折的,并不是直线上升的过程,而是一个波动上升的过程。有前进,也会出现暂时的停滞,甚至出现短暂的倒退,但大的方向是保持不变的,是积极乐观的,向前的!

2) 足球是一项公益性事业

(1) 体育强国战略的重要一环　中国足球的振兴,是我国由体育大国向体育强国迈进的必然要求。2008年,北京奥运会的成功举办以及中国体育代表团金牌第一辉煌成绩的取得,是中国成为竞技体育大国的重要标志,也是中国竞技体育由体育大国向体育强国迈进的历史转折点。要成为竞技体育强国,作为"三大球"(足球、篮球、排球)之一的足球项目的发展无法忽视。因为,足球是世界公认的、规则统一的、公平公正的、集体参与的、具有广泛国际影响的体育项目,是展现一国竞技体育实力的国际性平台,是公认的衡量一国竞技体育水平的集体性项目的典型代表。中国要实现体育强国梦,足球项目的发展与振兴是无法回避的问题之一。没有足球为代表的集体项目的振兴,中国便始终处于体育大国向体育强国迈进的历史进程中,体育强国的梦想就难以实现。

(2) 足球发源地的国际责任　足球起源于中国,中国有责任、有义务将足球运动发扬光大。2004年,FIFA正式对外宣布:足球的发源地在中国。春秋战国时期,齐国临淄广泛开展的蹴鞠项目,就是现代足球运动的"远祖"。据《史记·苏秦列传》记载:"齐地方二千余里……临淄甚富而实,其民无不吹竽鼓瑟,弹琴击筑,斗鸡走狗、六博蹋鞠者。"这里提到的蹋鞠,即是蹴鞠。诗人王维有"蹴鞠屡过飞鸟上"的诗句,生动描绘了唐代女子蹴鞠的场景。至宋代,蹴鞠运动蓬勃发展,广泛流行于官方和民间。文学作品《水浒全传》中出现了对蹴鞠"明星"高俅的生动描写。宋末元初著名画家钱选临摹的《宋太祖蹴鞠图》(图3.1.5),细致地描述了宋太祖赵匡胤蹴鞠的情景,单从外形来看,画面中的蹴鞠与现代足球已无明显差别。中国古代足球运动的蓬勃发展与现代足球运动相对滞后的现实状况形成强烈的反差。占世界人口1/4的中国,是现代足球运动发展相对落后的国家之一,辉煌的足球历史文化积淀与相对落后的现实状况形成鲜明对比,更加凸显出中国发展足球运动的必要性和紧迫性。

图3.1.5　宋太祖蹴鞠图

作为足球运动的发源地,中国在足球(蹴鞠)历史文化的传承与保护,足球运动的可持续发展方面负有不可推卸的国际义务与责任。可以说,中国足球的振兴与发展,将是对蹴鞠文化的最好保护,是对世界足球运动发展的巨大贡献。

(3) 足球项目与意识形态构建　足球有时超越了单纯的体育项目本身,被赋予了深刻的政治意义,成为推广政府执政理念的有效工具。从第一次世界大战开始,足球已被作为一种政府推行其政治理念、树立政治形象的有效工具。而后现代主义思潮引发了人们对传统的广泛质疑,加剧了人们之间的竞争与分歧,恰恰由于足球项目所具有的流行性、统一性特征(能够使人们搁置争议),使其成为政党借以宣传自身执政理念的重要手段。看似简单的"一场国际性的足球赛事,往往并非一场简单的足球游戏,而是被意识形态和政治立场所左右与利用",以至于足球演变为政府展现其主流意识形态的重要工具。20世纪50年代初,西班牙弗朗哥政权为改变其受欧洲各国排挤与孤立的政治局势,以足球为主要载体,对外展示西班牙的政治理念和经济文化政策,逐步改善了本国的国际形象,促进了与欧洲各国在政治、经济、社会、文化方面的交流。

甚至于,足球有时可以改变一个国家的政治进程,影响社会群体的意识形态。以申办2002年世界杯的东道主日本、韩国为例,两国申办世界杯的根本目的存在着极大的差异,但共同点在于:两国申办世界杯的根本目的都不在于世界杯的比赛本身。日本申办的主要目的在于"推动与促进本国的政治稳定、提高本国科技水平和乡村地区的基础设施建设";而韩国申办的主要目的在于"促进朝韩半岛的和平进程,降低朝韩两国冲突的风险"。足球项目从简单的体育项目上升到了与国家的政局稳定、国土安全、科技进步、城市建设等密切相关的国家战略层面。对2002年世界杯的东道主日本和韩国而言,足球成为国家战略的重要一环,成为影响国家政治、经济、文化建设与发展的战略性项目。而在西班牙,足球在维持政治稳定与平衡方面亦起着举足轻重的作用,它"在左派、右派和中间派之间构建起了沟通的桥梁与纽带,起到模糊与淡化相互之间理念分歧的积极作用"。

足球可以作为解决理念冲突的重要平台。"足球或足球俱乐部为大众(尤其是矛盾双方)所处的社会关系网构建了一个交流与沟通的平台,使冲突双方能够妥善地解决矛盾,处理冲突"。利比亚内战期间,出现敌对双方士兵放下手中的武器,聚集在体育场观看国家队足球比赛的情景,足球对"球迷的态度和行为产生了深远的影响","尽管人群中随处可见自己的敌人,他们仍保持克制与忍耐,平静地看完了整场比赛"。英国政府充分认识到了足球在解决理念冲突中的重要作用,启动了一项名为F4P(Football 4 Peace)的项目,旨在解决以色列籍犹太儿童和阿拉伯籍犹太儿童(因为阿拉伯籍犹太儿童认为自己是巴勒斯坦人)之间的观念壁垒,促进双方的交流与沟通。正如布莱顿大学的Lambert教授所认为的,F4P项目体现的是信任、尊重、中立、责任、平等的价值理念。

教育领域主流意识形态建设的特殊性工具需求。青少年儿童时期,是世界观、人生观形成的关键性时期,学校教育的过程也是学生主流意识形态培育的主要过程。美国社会心理学家Hess和Torney曾对12 000名2年级到8年级的中小学生进行调查研究,发现学校"在传播执政党的政治理念,并使学生坚定不移地信任方面的作用不可估量"。目前,通过思政课程、爱国教育实践活动、文艺活动进行主流意识形态建设是我国学校主要采用的方式。而对于利用体育活动,尤其是足球活动进行主流意识形态构建的认可程度极低。教育领域面向的群体为青少年,对传统的意识形态传播工具,如电视、广播、报纸等具有一定的排斥性和限制性,需要既符合教育规律又符合青少年身心发展规律的意识形态传播工具。足球,恰恰可以满足这一要求,可以作为大中小学培育主流意识形态的重要工具之一。这主要是由足球项目的特征决定的:足球具有的趣味性,是吸引广大青少年积极参与并长期参与的重要依据;足球的集体性项目特征,传达的是合作、团结、竞争等积极正面的价值理念,蕴含着巨大的正能量;此外,足球项目面向的群体具有多元性:包括了青少年、中老年,且超越了性别、民族、肤色、宗教信仰的界限。

(4) 青少年人才全面发展的客观需要 青少年人才的全面发展,是政府负有的不可推卸的历史性责任。"十八大"报告明确提出了对广大青少年的培养目标:"要坚持教育优先发展,……培养德智体美全面发展的社会主义建设者和接班人。"其中,"体"是"德智美"的基础,指的是青少年健康的体魄、良好的体能。参与体育活动是青少年强身健体、发展体能的根本性措施。体育项目的选择权在青少年自己,这确是不争的事实。但是,向广大青少年推荐适宜的体育项目是政府的重要责任之一。足球,作为世界流行的体育项目之一,兼具了趣味性、集体性特征,是政府推荐广大青少年积极参与体育项目的良好选择。2009年,国家体育总局和教育部联合开展的全国青少年校园足球活动(目前已覆盖90多个城市,8 000多所中小学校)恰恰印证了这一点。

应充分认识到,足球人才的出现是足球项目在学校中深入广泛普及的必然结果,是足球作为青少年强身健体和全面素质教育手段推广实施的自然产物。足球项目的普及,无论如何绕不开学校这一场所。由于教育部门青少年人力资源和体育部门体育资源的相对"垄断"地位,要实现足球项目的深入广泛普及,便需要"各级教育、体育部门的密切配合,精心组织、拓展思路、创新形式,在保证学生完成文化学习的同时,把……足球活动开展好"。政府部门在青少年足球普及中的主导地位,恰恰决定了青少年足球的公益性事业属性。

(5) 中国特色足球项目发展的客观需要 中国社会主义的国家特色决定了,任何国家层面项目或规划的发展与制定,都应将国家利益和群众利益放在第一要素进行考虑,足球项目概莫能外。中国足球,是具有中国特色的足球,"特色"指的是中国社会主义国家的基本国情。中国足球,首先考虑的是"中国的足球",其次考虑的是"足球"项目本身。也就是说,对中国足球而言,项目自身的发展是第二位的要素,第一位应考虑的是其发展所承担的社会责任问题。中国足球的社会责任,主要是指其作为国家荣誉与国家形象的代表,肩负着党和人民的重托,寄托着人民群众的殷切期望,及其在社会发展中所发挥的积极作用。

中国足球各级国家队,是中国国家形象和国家荣誉的代表,是中国国家竞争力的体现,承载着中国人民的深切期望。从这个角度来讲,其作为政府主导的公益性事业的属性毋庸置疑。而对于职业足球和业余足球而言,所肩负的社会责任决定了其不能走纯粹的市场经济道路;同时,也决定了其部分公益性事业的属性。纯粹的市场,企业或投资人以追逐利益为根本目标,而社会主义的市场,首先要考虑的是人民群众的根本需要和企业或投资人所肩负的社会责任,这是进行中国职业足球和业余足球改革的根本前提。没有这一前提条件,中国的足球市场将沦为企业或投资人赚钱的工具,而逐步丧失服务人民、服务社会发展的价值功能。当然,对于职业足球和业余足球而言,完全由政府投资主导、管理主导的"纯"公益性事业的路线也是行不通的,要建立具有中国特色的职业足球和业余足球的管理、投资体制。政府重点要解决的是其发展目的、目标、路线、方向、方针等大的战略性问题,而具体的业务性和操作性问题可以通过市场对资源的调配自行解决。

此外,球迷群体、大型赛事的组织与规范,离不开政府的协调与管理。1999年,曼联队分别在马来西亚、新加坡、泰国和中国举办了4场巡回表演赛,每场比赛吸引的观众超过7万人。这带给赛事主办城市极大的压力,需要政府部门组织与协调多个部门,如公安、消防、交通、市政等,联合保证赛事的正常进行。有些俱乐部的球迷数量众多,以德国甲级联赛俱乐部为例:拜仁慕尼黑俱乐部会员超过97 800人,沙尔克04俱乐部会员超过39 600人,多特蒙德俱乐部会员超过22 200人。目前,全球共有2 123个由拜仁慕尼黑队球迷组成的俱乐部,它们遍布在世界各地,拥有的会员数量达136 000人。对于球迷群体的管理与引导,是政府部门不可推卸的责任之一,想要摆脱政府部门对球迷进行管理的想法是不切实际的!

3) 足球是一项"绿色"产业

针对足球产业的问题,刘延东同志在中国足球工作座谈会上指出:"围绕着足球运动完全能够形成一条巨大的产业链,……发展足球运动可以创造巨大的消费需求,会成为推动经济发展的一个重要手段"。

(1) 世界足球产业的蓬勃发展　足球是一项庞大的产业,是世界性的商业活动。"2001年,世界足坛营业额超过2 500亿美元,相当于同年荷兰的GDP总量"。FIFA 2012年财务发展报告显示:2007—2012年,FIFA的年总收入分别为8.82亿、9.57亿、10.59亿、12.91亿、10.70亿、11.66亿美元;而年总支出的数额分别为8.33亿、7.73亿、8.63亿、10.89亿、10.34亿、10.77亿美元(图3.1.6)。在意大利,20世纪90年代已经建立了以足球产业为核心的产业体系,总产值达到150亿美元,足球产业成为意大利十大产业之一。同时期的英国,足球产业的总产值达70亿英镑,远远领先于传统的汽车、餐饮等产业。2005年,德国足球产业产值达到50亿欧元。2009—2010年赛季末,德国18家注册职业俱乐部的总收入超

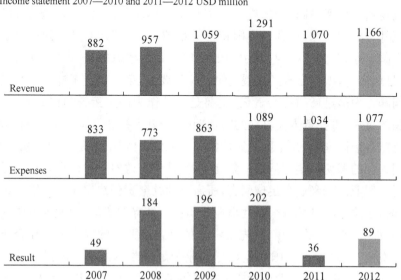

图3.1.6　FIFA 2007—2012年财务示意图

过20亿欧元。而以足球为核心产业的跨国公司,每年会从中获取巨额的利润,如 Nike 公司,它们通过在世界范围内广泛建立工厂,生产相关产品,如衣服、DVD、器材等,达到获取商业利益的目的。

足球最直接相关的产业是足球服务业,即足球赛事产品服务业。据统计,由 FIFA 组织的 A 级赛事每年至少2 000场以上。在2004年,仅各国男子国家队参加的 A 级赛事总场次已达到 1 066场。足球赛事收入主要来源于门票、赞助、转播权、广告费等方面。FIFA 2012年共收入11.66亿美元。其中,电视转播权收入5.61亿美元,销售权 3.67亿美元,许可权2.30亿美元,品牌权3.4亿美元(图 3.1.7)。2002年韩日世界杯,雅虎公司赞助了决赛阶段的比赛,其与 FIFA 签订的赞助合同超过 0.25亿欧元。1990年世界杯时的门票销售收入达0.548亿美元,电视转播权收入

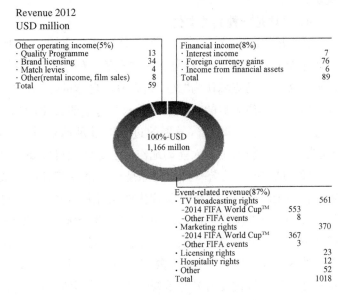

图 3.1.7 2012年 FIFA 财务收入示意图

达 0.657亿美元,广告收入达 0.402亿美元。而随着社会经济的发展,收入的幅度也大幅度提高,2006年世界杯决赛阶段比赛的电视转播权收入已达到1.97亿美元,是1990年的3倍多。曼联俱乐部 2002年收入数据显示:门票收入0.563亿英镑,商品销售 0.114亿英镑,会员费用收入 0.029亿英镑,媒体转播收入0.519亿英镑,赞助收入 0.265亿英镑,俱乐部的年度总收入超过 1.461亿英镑。

足球产业本身能够带动与之相关产业的发展,如足球休闲娱乐、球员转会、足球产品制造、媒体广播、酒店服务业、旅游业、交通业运输等。2003年,大卫·贝克汉姆转会皇家马德里俱乐部,签订了一份为期4年的合同,据估计这份合同的潜在价值达到 0.35亿欧元。尼古拉斯·阿内尔卡从巴黎圣日耳曼队转会曼城队,签订合同涉及资金 0.205亿欧元。

(2)"绿色"、环保与可持续发展 "足球确实是群众喜爱的一种健康的消费方式",中国足球产业相对低迷的现实状况并不能否定这样一个事实:足球产业是一项生态、环保、健康、可持续发展的"绿色"产业。所谓生态、环保,主要是指足球产品(主要指足球赛事)对现实环境的污染而言的,由于足球及其相关产业绝大部分属于第三产业(服务产业),其输出产品主要为足球赛事,属于精神文化产品的范畴,足球赛事的"生产"对物质能源的消耗量极少,因此,对于环境不会产生过度的污染,所以说,足球产业是生态、环保的产业。所谓健康,主要是指在足球产品价值实现(消费)过程中,消费者所获得的主要是精神层面文化产品的享受,"毫无疑问,体育比赛能够给观众带来舒适的享受"。此外,参与足球运动对于人

的身心健康也是具有一定益处的。所谓可持续发展,主要是从足球产业的长期发展来看的,其发展与壮大是足球项目健康发展的必然结果,"是市场经济的必然产物,是人们对足球运动的需要发展到一定的规模和层次以后所产生的结果"。伴随着足球项目良性发展,足球产业市场必将逐步壮大,影响力逐步提升,逐步成为国民经济发展中占有一定比重的重要产业。

4)足球是一种共性文化

(1)足球的本质是文化 "足球是一种运动,也是一种文化,只有形成良性的足球文化,足球才能健康发展"。足球是文化实现的一种手段,是文化的具体化形式之一,足球的真正内核是文化。马克思认为"文化是人改造自然的劳动对象化中产生的,是以人化为基础,以人的本质或本质力量的对象为实质的",这里的文化即"人化"(强调的是文化的人本属性以及过程性)。对足球而言,发展的过程即是足球项目"人化"的过程,是足球项目实践影响人、改造人的过程,也是人能动地作用于足球项目发展的过程。

(2)足球的文化统一性 足球是一种世界范围内达成共识的共性文化,是足球这种独特文化的全球化,蕴含着难以替代的文化统一性。"足球已成为(文化)全球化的典型代表"。2002年,"世界杯的比赛,在超过213个国家和地区转播,共有超过288亿人次观看约41 100小时的比赛直播或转播",最终,以各种形式观看比赛的观众超过492亿人次(这一数字约是2013年世界人口总数70.57亿的7倍),遍及亚洲、非洲、欧洲和拉美国家。足球项目在世界范围内受喜爱与重视的程度,是其他体育项目难以企及的!

足球项目的文化统一性,使其跨越了年龄、肤色、种族、阶层、阶级等方面的差异,成为全世界共识性的"言语",成为世界范围内"无差别"的崇高精神享受。足球是最为民主的体育项目,在足球活动中每个人都是平等的,足球项目的这种民主性特征对其发展至关重要,因为,足球是属于所有人的项目。本质上来看,足球项目的民主性即是其文化的统一性。诚如法国前总统希拉克所言:"今天,足球成为世界通用的语言,它到处蔓延,并逐步融入了当地的文化,成为不同国家和不同流行文化沟通的纽带,它成功超越了社会的界限。"足球超越了单纯的体育项目的限制,成为"凌驾"于体育项目之上的、全世界绝大多数人民共同的爱好与追求。

(3)国家文化软实力的重要体现 "足球已成为一个国家最实际、中立和简单的象征与代表"。足球"同教育、大众传媒一样,是最伟大的文化构成形式之一,反映出一国在世界范围内的地位"。和平与发展是当今世界的两大主题,在和平与发展的前提下,国与国之间的竞争更多地体现为非战争方式的文化领域的竞争,而体育领域的竞争是重要的体现形式,如奥运会、世界级单项锦标赛等。正如E.O.Wilson所言:"人类同其他动物一样具有相同的攻击本能,这种内驱力必须通过竞争性体育运动或其他方式才能得到某种释放"。足球项目的文化统一性,决定了其更适合作为国家文化竞争力的反映指标。"对处于战争或政治、经济、外交冷战状态的国家而言,相互间进行足球比赛也属家常便饭"。因此,足球获得了"没有硝烟的战争"的美誉。

足球是一国文化软实力的重要体现,"它使得国家形象触手可及,而不再是一个模糊的概念","健康向上的足球文化代表着一个国家、一个城市文明进步的程度"。重要的足球比赛可以作为宣传国家、民族良好形象的"窗口"。2002年世界杯巴西VS德国决赛是国际足球历史上最重要的赛事之一,有超过11亿观众通过直播观看了比赛,有200多个国家进行了电视直播。毫无疑问,这场比赛成为德国、巴西球员在全世界观众面前展示个人优秀的足球技战术天赋、良好的道德修养的重要舞台,成为德国和巴西展现本国优秀文化和良好国家形象的重要"窗口"。2006年德国世界杯期间,数以百万的德国市民将国旗摆放在自家的阳台、窗户、汽车、自行车、小船上,甚至是印到自己的脸上,以表达对于本国足球的鼎力支持,对于自己祖国的无限热爱。这"在一定程度上改变了人们对于德国人刻板、乏味、循规蹈矩的传统印象,向世界展示了东西德统一后德国人民的精神风貌"。正如布拉特所言:"通过国家足球队在比赛中的精彩表现,可以充分展示国家的综合实力,并逐步培养国民的爱国主义精神。"可以说,"足球已经成为观察一国政治经济环境、社会文明程度的重要窗口",成为一国文化软实力的重要体现。

"文化是民族的血脉,是人民的精神家园"。中国足球作为文化的载体,承载着中华民族传统文化传承与发展的重任,承载着社会主义核心价值体系的宣传与推广的重任。然而,中国足球运动发展水平严重滞后于中国的政治、经济发展水平,与当前中国的综合国力极其不匹配。十七大以来,中国在政治、经济、文化领域取得一系列新的历史性成就,"经济总量从世界第六位跃升到第二位,……综合国力、国际竞争力、国际影响力迈上一个大台阶,国家面貌发生新的历史性变化"。而对男子足球国家队2013年国际排名研究发现:排在第1至3位的国家分别为西班牙、德国、阿根廷,中国的国际排名为第92位,与伊拉克(97)、贝宁(99)、尼日尔(100)处于同一水平。而足球运动起步较晚的美国处于第29位,足球运动水平曾远远落后于中国的日本、韩国分别处于第47位、54位。通过对中国、韩国、日本三国1993—2013年世界排名情况的统计分析(图3.1.8)发现:自1993—2013年,中国足球男子国家队世界排名呈波动上升趋势,排名情况与时间呈正相关;而韩国、日本的排名均呈相对平稳趋势,且日本、韩国的波动曲线走势一致;日本的排名与时间的负相关程度要高于韩国,表明日本的排名提高得多一些。1993年,中国、日本、韩国三国国际排名相对差距较小,分别为53、41、43位,但随后中国的排名呈波动下降。可以看出,在近20年的时间

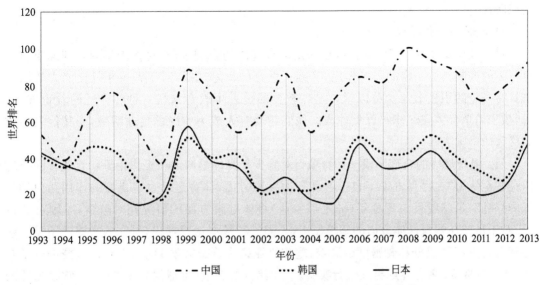

图3.1.8　1993—2013年中日韩男足国家队排名变化曲线

内,中国足球水平一直在下降,被日本、韩国远远抛在了身后。目前,中国足球的现实表现与中国经济、政治、文化的国际地位极不相称,中国足球对于国家的形象产生了一定的负面影响。

(4) 发展足球运动满足人民群众精神文化需要　刘延东同志明确指出:"提高足球运动水平是满足人民群众精神文化生活的迫切需要,……现在我们的足球水平停滞不前,甚至出现了一些不良的问题,如果这种状况持续得不到改变,就会和群众的期望拉开比较大的距离,会给群众的精神文化生活造成缺失。"

传统"文化"的限制性与足球的共性文化特征决定了足球更适合作为一种特定的文化形式,全面、广泛地应用到我国的文化大繁荣、大发展的战略中。传统意义上的"文化",是具有明显的时空特征和地缘特征的,在地域、环境、国籍、宗教、种族、阶级等方面,有着明显的差异性,是被严格限定在了一定条件下的"文化"形式。以民族文化为例,中国有 56 个民族,几乎每个民族都有自己固有的文化习俗,相互之间的差异很大,即便在同一民族内部,由于地域环境等因素,也存在着或大或小的文化差异性。这种文化的限制性,是短期内无法改变的;并且,各种文化普遍具有极强的自我封闭性,并不断地进行着自我的修复、传承与保护,这恰恰成为各种文化不断固化的过程,也是文化差异性不断加剧的过程。而足球却可作为一种共性的文化形式,为各种固有的文化形式所接受和吸纳,成为各种固有文化形式交流与沟通的桥梁与纽带,这是足球项目所具有的特殊文化属性。

足球项目的共性文化特征,使其能够承担起满足不同文化背景的人民群众精神文化需求的重任;由于足球项目自身的魅力,成功吸引了广大人民群众的自主选择,使其成为满足他们精神文化需求的主要工具之一。而足球项目自身的魅力在于:足球竞赛过程赏心悦目的观赏性和比赛结果的不可预测性。正是基于这一点,最终导致足球成为"世界第一运动",成为全世界多数人民的精神文化生活的"必需品"。实践也印证了这一点:目前,FIFA 成员国(地区)的数量已达 209 个(超过了联合国 193 个成员国的数量),是名副其实的"国际足球联合会"。

5) 足球是一种教育手段

对学校中的青少年学生而言,足球是强身健体的合理手段,对青少年的心理健康与不良行为的控制具有一定的积极作用,是挫折教育的良好选择,对于青少年社交能力的培养也具有一定的积极效果。可以说,"足球教育即是人生教育",是一种综合性的教育方式,"让孩子们学会遵守纪律和尊重他人。他们终会有人成为中国的足球明星,而其他人会成为优秀的中国人"。

(1) 强身健体的合理手段　体育项目对青少年身体健康的积极作用毋庸置疑。国外的研究甚至认为"在提高青少年自信心和智力发育方面,体育运动也有良好的作用"。目前,国内外针对足球项目与青少年(非足球专业)身体健康方面的研究相对较少,原因可能在于:对于足球在强身健体方面的积极作用,人们已经基本达成共识,研究的必要性不足。就足球对青少年体成分和骨密度的影响,塞尔维亚诺维萨德大学 Dejan Madic 教授进行了对比研究:选取 62 名青春期男孩进行实验。分两组:第 1 组(足球组),由 32 名经常踢足球的青少年组成(年龄(10.7 ± 0.5)岁;踢球年限均在 1 年以上,10~15 时/周);第 2 组(对照组),

由 30 名男孩组成(年龄(11.2±0.7)岁；体育活动时间不少于 1.5 时/周)。研究的结果表明：足球组青少年在瘦体重(LBM)、脂肪量(FAT)、骨密度(足跟 BUA、SOS 测试)和体指数(BMI)方面要明显优于对照组的青少年。当然，在身高(BH)和体重(BW)方面具有一定的劣势，这可能主要是由于年龄的差异引起的(足球组平均年龄小 0.5 岁)(图3.1.9)。

Table 2　Differences in parameters of body composition and bone mineral density between the groups of subjects (t-test)

Parameters	Groups	n	$\overline{x}$	SD	t	p
TBW(L)	1*	32	24.63	3.06	−0.210	0.834
	2**	30	24.87	5.59		
LBM(kg)	1	32	33.94	4.50	−0.555	0.581
	2	30	34.78	7.19		
FAT(kg)	1	32	4.99	3.02	−3.138	0.003
	2	30	8.25	4.97		
BUAleft(db/MHz)	1	32	53.54	16.84	0.524	0.602
	2	30	51.60	11.65		
BUAright(db/MHz)	1	32	55.19	17.49	0.322	0.748
	2	30	53.99	10.96		
SOSleft(m/s)	1	32	1 582.42	29.80	3.120	0.003
	2	30	1 561.07	23.49		
SOSright(m/s)	1	32	1 585	34.48	2.698	0.009
	2	30	1 565	24.39		
BH(cm)	1	32	145.578 1	6.761 07	−1.981	0.052
	2	30	149.720 0	9.547 93		
BW(kg)	1	32	39.128 1	6.658 65	−1.790	0.079
	2	30	43.050 0	10.317 44		
BMI(kg/m²)	1	32	18.361 0	2.107 78	−0.944	0.349
	2	30	18.974 2	2.959 54		

*Group 1-group of soccer players；** Groups 2-control group

TBW-total body water；LBM-lean body mass；FAT-fat mass；BUAleft-broadband ultrasound attenuation-left calcancus；BUAright-broadband ultrasound attenuation-right calcancus；SOSleft-speed of sound-left calcancus；SOSright-speed of sound-right calcancus；BH-body hight；BW-body weight；BMI-body mass index.

图 3.1.9　足球对青少年体成分与骨密度对比分析

【案例 1】　2012 年 10 月 15 日，笔者对武汉市万松园路小学进行了实地考察、对学校校长应兰女士、4 年级 1 班班主任邓老师和 3 年级 2 班学生家长韩先生进行了访谈。通过对武汉市万松园路小学的实地考察以及对校长、教师、家长的访谈，可以认为：在足球提高学生身体素质的积极作用方面,各方面基本达成共识(图3.1.10)。

图3.1.10　武汉市万松园路小学班级足球联赛现场

① 访谈万松园路小学校长应兰女士。

问:请您谈谈万松园路小学足球活动的开展情况及个人感受。

应兰校长答:我们以足球为主要的"抓手",深入贯彻"阳光体育"运动,……在全校各个班级建立了足球队,做到班级间、年级间每周至少有2场以上的比赛。……学校建立了良好的足球文化环境。我们非常注意发挥足球在孩子们行为举止、生活习惯培养中的工具性作用,对比赛礼仪进行了规范,对教练员提出了很高的要求,并邀请了足协的专家来定期培训我们的体育教师。我们很注意发挥班主任、老师的模范、榜样作用,组织了班主任足球队、教师足球队,要求他们也参与到足球比赛、训练中,定期组织师生混合组队的足球赛等。此外,我们努力做好家长的思想引导工作,使他们至少不反对孩子踢球,请他们来观看比赛。通过全面深入地开展足球活动,我们最大的感触是孩子们黑了、瘦了,但身体素质明显提高了。这也成为家长支持孩子参与足球活动的最主要的动因。通过足球,我们也获得了很多关注与支持。亚足联、中国足协、市教育局和体育局的领导都来考察过我们学校,给予了充分的肯定和支持,市教育局多次组织武汉市的中小学来我校参观学习。足球已经成为我们学校的"招牌",我们的校队代表武汉市和区里多次参加全国、省级和市级的比赛,成绩还不错。

② 访谈万松园路小学4年级1班班主任邓老师。

问:请谈谈您对足球在班级开展的看法。

邓老师答:我们班组织足球活动已超过4个学期了。学校把足球当成特色项目在各个班级组织,说实话,刚开始我是有些不太理解的,很多教师也不理解。毕竟要以学习为主,上级考核我们、家长认可我们还是主要看孩子们的文化课成绩。不过经过这两年的组织,我发现足球确实有它的好处,最直接的就是孩子们的体质变好了。季节交替的时期,患感冒的人数明显地下降了,这确实是有目共睹的事实。多数家长刚开始并不支持,后来,观念也逐渐转变了。我们通过家长会,请领导给他们讲,效果挺好。关键是孩子们自己兴趣很高,这个年龄的孩子,男女孩体质差不多,所以,比赛采取了男女混合,班级内部的氛围非常的团结。尽管正式比赛我们的成绩一般,但通过足球孩子们获得了快乐、锻炼了身体。这是开展足球活动带来的变化!

③ 访谈万松园路小学 3 年级 2 班学生韩振超家长韩先生。

问：您的孩子踢球多久了？是否进入校队？

韩先生答：我儿子 9 岁，三年级 2 班的，刚踢球 1 年多点。他现在的水平在班里还可以，属于班级队伍的主力了。不过没能选进校队，一般校队的孩子至少也踢了 2 年，我儿子接触足球的时间太短，校队的孩子放学后还要训练的，我也没时间等他训练，放学就接他回家了。

问：您觉得足球对您的孩子影响大吗？主要是哪些方面的影响？

韩先生答：挺大的。经常跑跑跳跳的，对身体应该有好处吧。我儿子平常还挺安静的，一踢足球就很有活力、很卖力、很能跑，有时候看他比赛我都着急，看他全身是汗，真怕累着孩子！他们作业也不少，踢球累了，回去再做作业，精力有些不够。不过孩子喜欢，瘾很大，我觉得只要他开心就好！

问：您儿子一周大约踢几次球？每次大约多久？

韩先生答：不好说，有时候多，有时候少，至少学校每周有 2 次比赛，我和他妈也常来看。他课余时间基本也在踢球。时间有长有短，一般 1 个多小时。这个学校是足球特色学校，学校重视足球，比较鼓励小孩踢球。

(2) 综合性的教育手段

① 心理健康与社交能力培养：国外研究表明，"参与体育活动者对自身健康的意识要明显高于不参与体育活动者"，并且"体育对于青少年自信心、自尊心和社交能力具有良好作用"。作为体育项目之一的足球，在青少年健康意识的培养和心理健康的干预与促进方面也具有良好的作用。1981 年，Kleibr 和 Roberts 对美国两所中学的学生进行了随机抽样调查，发现参与足球俱乐部并获得过冠军的男性学生的利己主义思想要低于非俱乐部成员。Roger 和 Howell 等人认为：在提高孩子的自尊心及其对学习成绩的重视方面，足球具有一定的积极作用。在英国，足球已被作为一种医疗手段，运用到心理疾病患者的康复治疗中。2007 年，英国阿森纳足球俱乐部成立了"精神健康治疗基金"，利用足球活动来帮助青少年减少精神疾病，尤其是孤独症的困扰，发现治疗效果非常显著。Kleibr 等人认为"参与集体性体育项目，并获得胜利，有助于提高交往中的自信心，从而提高人际交往能力"。对巴西球迷的一项研究表明："足球可作为与人交往行之有效的方法，在克服与促进心理健康和提高人际交往能力方面有积极的效果。"英国利兹足球俱乐部对一批学习成绩较差、自尊心较强的青少年进行了足球活动的实验性研究，通过家长的反馈发现"孩子们的自信心显著提升，更重要的是，他们的朋友圈也得到了扩展"，社交能力得到了提升。澳大利亚新南威尔士大学的 Sally Nathan 教授进行了一项实验：分析 4 所学校参与和未参与足球比赛的 142 名青少年（平均年龄 14.7 岁，女生占 22.5%）后，发现参与足球比赛青少年的人际交往能力、融入社会能力优于未参与比赛者；而在个体对抗性特征方面，前者要明显低于后者；此外，青少年的人际交往能力与其参与足球活动的程度呈明显的线性正相关关系。

此外，足球是有效的社交工具。澳大利亚政府启动的"足球联盟计划"证明了这一点：为解决 13 000 多名难民和移民融入当地社会的难题，澳大利亚政府启动了该计划，通过鼓励这些人参与特定形式的足球活动，极大地促进了其与当地社会的融合。这些难民来自 20 多个不同的国家。与之相关的研究表明："足球联盟计划"有效地促进了个体的健康状况、幸福感以及社会融合度。而在世界范围内,难民的总人数达到4.2亿,通过足球这一世界性的运动,搭建社会交流平台成为可能。之所以选择足球作为该项目的内容实施,源于特殊且重要的原因:"足球项目费用低,项目的攻击性和性别因素影响较低,全世界人民普遍喜欢;最为重要的是,在这些难民的祖国,足球项目已经广泛全面地开展了,这是他们熟悉的体育项目。"

② 不良行为控制:足球在青少年不良行为控制方面亦具有积极的作用。美国的Miller教授对全美16 076所高中的学生进行对比研究,印证了这一点:"经常参加足球锻炼的学生抽烟、饮酒、吸毒等不良行为的比例显著低于不参加者,而后者的自杀率明显高于前者。"加拿大的一项调查也显示:"通过开展社区足球运动,促进了社区内部的和谐,使64%的人包括青少年,享受到了足球带来的快乐;同时,使犯罪率降低了49%。"

通过对湖南省长沙市长塘里小学的调研,发现该校已形成良好的足球文化氛围,足球活动对于青少年良好行为习惯的培养产生了一定的积极影响。

【案例2】 湖南省长沙市长塘里小学开展足球活动已有10余年的历史,建立了班级、年级、学校三级队伍,学校校队共有3个梯队,全校学生人人参与足球活动,班主任、校长作为球队领队参与队伍的训练比赛。

访谈长塘里小学校长谢秀云女士。

问:请您谈谈长塘里小学足球活动的开展情况及个人感受。

谢秀云校长答:"足球是我们的品牌和特色,使我们获得了广泛的关注与认同。经过近十余年坚持不懈的努力,我们学校已经建设成为长沙市、湖南省足球重点小学,形成了良好的校园足球氛围,培养了一批具有一定知名度的中超、中甲球员;学校队员经常代表市里参加比赛,获得了很多奖励,多次受到省里和市里的表彰,足球给我们带来了很多荣誉和支持。"

对于学校的学生们来说,足球是一项他们最喜爱的体育活动,是他们课外活动、体育课的主要方式,是他们交朋友、展示自己的舞台;学生的健康是我们教育者关心的第一要务,足球活动只是实现这一要务的一种工具。关键是学生们喜欢,愿意参与,这是我们积极进行足球活动,并长期坚持的根本原因。还有,足球对于学生的团结精神、拼搏精神、不服输的意志品质有很好的作用,这是我们文化课教育难以触及的地方。

我们把足球当成教育孩子的工具,当作教育他们遵守规则、遵守规范、尊重他人、了解自我、提升自我的工具。我们请专家帮助设计了严格的比赛训练礼仪,要求老师、学生严格遵循,发现效果不错。比如,训练、比赛前要自己布置好场地;衣物的摆放有严格要求,每次训练、比赛前,学生们会将衣物叠放整齐放于场地边,训练结束后,会立即穿上,不需要老师督促;赛前要握手;制定了统一的呼喊口号;比赛中语言的使用,不允许出现脏话或伤害性用语;"蓝牌"制度的引进,就是对表现好、有礼貌的孩子给予"蓝牌"的奖励,蓝色象征着孩子们的纯洁与单纯,我们发现这个办法很好;训练、比赛中如果出现受伤情况,学生会主动与校医院的医生联系,如果出现感冒,学生会主动请假,为的是避免传染其他同学而影响球队的正常训练或比赛;还有着装要干净整洁、赛后要向观众或家长致谢,等等。目前,我们的学生已经非常明确地执行这些内容。你会发现我们的比赛很有秩序、有规则,气氛很好。

足球成为连接学生、老师、家长的"桥梁",极大地拉近了相互之间的关系,使我们与学生家长更为熟悉与了解,创造了交流与沟通的机会,也在一定程度上避免了误解的产生(图 3.1.11)。

图 3.1.11　湖南省长沙市长塘里小学赛前与对手握手

③ 挫折教育的良好选择:"对于大多数人而言,踢球引发冲突的情况时有发生,即便是与最好的朋友一起,也不例外。足球成为制造矛盾的工具。从另一个角度来看,妥善处理这些矛盾的过程,恰恰成为足球参与者受教育的过程。"足球运动对青少年抗挫折能力的培养,主要是通过其不断克服心理挫败感,进行逐步的自我完善、自我调整来实现的。外界消极的信息反馈是引发青少年挫折感的最主要原因,这些消极的信息主要包括:比赛失败;个人技术水平差;个人失误;被队友超越;被教练训斥;家长、老师的误解;被(对手或队友)嘲弄;被观众否定;被同学否定;训练、比赛导致的学习成绩下降,等等。伴随着青少年的技战术水平提高、比赛能力增强,其正确面对挫折、克服内心挫折感的能力将获得稳步的提高。通过刻苦的训练,可以不断提高个人的技术水平和战术配合能力,并减少或避免个人失误情况的出现;通过与家长、老师、教练、同学、队友等的积极沟通和交流,消除误解与不满;加强个人的文化课学习,提高个人的文明礼貌行为,达到学习、训练、修养的全面提升。

6) 足球是一种生活方式

(1) 足球是世界流行的休闲方式　足球已成为世界上众多国家国民的休闲生活方式。足球休闲的主要形式包括:观看和欣赏足球竞赛,参与足球游戏或比赛等。"据统计,全球有超过 2.5 亿人直接参与足球活动,另有超过 14 亿人对足球感兴趣",在欧洲、美洲、非洲、亚洲的许多国家,足球职业联赛是最受关注、最受欢迎的体育赛事之一。早在 1958—1959 年赛季,欧洲杯比赛的现场观众人数已达到 43 万人。日本 J 联赛第一年(1993 年)的观众人数高达 4 118 877 名。正如 Giulianotti 教授所认为的:足球是"世界性游戏"。在欧洲、南美、中东的一些国家,足球已全面融入了当地文化,成为人们生活的重要组成部分。尤其是在拉美国家,足球"不仅仅是一项体育活动,一种消除疲劳的游戏方式,一项兼职工作或高回报的固定工作,而是一种近乎疯狂的全方位的生活方式"。当然,足球的重要性是具有区域性限制的,其"在欧洲和拉丁美洲社会中的重要性要明显高于在美国和中国"。即便如此,在美国,1994年女足世界杯半决赛后,足球运动也获得了蓬勃发展,截至目前,已经有超过1 800万人在踢足球。Mason教授的研究表明:"进入21世纪后,利用休闲时间观看足球比赛,已成为世界上多个国家百姓生活的一部分"。在英国人的生活中,足球占据极其重要的地位,利物浦队的经理Shankley进行了高度的概括:"对有些人来说,足球是生与死的问题,我不同意这一点,我认为:足球是高于生死的问题"。而在西班牙,"足球场甚至取代了教堂",成为人们周末活动的主要场所,足球成为人们社会文化生活中最主要的行为方式之一。

(2) 中国人面临着休闲方式的选择 改革开放以来,中国的政治、经济飞速发展,生产力水平逐步提高,生产效率大幅上升,社会财富逐步积累,人民群众物质文化生活全面改善,工作时间逐步压缩,休闲娱乐时间稳步上升,人民群众健康意识逐步提高,生活方式发生了翻天覆地的变化。可以说,中国正在稳步地走向休闲社会。美国宾夕法尼亚大学Geoffrey Godbey教授对上海、天津、哈尔滨市18~65岁居民的研究发现:"星期一到星期五每天平均工作时间(实际工作时间,包括加班)是420.37分钟,大约7小时。如果工作时间和上班交通时间加上工间休息的话,每个工作日和工作相关的时间为508.32分钟,大约8个半小时。周末每天的平均工作时间仅为29.39分钟或者是34.67分钟,包括交通和工间休息时间。"工作时间的逐步减少,恰恰反映出休闲时间的逐步上升,这意味着:休闲方式的选择正逐步成为大部分中国人面临的一个不大不小的问题。与欧美足球强国相比,中国人民对于足球的喜爱程度可能并不算低。但是,选择足球作为休闲方式的比率要低得多。

足球项目自身的特点,决定了其比较适合作为一种休闲选择。首先,足球项目规则简单,基本技术易于掌握,基本的战术规则也并不复杂;其次,足球项目对于硬件设施的要求相对较低,甚至是只需要一个足球即可开展;再次,对于气候条件、自然环境等外界因素的要求不高;此外,对于参与者的年龄、性别、身体素质、竞技能力等素质方面的要求相对于众多体育项目而言要低一些(如篮球对身高的要求),因此,可参与人群的覆盖面广;另外,就是足球项目蕴含的价值理念与我们崇尚的集体主义理念具有一定的共通性等。但是,以上这些均属于边缘因素,真正决定足球比较适合作为休闲生活方式的核心因素在于:足球项目自身的趣味性。"兴趣是最好的老师",只有参与者被项目本身的魅力所吸引,产生浓厚的兴趣,并持之以恒地保持,才能保证其定期、长期、持续地参与足球活动,才能使足球真正成为一种休闲生活方式。

(3) 足球是改变命运的一种选择 Armstrong的研究表明:"通过足球可以加入某些团队中,从而改变个人的命运与身份,维持或改变自己的社会地位。"对青少年尤其是贫困国家和地区的青少年而言,参与足球活动,为他们提供了一种改变自身命运的可能性。在以足球和桑巴舞著称于世的巴西,"很多人把足球作为他们谋生的手段,通过足球来满足他们的需求并获得自身利益"。巴西之所以能够不断地孕育出世界级的足球巨星,其根本原因正是在于:巴西贫民窟的广大青少年利用足球改变命运的现实诉求与不懈努力。2004年巴西在欧洲五大联赛(德甲、意甲、法甲、西甲、英超)踢球的104名球员中,出身于中产阶级的只有卡卡1人,其余的全部来自社会底层的贫民窟,如罗纳尔迪尼奥、卢西奥、罗比尼奥等。

与单纯的凭借个人兴趣、爱好参与足球活动相比,青少年对于足球改变命运的诉求更具生命力,也更具持久力。当上升到了改变命运的高度,成为青少年成才的路径选择之一时,"足球便超越了一项简单的体育项目,被赋予了旺盛的生命力"。足球项目深入广泛地开展,可以为中国广大农村地区的青少年提供一种可选择的成才方式,使具有一定足球天赋的青少年通过参与足球运动来改变自己的命运,走出农村,走向城市,走向全国,走向世界(图3.1.12)。2012年联合国"青少年发展报告"的数据显示,中国的未成年人已达2.1亿,其中,农村青少年占绝大多数。可以说,中国农村巨大的青少年人力资源储备,是中国足球后备人才培养的天然"宝库",是亟待进一步开发的重要资源。当然,对于城市的青少年,足球同样是可供选择的改变命运的一种方式。应该充分认识到:从全体青少年的角度来看,通过足球改变命运的机会是相对公平和均等的(可以忽略青少年的出身、来源、家庭状况);而从足球项目本身来看,赋予广大青少年成才的机会同样具有一致性,不经过长期、艰苦的训练以及不懈的努力与付出,是难以成功的。

(a) （b）

图 3.1.12　云南省开远市灵泉小学比赛现场

3.1.3　结语

(1) 足球是一项民心工程:人民群众普遍关心的共性问题,就是执政党要着力解决的根本性问题,尽快改变中国足球的落后面貌,凸显了党的执政能力;人民群众对于中国足球发展现状的极度不满以及振兴中国足球的殷切期望,恰恰是中国足球改革的原动力。

(2) 足球是一项公益性事业:中国足球的振兴,是我国由体育大国向体育强国迈进的必然要求;足球起源于中国,中国有责任、有义务将足球运动发扬光大;足球是推广政府执政理念的有效工具;足球可以影响社会群体的意识形态,是符合教育规律和青少年身心发展规律的意识形态传播工具;足球各级国家队是国家形象和国家荣誉的代表,是国家竞争力的体现,承载着人民的深切期望,是一项政府主导的公益性事业;职业和业余足球肩负的社会责任,决定了其部分性公益性事业的属性。

(3) 足球是一项"绿色"产业:足球产业是一项生态、环保、健康、可持续发展的"绿色"产业;中国足球产业相对低迷的现实状况与世界足球产业蓬勃发展的现实状况形成鲜明的对比;伴随着足球项目良性发展,中国的足球产业市场必将逐步壮大,影响力逐步提升,逐步成为国民经济中占有一定比重的重要产业。

(4) 足球是一种共性文化:足球的本质是文化,足球是文化实现的一种手段,是文化的具体化形式之一;足球项目"人化"的过程,是足球项目实践影响人、改造人的过程,也是人能动地作用于足球项目发展的过程;足球是一种世界范围内达成共识的共性文化,足球这种独特文化的全球化,蕴含着难以替代的文化统一性;足球是一国文化软实力的重要体现;足球项目的共性文化特征,使其能够承担起满足不同文化背景的人民群众精神文化需求的重任。

（5）足球是一种教育手段:对青少年而言,足球是强身健体的合理手段,是一种综合性的教育手段,在心理健康与社交能力方面有积极作用,是挫折教育的良好选择。

（6）足球是一种生活方式:足球是世界流行的休闲方式;足球项目自身的特点决定了其比较适合作为一种休闲选择;对青少年尤其是贫困国家和地区的青少年而言,参与足球活动,为他们提供了一种改变自身命运的可能性。

3.2 中国足球价值目标的现实差距

3.2.1 政治目标的现实差距

1) 民心丧失的中国足球

"得民心者得天下"。导致中国足球处于当前窘境的因素是多样的,而民心的丧失,无疑是其中最为重要的因素之一。单从央视对中国足球比赛播出的频率就可见一斑。当然,原因是多方面的。首先,毫无疑问,竞技成绩差是中国足球丧失民心的最根本原因;其次,"假、赌、黑"现象的存在,也加剧了中国足球项目社会公信力的下降;再次,足球从业者的素质良莠不齐,进一步影响了人民群众对于足球行业的喜爱与关注;此外,新闻媒体也起到了推波助澜的重要作用。

2) 竞技体育强国的战略短板

对于中国足球而言,全国人民关注的重点主要集中在:首先,中国足球各级国家队,尤其是男子足球国家队的竞技成绩问题;其次,中国足球职业联赛,尤其是中国足球超级联赛的竞赛及竞技成绩问题;再次,与国家队、联赛相关的管理、青少年后备人才培养、教练员和裁判员培养等方面的问题。

"对于一支球队的认同和喜爱,反映的是对其心理的认可与情感的投入",而中国足球"糟糕"的表现,却深深地伤害了人民群众的"心理的认可与情感的投入",可以说,与人民群众的心理和情感的需要背道而驰。中国足球国家队,尤其是男子足球国家队的战绩呈每况愈下的趋势。利用SPSS软件,对1994年1月至2013年6月中国男子足球国家队进行的全部321场国际足联A级赛事的比赛结果(胜得3分,负得－3分,平得0分)进行分析,发现:随着比赛重要性的提升,中国男子足球国家队的胜率呈下降趋势(邀请赛和锦标赛的胜率要远远高于亚洲杯、亚运会和世界杯的胜率),反映到图形上,则表现为两边高,中间低的凹形结构;而随着时间的推移,五类赛事的曲线均出现了不同程度的下降,尤其是在重要赛事上(亚洲杯、亚运会和世界杯)的下降趋势明显。在2010年以后,亚洲杯、亚运会和世界杯的胜率曲线出现明显的下降(图3.2.1)。

中国足球与民心民意背道而驰的案例不胜枚举。1985年5月19日,中国男足国家队北京主场对香港队,平分即可小组出线,最终却以1:2告负,无缘世界杯第二阶段比赛。赛后,8万多球迷情绪失控,走上街头发泄不满,掀翻车辆、打砸公物、堵塞交通。这便是震惊中外的"5·19"事件。2013年6月15日,中泰之战,是中国男子足球国家队战败赛事中的又一"经典案例"。在中国队主场1∶5输给泰国队后,在国内外产生了巨大的反响,造成了极其"恶劣"的影响,也凸显了中国足球在广大人民群众心目中的影响力。正如中国足协在向全国人民道歉的公开信中所言:"……引起了广大球迷和群众的强烈不满。……完全没有体现中国国家队应有的精神风貌和水平。……是思想、精神、意志、队伍管理方面

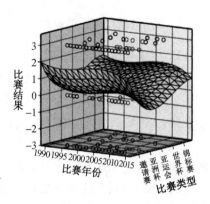

图 3.2.1　中国男子足球国家队战绩分析图

的原因。……中泰之战的耻辱性失利,极大打击了广大球迷和群众的足球热情,对足球的健康发展带来极大的负面影响,也极大地损害了中国体育的良好形象"。这些案例折射出的是人民群众对于中国足球,尤其是中国足球国家队战绩的强烈不满。

　　人民群众对于中超联赛关注程度的逐步提升,加剧了中超联赛自身问题的"暴露"。职业化初期的中国足球,给人带来的更多的是惊喜与赞赏。以中超联赛为例:自2004年联赛开始至今,现场观众人数呈直线上升趋势。2004年,现场观众总人数达到143.06万,2007年时,达到315.10万,2011年突破400万,2012年达到449.74万(图3.2.2)。而据中超公司统计,2012赛季中超联赛的电视观众总人次超过了3亿。但伴随着足球职业化的逐步发展,监管制度与管理方面的问题逐步显现,足球后备人才培养体系单一,且普遍存在拔苗助长的培养方式,始终未解决好足球的商业化与公益性之间的关系问题,导致"假球、赌球、黑哨"现象滋生。在2008年北京奥运会上,中国体育代表团取得了金牌总数第一名的辉煌成就,与之形成鲜明对比的是足球项目的"拙劣"表现,这无疑极大地伤害了全国人民的感情,引发了全国人民的普遍不满。

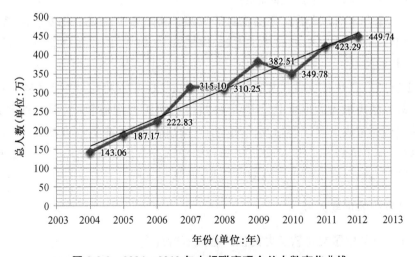

图 3.2.2　2004—2012年中超联赛观众总人数变化曲线

3.2.2 经济目标的现实差距

1) 中国足球产业的相对滞后

中国足球产业发展相对滞后的现状与世界足球产业蓬勃发展的现实状况形成鲜明的对比。1992年的"红山口会议"拉开了中国足球职业化改革的序幕,与之相伴的是中国足球产业化的发展。20世纪90年代的中国足球产业,曾经有过较为辉煌的发展历史。职业联赛开始,中国足球受到广大人民群众的普遍关注。1994年,中甲联赛一经推出,即受到广泛的欢迎,现场观众达600多万人次,电视观众更是高达10亿多人次;到2002年,现场观众达到近400万,场均达到近2.4万,而收看直播或转播的人数突破5亿。当年中甲各俱乐部的总投入超过了40亿。在进入21世纪后,中国足球各级国家队成绩普遍下降,足球监管中的问题逐步"暴露"出来,中超、中甲联赛假、赌、黑等现象频繁出现,足球产业环境逐步恶化,这对于中国足球产业的全面、健康发展产生了极大的负面影响。目前,伴随着中国足球大环境的逐步改善,足球产业开发虽仍处于低谷,但正逐步表现出一定的起色。当然,形势依旧严峻,投资足球产业仍存在一定的风险,真正能够通过足球产业实现盈利的企业少之又少。以中超俱乐部浙江绿城为例,2012年的俱乐部总投入额为1.5亿元,门票收入仅300万元左右,这根本无法保障俱乐部的正常运营。2010年,中超恒大俱乐部全年盈利额仅为77万元;2011年,开始出现亏损,亏损额超过1亿元;2012年,全年净亏损约2亿元。

目前,我国足球市场环境不稳定,市场秩序较为混乱,投机行为也较为普遍地存在着。甚至,在某种程度上,中国足球项目已部分地沦为了某些个人或利益集团谋取私利的工具。其投资足球的目的是以足球项目为工具进行的政治、经济等方面的投机,如以投资足球的名义"圈地"进行房地产开发的行为,以城市足球投资者的姿态为所属利益集团谋求政府政策、法律、法规方面的支持等。由此,中国足球公共事业产品的公益性属性被人为地以市场化的名义弱化并掩盖了。

2) 足球休闲选择的相对下降与业余足球的无序化发展

中国正在稳步地走向休闲社会,工作时间的逐步减少,休闲时间的逐步上升,休闲方式的选择正逐步成为大部分中国人面临的一个不大不小的问题。与欧美足球强国相比,中国人民选择足球作为休闲方式的比率要相对低一些。伴随着中国城市化发展的潮流,足球作为一种健康有效的休闲方式,相对于羽毛球、广场舞、太极拳、跑步等体育项目而言,被人们选择的可能相对较低。

历史上曾经广泛开展的国有大中型企业、行政机关、事业单位、学校等领域的足球赛事日渐减少,甚至销声匿迹。取而代之的是民间自发组织的规模较小、随意性较强、规则多变、周期性差的非常规足球比赛活动。而全国性的业余足球赛事也日渐萎缩,与中国庞大的人口基数形成了鲜明的对比,充分反映了目前中国业余足球的组织与管理处于一种近乎无序的自发状态,缺乏自上而下的有效的规划、布局与管理。

3.2.3 文化目标的现实差距

1) 足球项目与中国文化软实力的匹配程度有待提高

当前,中国足球项目发展现状与中国的国家形象难以匹配,没有充分发挥出"宣传国家政治经济环境、社会文明程度的重要窗口的作用"。作为人口总数世界第一、经济总量世界第二、政治环境长期稳定的大国,中国的足球整体水平不高,竞技成绩持续不理想,青少年普及程度低等负面的客观事实长期存在,并且在短期内难以得到有效的解决。这便导致以足球项目为媒介凸显中国文化软实力的效果并不理想,在某些方面,中国足球项目甚至成为影响中国文化软实力的负面要素。

2) 足球项目的文化工具性作用有待发掘

体育已经成为一种文化交流的重要工具,这几乎已经成为全世界的共识。例如,中国的"乒乓外交"便打破了中美文化交流的壁垒,开启了两国在政治、经济、文化方面的全面交流。足球作为世界上参与人口众多、影响范围巨大的第一运动项目,通过世界杯、区域锦标赛或联赛、奥运会足球赛等竞赛以及培训、草根计划等相关的活动,促进了不同国家、宗教信仰、地域、种族、民族、年龄等方面人群在文化领域的深入交流。作为人口总数世界第一、国土幅员辽阔、民族种类众多且多数分布相对集中、宗教信仰多种多样且相对独立性强的文化大国,要全面推进不同人群间的文化交流与沟通,确是需要能够打破文化壁垒与隔阂,具有文化统一性的工具。目前,中国足球项目的文化工具性作用开发不够,足球为媒介的国际合作交流较少;全国范围的足球赛事匮乏,仅有的中超联赛也只是覆盖到了少数的省级单位;全民参与的业余足球活动未能有效地组织起来;以建设文化强国,繁荣民族文化为目标的非商业性足球活动的开发几近空白;跨区域、跨文化的足球活动缺乏有效的组织与开发。

3) 足球竞争文化与中国传统文化的融合问题

足球作为运动竞赛项目,是"奥林匹克运动式思维"——"更高、更快、更强"的典型代表,具有鲜明的竞争、对抗、争胜的文化特征。当然,这仅仅是足球项目文化特征的一个方面。中国传统文化中,以儒家思想影响最为深远,其强调的中庸、不争、礼让等价值观念与现代足球的竞争理念是有所冲突的。这些价值理念已深入人心,潜移默化地影响着中国人的生活。那么,要使足球项目真正地、广泛深入地普及到普通人的生活中去,探索解决现代足球竞争文化有效融入中国传统文化便成了首要的问题。

中国足球要成为影响世界足球发展的重要力量,具有中国特色的足球文化建设是必须要解决的根本性问题。"只有中国的,才是世界的",不把中国传统文化作为基础进行建设与发展的足球项目,是无法形成中国特色风格的,又怎能代表中国文化来影响世界?足球项目在中国发展的过程中,传统的、优秀的历史文化积淀没有与现代足球的理念有效地融合,中华民族自强不息、拼搏进取、改革创新、团结合作、遵纪崇德等优秀的道德品质无法与足球项目的发展融为一体,并形成具有中国特色的足球文化,成为中国足球行业改革内驱力匮乏,从业者荣辱观下降,责任意识与使命感降低的根本原因。

3.2.4 教育目标的现实差距

1) 对足球项目教育价值的忽视

人们对于足球的认识,更多的局限于"世界第一运动""体育项目的一种"的范畴,主要从运动的视角来看待足球,而往往忽略了其蕴含的教育价值。当割裂地把足球看作单纯的体育项目时,其所蕴含的教育价值被掩盖了起来,"体教结合"或"教体结合"的观念便被提了出来。这种提法本身,除了强调行政隶属关系方面的体育行政管理部门和教育行政管理部门的"结合"外,还反映出足球作为体育项目的一种,融入教育的良好愿望。其实,足球的本身即是教育,是教育的一种方式,是教育借以实施的一种有效的手段和方法。只有认识清楚并充分肯定这一点,足球项目才能够顺畅地在学校、全社会开展起来。此外,足球项目的教育价值,不仅仅体现在传统意义上的学校教育方面,同时也体现在社会人的国民教育方面。足球是一项可以解决"如何培养合格中国人"这一问题的教育工具和手段。因此,足球项目在学校、社会开展的过程,一方面是提升参与者体质、体能的过程,另一方面是提升其道德修养,规范其行为举止,影响其意识形态与思维方式的教育实施的过程。

2) 足球人才培养渠道的破坏与阻塞

1994年是中国足球市场化的开始,同时也标志着后备人才培养的传统体系开始土崩瓦解。伴随着经济的发展,以改变人生为态度的足球选择逐渐被家长所抛弃,转而被以培养孩子健康、快乐为目标的态度所取代。反映到培养体系中,就是对于足球学校、竞技体育学校、体工大队、俱乐部梯队等专业化培养模式选择的迟疑与退缩,对传统学校教育的支持与回归。未能及时认识到社会发展的潮流,家长选择取向的变化,并加以调整或改革,成为青少年足球后备人才培养体系破坏的根本性原因。1994年青少年足球后备人才数量为65万,到2013年下降到了不足3万。目前,以普通学校为依托的后备人才培养体系尚没有建立起来。全国青少年校园足球活动在这一方面做了一些尝试与努力,但仍未建立起完善的人才"培养—输送"体系。目前,小学、初中、高中、大学中具有一定足球天赋的青少年进入职业联赛成为职业球员的路径仍处于阻塞的状态。

3.3 中国足球项目价值目标实现的路径设计

根据足球项目的价值目标及现实差距的分析,设计了中国足球项目价值目标的实现路径。按照路径的层次性分为4个层级:"顶层设计—体制保障—具体举措—依法治理"。顶层设计是前提,举国体制是根本性保障,具体的举措是落实,依法治理是方向。

3.3.1 顶层设计:中国足球项目的国家战略定位问题

要保证中国足球价值目标的实现,须将足球项目提升到一定的高度进行研究与设计。单从涉及的行政部门来看,至少应涵盖国家体育总局、教育部、文化部、财政部、公安部等相关职能部门。也就是说,需要将足球项目定位到国家战略的高度进行全面的顶层规划与设计,而这恰恰是由中国足球项目所要实现的价值目标的性质所决定的。因此,足球被视为一项国家层面的战略手段,而不是一项单纯的运动项目,全面地介入到了国家的政治、经济、文化、教育的建设中,成为影响国计民生、关乎民心向背、反映党的执政理念的重大战略议题。将中国足球项目定位为国家战略,是进行顶层设计的前提条件。要实现中国足球项目的价值目标,国家层面的宏观规划与科学设计是根本的出发点和立足点。而恰恰是顶层设计的缺失,造成了中国足球项目长久以来起伏不定、举步维艰,甚至逐步下降的现实状况。

3.3.2 体制保障:充分发挥举国体制优势

体育强国战略实现的根本保障离不开中国体育独具特色的体制性优势——"举国体

制"。目前,竞技体育无疑是"举国体制"的最大的受益者。中国竞技体育成功的根本经验在于:坚持了共产党领导下的中国特色的竞技体育发展道路,即充分利用并发挥"举国体制"的制度性优势,调动一切可用资源,整合政治、经济、文化各方面力量,服务于中国的竞技体育发展。而中国足球项目发展所欠缺的,恰恰是未能充分发挥"举国体制"的制度优势。在"奥运争光战略"的部署下,足球项目最早地走向了市场化,其赖以发展的制度性优势被极大地弱化,由此引发了"后备人才培养体系的瓦解""省市体育项目发展战略的转移"等一系列的问题,进而深刻影响与制约了中国足球项目的长期健康发展。

将"举国体制"应用于足球项目的发展与变革,是中国足球摆脱目前窘迫境况,走向成功的必由之路。"举国体制"的优势在于对资源的整合、调配能力。单纯从足球项目发展所涉及的领域与部门的角度来看,若无"举国体制"的路径保障,中国足球项目的发展势必举步维艰。足球项目的发展,最为核心的是青少年后备人才的培养,我国特有的九年制义务教育决定了90%以上的青少年在校园里,因此,只有教育部门才能实施并顺利完成这一任务。实践也证明,依靠体育部门为主创办的体校、足球学校进行人才培养的道路是走不通的。而青少年人才向职业俱乐部的输送、培养等问题,又离不开体育部门的密切配合;中国职业足球的市场化发展,离不开完善的法制建设与司法监督,还涉及基建、治安、资金流通、税收等方面问题,这需要公、检、法、金融等行政、金融部门的全面配合。"举国体制"的制度性优势,是已经为中国竞技体育所证明了的无与伦比的特色优势,是中国社会主义制度优越性的集中体现。将这一优势应用于足球项目改革与发展的实践,将是对其最大的支持与肯定,势必推动中国足球项目的全面振兴。

体制保障的具体路径有:第一,要建立起中央政府主导下的多部门协同合作管理体制。按照不同的职责分工,对教育、体育、文化、财政、公安、税务、司法等部门进行统一安排,实现相互间的协同配合管理,从而整合一切相关的有利资源,服务于中国足球价值目标实现的过程。这便对负责整体协同管理部门的行政级别与权力范围提出了很高的要求,即中央政府领导下的、行政级别高于各部委的权力部门。第二,要在足球行业管理体制改革基础上进行必要的行业整顿。尽快实现中国足球协会和足球运动管理中心的管办分离,实现中国足球协会的实体化进程。并对整个中国足球行业进行全面、深入、广泛的整顿,统一思想认识,理顺工作关系与工作思路,对从业者进行职业素养和职业道德方面的教育,大浪淘沙、去伪存真、吐故纳新,从根本上改变整个行业的工作作风与工作方式。并尝试将现代公司化管理制度引入中国足协的管理体系中,重塑管理体制,提升工作效率。第三,充分发挥市场在资源调配中的决定性作用。利用"举国体制"的优势,并不代表要否定市场的作用,而是要将"举国体制"的制度优势和市场的资源配置优势紧密结合起来,服务于中国足球价值目标的实现过程。

3.3.3 中国足球项目运行的具体举措

1) 遵循足球项目规律,用量的积累催生质的变化

遵循足球项目规律,是保证中国足球向上、向前发展的首要前提。在项目规律的指导下,按部就班地稳步推进中国足球良性发展的量的积累,从而最终能够实现中国足球项目质的变化。足球项目的发展,是一个由量变到质变的过程,没有量的积累,便不会出现质的

变化,而量变到质变的过程,是一个长期的积累过程。中国足球目前所处的困境,恰恰是各种负面因素长期大量积累导致的必然结果。习近平主席曾高瞻远瞩地指出:"中国……足球一定要下决心搞上去,但是这个时间会很长"。这是对足球项目发展规律的深刻认识与精确阐述。同时,强调了中国足球由量变积累到质变变化的必然进程,肯定了中国足球振兴的历史必然性。足球项目规律决定了"足球要从娃娃抓起",首先解决好足球项目的深入广泛普及工作,这是中国足球发展的第一要务,是足球项目进行量的积累的第一步。此后,才是后备人才的培养以及职业俱乐部梯队建设、国家队建设的问题。没有青少年足球深入广泛普及,便不会有中国足球后备人才的批量产生,更不会有中国足球整体竞技水平提高的本质性变化。

2) 营造良好足球文化环境

努力建构具有中国特色的足球文化体系,形成具有中国特色的足球技战术风格。进一步发掘足球项目的共性文化特征,并将其充分利用到民族文化的融合中,促进各民族间的交流与沟通,促进不同地域间的文化交流。此外,应加强对足球媒体的引导,提升足球相关舆论的公正度与客观性,为足球项目的开展营造良好的文化氛围,吸引尽可能多的人欣赏、参与足球活动。

3) 职业足球的产业化路径与公益性前提

职业足球产业化发展是市场经济发展的必然要求。应在保证职业足球的公益性属性的前提下,继续推进职业足球的产业化改革。进一步明确职业足球的公共事业产品属性,对以职业足球市场化为单纯谋取私利工具的政治、经济投机行为,应予以坚决查处,并进行严厉的制裁,并进一步探索职业足球公益性属性的保障体系建设。

4) 青少年足球的公益性路径与产业化可能

足球作为教育手段在学校开展,其公益性属性是毋庸置疑的。发展青少年足球的立足点,首先是基于广大青少年身心健康培养的角度;其次,才是为满足足球项目自身发展所需人才的需要。前一种立足点,具有明显的公益性属性;而后一种立足点,却存在着产业化的可能性。足球人才的培养,是为满足职业足球联赛的需要而进行的。职业足球联赛产业化的主体属性决定了应该用市场的观点来衡量其所获得的人力资源。因此,青少年足球发展中存在着产业化的可能性。此外,通过市场募集资金,进行青少年校园足球活动的扶持,也是对青少年足球公益性发展方式的有效补偿。

5) 业余足球的"双轨制"发展

对于业余足球的发展,应坚持市场与计划共同发挥作用的"双轨制"模式。只是涉及市场的作用更大还是计划的作用更大的问题。市场化是有效调动社会资源投入业余足球的重要手段,而全国层面的整体规划与布局问题,则需要利用计划的手段来解决。通过宏观手段,逐步建立起规范、有序的全国业余足球竞赛体系,并积极引导市场资源服务于业余足球的发展,实现业余足球民间自发化与全国统一开发的两极化发展方式。

6) 后备人才培养渠道的多元化发展与交互畅通

足球后备人才的培养,应以学校为依托,以足校、体校、俱乐部梯队为补充,进行多元化的发展。其实,足球后备人才培养的关键并不在于"输送",而是在于输送后未能达到职业足球发展要求的青少年的"回归"以及达到职业要求青少年的继续教育问题,是如何确保他们"回归"或继续正常的学校教育的问题。也就是说,要建立起交互畅通的后备人才培养渠道,一方面能够保证合格青少年的输送,另一方面能够保证被淘汰青少年的继续教育。

3.3.4 依法治理路径

法律代表的是国家的主权,是不允许任何组织或个人凌驾其上的。依法治理是中国足球发展的根本方向,是贯彻与执行高层足球改革意图与思路的根本依据。足球领域有法可依,是对整个行业的管理体制与运行机制的有序规范。依法整顿、治理中国足球项目的路径选择,是根除假、赌、黑等违法现象的根本手段,是中国足球项目良性发展的根本措施。

3.3.5 结语

从政治、经济、文化、教育的维度,将中国足球项目的价值目标概括为:成为人民群众满意的民心工程,成为体育强国地位的重要标志;成为国民经济可持续发展的支柱产业和人民群众休闲娱乐的重要方式;全面凸显中国的文化软实力,突破传统文化壁垒,服务于文化大繁荣、文化大发展,并促进蹴鞠文化的传承与保护,为世界足球历史保护贡献力量;成为国民教育的重要手段,成为意识形态构建的有效工具以及青少年成才的重要选择之一。

目前,中国足球项目的价值目标与理想状态存在较大的差距,主要体现在:民心丧失;成为中国竞技体育强国战略的短板;产业发展滞后,职业足球过度强调市场化而导致公益性缺失;足球休闲选择相对下降,业余足球处于无序化发展状态;与中国文化软实力不匹配,文化的工具性作用发掘不够,与中国传统文化的融合不理想;教育价值被忽视,人才培养的渠道被破坏与阻塞等方面。

毋庸置疑,中国足球项目价值目标的实现过程将是一个长期的、曲折的过程。在完善顶层设计的前提下,充分发挥举国体制优势,解决足球行业面临的诸多困难与问题,使中国足球项目走上依法治理的道路,中国足球项目的振兴将成为历史发展的必然。

4 校园足球的价值定位

2009年10月15日,时任国务委员刘延东同志在中国足球工作座谈会上指示:"这件事(足球)确实牵动着亿万人民的心,我们党提出要坚持以人为本,要落实科学发展观,我们必须要抓好足球,一定要进一步提高对足球问题重要性的认识。……所以,它不是体育本身的事情,是一个国家的形象,国家综合实力,国民素质的一个形象。……提高足球运动水平也是增强国家软实力的一个有效途径"。中国足球由一个全国人民关心的普通体育项目,上升到了关乎国家形象、国家综合实力以及国民素质形象的重要高度,从中不难看出人民群众的广泛关注与普遍不满,看出党中央和国务院领导对足球工作的高度重视和深切关怀。党的十八大以来,以习近平同志为核心的党中央对我国足球事业的发展给予了极大的关怀与重视,将足球运动作为体育改革、教育改革、体育强国建设、民族复兴的重要抓手。2015年3月8日,国务院办公厅印发《中国足球改革发展总体方案》,标志着足球上升为国家战略,中国足球迎来了历史发展的最佳机遇期。这是基于对足球运动全球化发展与足球现实的社会价值、文化价值、经济价值、政治价值做出的精准判断,是以习近平同志为核心的党中央领导集体思维的成果。

2009年4月14日,国家体育总局和教育部联合下发了《关于开展全国青少年校园足球活动的通知》(体群字〔2009〕54号),宣布联合成立全国青少年校园足球工作领导小组,领导全国44个布局城市2300多所学校广泛开展校园足球活动。截至2019年,全国青少年校园足球活动已开展10年有余。这10年,中央财政累计投入近9亿,各地方政府累计投入超过270亿,建立校园足球特色学校24 126所,覆盖2 000万在校学生,培训各级教练超过30万人次,小学、初中、高中、大学四级联赛架构搭建完善,校内竞赛、校际联赛、选拔赛、国际交流赛等竞赛体制健全,校园足球成为中国政府层面重点推动的体育、教育改革大事件。当然,校园足球的开展也面临诸多的困难与发展的瓶颈,在一些重要的问题上仍不明确,甚至存在争议,主要有"全国青少年校园足球活动与阳光体育运动、素质教育有什么样的关系?校园足球活动在足球普及与提高中的地位与作用是什么?校园足球活动蕴含的价值有哪些?如何准确地定位与广泛推广?联赛、培训、训练营等形式是如何体现校园足球活动所蕴含的价值的?通过联赛、培训、训练营等基本形式,如何更为有效地推广全国青少年校园足球活动?"等。在理清这些问题的基础上,坚持校园足球的大方向不变,以科学发展观的要求稳步推进、开拓创新,相信中国足球的前途将一片光明!

通过对全国青少年校园足球活动的价值进行准确定位,可以明确校园足球的发展方向与思路,为其在各布局城市、特色学校内全面开展提供理论参考,并为促进其在更广范围内的中小学,甚至大学中更为广泛地开展奠定坚实的理论基础。本研究对目前全国青少年校园足球活动推广情况进行梳理与总结,分析联赛、培训、训练营、进校园和宣传推广等所蕴含的价值及具体实施过程,找出困扰其推广的关键性问题,并针对性地提出解决策略,以促进全国青少年校园足球活动推广工作的顺畅开展;找出全国青少年校园足球活动中存在的政策缺失、管理漏洞,为全国青少年校园足球工作领导小组办公室的政策制定与调整、发展规划设计以及各项管理工作提供理论参考;为丰富与完善全国青少年校园足球活动的理论体系服务,其根本目的在于推动并促进全国青少年校园足球活动的持续发展。

"校园足球价值定位"指的是"校园足球活动所处的地位及其积极作用或功能的分类(本研究中的评价方式为分类)"。明确校园足球的价值地位,便明确了校园足球的出发点。这是对校园足球具有价值的判断问题。校园足球价值地位的确定,是确立校园足球价值目标的前提条件和根本基础,关系着校园足球的发展方向与发展思路。

4.1 校园足球的价值地位

早在1985年,邓小平同志就为中国足球的发展指明了方向:"中国足球运动要上去,要从娃娃和少年抓起。"刘延东同志曾在中国足球工作座谈会上强调:"这一论断至今仍然对我们中国足球界乃至整个体育系统、教育系统都有着很强的指导意义。……从娃娃抓起,搞好青少年校园足球活动……这是提高我国足球水平的一项基础性工作"。在中央领导的关怀与支持下,全国青少年校园足球活动在44个城市2 300多所学校广泛开展起来。通过对全国青少年校园足球活动的价值进行准确的定位,明确校园足球活动所处的价值地位、所蕴含的价值种类及各项价值在实践中的基本体现,从而为确立校园足球活动的发展方向与思路服务,为校园足球活动在各布局城市、定点学校内全面开展提供理论参考,为促进其在更广范围内的中小学,甚至大学中更为广泛地开展奠定理论基础,为推动与促进全国青少年校园足球活动的持续、健康发展服务。

本研究从全国青少年校园足球活动本身(价值客体)和参与个体——青少年学生(价值主体)的角度来分析其所处的价值地位。从其本身来看,全国青少年校园足球活动是一项政府主导的公益性事业;而对广大青少年而言,全国青少年校园足球活动是他们拥有的一种体育权利,在保证文化课学习的前提下,广大青少年拥有参与校园足球活动的自主选择权。

4.1.1 一项事业:政府主导的公益性事业

全国青少年校园足球活动是一项公益性事业。《现代汉语词典》将"事业"的概念定义为"特指没有生产收入,由国家经费开支,不进行经济核算的事业"。《新华词典》中定义为"人们所从事的具有一定的目标、规模和系统的对社会发展有影响的经常的活动,如,革命事业、文教事业;特指没有生产收入,由国家经费开支,不进行经济核算的文化、教育、卫生等单位,与'企业'作区别"。据此,可以归纳出"事业"需要具备的几个独特属性:第一,国家投资,非营利性,不进行经济核算;第二,文化、教育、卫生等相关国家单位负责;第三,具有一定的目标、规模和系统,对社会发展有所影响。从以上"事业"所具有的几个独特属性来看,政府投资,政府管理主导,具有明确的目标、规模,设计了明确的发展规划,且不进行经济核算、非营利的性质决定了全国青少年校园足球活动的公益性事业属性。全国青少年校园足球活动经费来源主要由国家体育总局体育彩票公益金拨出的专款4 000万/年和各地

（根据体育彩票公益金）按不少于1∶1的比例匹配的资金。此外，还可以通过多渠道开发市场资源和募集企业、社会团体的赞助资金。截至2010年6月，全国青少年校园足球活动主要依靠国家体育总局体育彩票公益金拨款运行，市场开发和企业、社会团体募集资金的工作举步维艰，这种情况在校园足球活动具有一定规模和影响力之前，将不会有明显的变化。

政府在全国青少年校园足球活动中的主导地位体现在两个方面：投资主导和管理主导。首先，全国青少年校园足球活动的公益性事业属性与政府的投资主导地位互为因果，全国青少年校园足球活动可持续发展的要求以及市场募集资金的艰巨性决定了政府投资主导的长期性；其次，政府部门对于教育资源（教育部门是青少年人力资源的垄断者）和体育资源（体育部门是技术手段的垄断者）的垄断地位决定了其在全国青少年校园足球活动中的管理主导地位，同时，决定了采取"教体结合"共同推广校园足球活动的必然性。

4.1.2 一种权利：青少年的体育权利

参与全国青少年校园足球活动是青少年享有的基本人权，是青少年体育权利的重要体现，在保证学生的文化课学习的前提条件下，任何人无权剥夺青少年的这一权利。

1) 作为青少年体育权利的绝对性

《中华人民共和国宪法》（以下简称《宪法》）第四十六条指出："中华人民共和国公民有受教育的权利和义务。国家培养青年、少年、儿童在品德、智力、体质等方面全面发展"。国外的相关研究也持有相同的观点，美国的 Annex 在《美国运动科学杂志》上发表的文章中提出："对青少年而言，运动和体育教育的权利不容剥夺，这是基本的人权问题"。1989年，联合国在"国际儿童权利法案研讨会"上重申了体育作为青少年儿童的基本权利的重要意义。

可以说，体育即是人权，是《宪法》赋予青少年的基本权利，任何个人、单位无权剥夺。全国青少年校园足球活动是我国政府在学校中开展的体育项目之一，也是广大青少年享有的基本体育权利之一，广大青少年享有参与全国青少年校园足球活动的基本权利，且任何个人、单位都无权利剥夺。因为，从根本上来讲，这种权利受到《宪法》的保护。

2) 作为义务的相对性（选择权）

《宪法》作为国家的根本大法，明确规定了青少年儿童受教育的权利，同时，将青少年受教育定义为"义务"。从这个角度来讲，体育作为教育的组成部分，不仅仅是青少年享有的权利，同时，也是青少年应尽的义务。但是，对于全国青少年校园足球活动而言，青少年在享有其权利的同时，并不需要承担起相应的义务。这是为什么呢？因为，全国青少年校园足球活动是体育项目之一，而不能代表体育的全部，青少年享有体育项目的选择权。另外，《宪法》中规定青少年承担体育义务的根本目的在于：提高身体素质，德智体美全面发展，将自己培养成为社会主义事业的建设者和接班人。从根本上讲，实现这一根本目标才是广大青少年应尽的义务。可以说，体育是青少年应尽的义务（满足根本目标），但是，体育项目的选择权在青少年。

当然，如果从为国争光、满足人民群众对中国足球日益增长的物质文化需要的角度来看，青少年还是负有改变中国足球落后面貌，提升中国足球整体形象，为国争光的义务的。但是，这一义务首先要满足的条件是：充分尊重广大青少年的自主选择权。

可以说，广大青少年参与全国青少年校园足球活动的权利是绝对的（体育权利），义务是相对的(拥有选择权)。

通过调查研究发现,青少年参与全国青少年校园足球活动的权利难以得到保障,家长、校长、班主任、教师等人群成为青少年参与校园足球活动的主要阻力来源。在"您认为阻碍本校(您的孩子或你本人)参与全国青少年校园足球活动的主要因素有哪些(多选)?"(表4.1.1)的调查中,初中生选择的主要阻碍因素按重要性依次为:"升学压力""教师、班主任反对""家长反对""足球器材匮乏""校长反对""课余时间紧,比赛时间难保证",分别约占总比重的16.9%、13.4%、13.2%、12.7%、11.5%、10.2%;小学生选择的主要阻碍因素按重要性依次为:"校长反对""教师、班主任反对""家长反对""课余时间紧,比赛时间难保证",分别约占总比重的19.3%、16.8%、15.4%、12.9%。由此可见,教师、班主任、校长、家长等人群的反对,是阻碍青少年参与校园足球活动的重要因素。绝大多数教师、班主任、校长、家长等人群并未意识到,在其阻止青少年参与校园足球活动的同时,已经剥夺了青少年体育项目的选择权,践踏了青少年的人权,违反了《宪法》赋予青少年的受教育(体育教育)的基本权利。

表 4.1.1　阻碍参与校园足球活动因素调查表

您认为阻碍本校(您的孩子或你本人)参与全国青少年校园足球活动的主要因素有哪些(多选)?	频数和百分比											
	家长		班主任		普通教师		校长		初中生		小学生	
资金困难	55	3.1%	68	3.5%	25	2.2%	1733	12.4%	11	0.4%	8	0.3%
场地困难	84	4.7%	21	1.1%	12	1.1%	532	3.8%	99	3.8%	111	3.8%
足球教师匮乏	104	5.8%	43	2.2%	57	5.0%	738	5.3%	176	6.7%	235	8.1%
家长反对	65	3.7%	370	19.2%	269	23.6%	1422	10.1%	345	13.2%	450	15.4%
升学压力	276	15.5%	433	22.4%	181	15.9%	1463	10.4%	442	16.9%	107	3.7%
学生不积极参与	8	0.4%	15	0.8%	33	2.9%	162	1.2%	7	0.3%	5	0.2%
教师、班主任反对	248	13.9%	22	1.1%	9	0.8%	940	6.7%	349	13.4%	489	16.8%
校长反对	335	18.8%	66	3.4%	98	8.6%	189	1.3%	299	11.5%	563	19.3%
课余时间紧,比赛时间难保证	44	2.5%	92	4.8%	23	2.0%	788	5.6%	265	10.2%	376	12.9%
足球器材匮乏	101	5.7%	106	5.5%	78	6.8%	832	5.9%	331	12.7%	364	12.5%
学校间距远,交通问题严重	189	10.6%	331	17.1%	155	13.6%	1751	12.5%	134	5.1%	89	3.1%
安全考虑(伤病)	233	13.1%	289	15.0%	164	14.4%	1482	10.6%	67	2.6%	81	2.8%
主客场制比赛难以组织	21	1.2%	44	2.3%	21	1.8%	945	6.7%	48	1.8%	17	0.6%
教练员的待遇、补助问题	16	0.9%	32	1.7%	14	1.2%	1055	7.5%	36	1.4%	23	0.8%

4.1.3　一个前提:文化课学习的前提条件

保证文化课学习是全国青少年校园足球活动开展的基本前提。刘延东同志在中国足球工作座谈会上的讲话中强调指出:"要在充分保证学生完成文化学习的前提下,把学校的青少年校园足球活动开展好"。

目前,在文化课学习的前提地位这一问题上几乎不存在争议。但是,在足球活动与文化课学习之间关系问题上,人们普遍缺乏客观、科学的认识,往往错误地认为:足球活动影响甚至阻碍文化课学习,参与足球活动会导致文化课成绩的下降。

通过"您对足球训练与学习的关系如何看待?"(图4.1.1)的调查显示,分别有67.3%和70.2%的班主任和家长认为足球训练影响学习。学生中,初中生中有25.4%的学生认为训练影响学习;小学生中有14.6%的认为训练影响学习。而对于初中生和小学生而言,分别有31.9%和36.8%的学生认为训练促进学习。家长、班主任之间的意见趋于一致,普遍认为足球训练对学习有影响,极少数认为学习对足球训练有促进作用。与之相反,初中生和小学生的观点较为客观,他们中有1/3左右的人认为训练能够促进学习;但是,在学习影响训练还是训练影响学习这一问题上,初中生和小学生产生了较大的差异,初中生有25.4%人认为训练影响了学习,小学生仅为14.6%;小学生中有26.8%的人认为学习影响训练,初中生仅为18.0%。导致初中和小学生对学习与训练关系选择产生差异的主要原因可能是:初中生升学压力的增加,导致了其对学习重要性认识程度的上升,而小学生升学压力相对较小,在学习和足球游戏的选择上,更为倾向于具有游戏性质的足球项目,而不是相对枯燥的文化课学习。

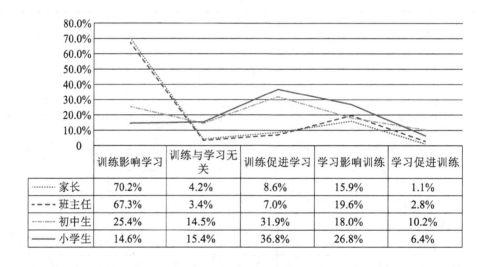

图 4.1.1　训练与学习关系调查情况

文化课学习是前提,并不是说足球活动会影响或阻碍参与足球活动青少年的文化课成绩。应该充分认识到:文化课学习与参与足球活动之间并不是矛盾的对立面,而是相辅相成的辩证统一关系。

在被调查的学生中,共有初中生711人,小学生945人。其中,初中生中"校队""经常踢足球、非校队"和"不经常踢足球"的分别有649、45和17人,分别约占91.3%、6.3%和2.4%;小学生中"校队""经常踢足球、非校队"和"不经常踢足球"的分别有825、107和13人,分别约占87.3%、11.3%和1.4%。通过对学生的学习成绩调查研究发现(表4.1.2),校队或经常踢足球的初中和小学生中,学习成绩"非常好"的约占25.8%和25.0%,学习成绩"比较好"的占35.9%和32.6%,"学习一般"的分别约占22.3%和27.4%。学习成绩一般以上(包括一般)的初中和小学生分别约占84.0%和85.0%。这从一个侧面反映出,踢足球的学生,其学习成绩并不差,甚至有许多是学习成绩非常好的学生。

表 4.1.2 踢足球的学生学习成绩情况调查一览表

你的学习成绩如何?	频数和百分比			
	初中生		小学生	
非常好	179	25.8%	233	25.0%
比较好	249	35.9%	304	32.6%
一般	155	22.3%	255	27.4%
较差	85	12.2%	96	10.3%
很差	26	3.7%	44	4.7%

此外,在对踢球学生中学习成绩"非常好"和"比较好"的学生踢球年限进行分析发现(表4.1.3):初中生共有428人中,其中,踢球年限在"1年以内"的有145人,约占总人数33.9%;"1~3年"的有178人,约占总人数的41.6%;"4~7年"的有78人,约占总人数的18.2%;"8~10年"的有15人,约占总人数的3.5%;"10年以上"的有12人,约占总人数的2.8%。小学生共有537人,其中,踢球年限在"1年以内"的有346人,约占总人数64.4%;"1~3年"的有173人,占总人数的32.2%;"4~7年"的有16人,约占总人数的3.0%;"8~10年"的有2人,约占总人数的0.4%。以上数据表明,常年坚持踢足球,学生的学习成绩仍然可以是"非常好"和"比较好",这无疑说明了一点:踢足球不仅不会影响学习,如果能够坚持锻炼,完全可以促进学习成绩。

表 4.1.3 学习成绩"比较好"以上学生踢球年限情况调查一览表

成绩"比较好"以上学生踢球年限	频数和百分比			
	初中生		小学生	
1年以内	145	33.9%	346	64.4%
1~3年	178	41.6%	173	32.2%
4~7年	78	18.2%	16	3.0%
8~10年	15	3.5%	2	0.4%
10年以上	12	2.8%	0	0.0%

只要把握好足球活动与文化课学习之间度的关系,做到劳逸结合,足球活动不仅不会对文化课学习产生负面影响,而且对文化课学习效果必然能够起到良好的促进作用。

4.2 校园足球的价值类型

根据《中国足球改革发展总体方案》、教育部等6部门《关于加快发展青少年校园足球的实施意见》精神,结合刘延东同志在中国足球工作座谈会上的讲话(简称"讲话")和国家体育总局、教育部联合下发的《关于开展全国青少年校园足球活动的通知》(简称"54号文")通知中的重要论述,并经专家访谈,本研究将校园足球蕴含的价值划分为:强身健体价值、阳光体育价值、足球知识和技能普及价值、足球人才培养价值、素质教育价值和文化建设价值6个方面(图4.2.1)。

4.2.1 强身健体价值——校园足球是青少年强身健体的最有效手段

强健的体魄是青少年人才培养的首要前提。胡锦涛指出:"推进新世纪大业,就要从小锻炼强健体魄。这是建设祖国、保卫祖国的本钱"。《国家中长期教育改革和发展规划纲要(2010—2020年)》中指出:"把促进学生健康成长作为学校一切工作的出发点和落脚点,加强体育,牢固树立健康第一的思想"。中共中央国务院《关于深化教育改革全面推进素质教育的决定》中同样指出:"健康

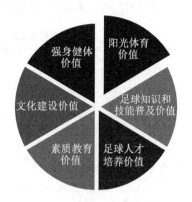

图 4.2.1 校园足球活动价值分类示意图

体魄是青少年为祖国和人民服务的基本前提,是中华民族旺盛生命力的体现"。

足球项目的运动特点是决定其作为青少年强身健体最有效手段的根本因素。国际足联《足球与健康》杂志指出:"足球项目是最好的健康'守护者',每周3次,每次持续时间为1小时的足球活动能够有效促进身心健康"。

参与足球锻炼,可以有效提高机体抵抗各类疾病的能力。世界心脏研究基金会的研究显示,踢足球可以有效降低发生心脏病、中风、癌症、高血压等疾病的概率。1997年,世界健康组织将缺乏锻炼导致的肥胖列为冠状动脉类疾病的最大诱因。在30 min的足球比赛中,90%的时间内以70%最大心率水平运动,可以有效地提高机体的代谢水平,达到有效减肥的目的,不论参与者场上位置如何,其每15 min消耗的热量都能达到110~200 kcal,这样的减肥效果比跑步、快走、攀岩、网球等项目好得多。因此,通过足球运动控制体重或减肥,达到提高机体抵抗各类疾病能力的效果非常明显。

对青少年而言,踢足球可以促进骨骼生长,提高骨密度和骨骼的抗压能力,预防骨质疏松症。McCulloch等人研究表明:"青少年体育锻炼水平与其骨骼的发育质量呈正相关"。经常踢足球的青少年腿部骨骼的骨密度要明显高于踢球少或从事其他运动项目的青少年,踢足球对预防骨质疏松症效果非常明显。此外,西班牙Basque大学的Gil S.M教授对青少年足球运动员与普通青少年的体重(Weight)、身高(Height)和体指数(BMI)进行了比较(表4.2.1),发现14~17岁的青少年足球运动员体重普遍高于普通青少年,平均要重3~8 kg;身高方面,青少年足球运动员普遍高于普通青少年4~5 cm;体指数方面,同年龄组的青少年之间差异不大。排除足球选材方面的因素,经常参与足球训练的青少年,在身高、体重方面要明显优于普通的青少年。

4.2.2 阳光体育价值——校园足球是贯彻阳光体育活动的最佳选择

教育部、国家体育总局、共青团中央联合发布的《关于开展全国亿万学生阳光体育运动的决定》中指出:"使85%以上的学校能全面实施《学生体质健康标准》,使85%以上的学生能做到每天锻炼1小时,达到《学生体质健康标准》及格等级以上,掌握至少2项日常锻炼的体育技能,形成良好的体育锻炼习惯,体质健康水平切实得到提高"。从中可以归纳总结出阳光体育

表 4.2.1　不同年龄青少年足球运动员与普通青少年体重、身高和体指数对比情况

项目	14 岁	15 岁	16 岁	17 岁
Soccer players				
体重(kg)	59.24±8.5	66.93±9.2	73.21±8.9	74.36±9.3
身高(cm)	169.78±5.3	174.56±7.0	177.21±7.3	178.03±6.8
B.M.I	20.47±1.9	21.93±2.5	22.92±1.4	23.09±1.7
General Population				
体重(kg)	56.95±10.2	60.31±9.2	65.41±8.7	70.23±10.3
身高(cm)	165.53±8.2	168.17±7.2	172.34±6.4	174.23±6.2
B.M.I	20.66±3.0	21.57±3.2	21.99±2.5	23.13±3.2

的基本要求:规模——集体参与(85%的学校、学生)、规则——便于组织开展(每天1小时)、技能——注重体育锻炼兴趣的培养(至少掌握2项技能,形成良好的体育锻炼习惯)。

全国青少年校园足球活动是贯彻落实阳光体育运动的最佳选择,这是由全国青少年校园足球活动自身的特点决定的。

首先,全国青少年校园足球活动的规模特征与阳光体育运动的规模要求具有一致性。全国青少年校园足球活动是一项长期的系统工程,目前44个城市2300多所学校的规模只是活动初步开始的规模。全国青少年校园足球工作领导小组制订了为期10年的发展规划,计划将校园足球活动全面推广到全国的大中小学中去。这与阳光体育运动的85%的学校规模要求具有一致性。

其次,足球项目参与人数多、规则简单、易于组织的特征决定了其更适合作为阳光体育运动的手段在广大学校中推广。按照《2009—2010年度全国青少年校园足球联赛规程》中的规定,要求小学开展5V5、7V7或9V9的比赛,初中开展7V7、9V9或11V11的比赛。按照这一标准,参与每场比赛的人数要远远高于篮球、排球、羽毛球以及乒乓球等其他体育项目。在一堂足球课中,全部学生都可以参与到足球比赛中去,完全可以超过阳光体育中85%的学生的规定。足球项目规则简单,易于组织,对场地器材的要求非常低,只需要一个足球,即便是在没有球门的条件下,也可以组织比赛,这是其他任何项目都无法比拟的优势。

此外,校园足球活动作为阳光体育运动最佳选择的最重要依据是:足球项目自身的魅力,能够吸引青少年积极主动地参与,给他们带来欢乐,使他们养成足球锻炼的良好习惯,促进身体健康的同时,还培养了他们的自我控制能力、责任感、意志品质和集体意识,使足球成为青少年的终身爱好。正如国际足联主席布拉特所言:"足球所具有的互动、沟通、游戏、交流的功能以及带给参与者和观赏者的快乐感受是青少年足球获得广泛支持与普及的最重要因素"。可以说,作为阳光体育运动的最佳选择,校园足球的作用是其他任何项目都难以企及的。

《关于开展全国青少年校园足球活动的通知》中将校园足球活动对阳光体育的重要作用概括为:"推动全国亿万学生阳光体育运动深入开展,对丰富校园体育活动内容起到积极的促进作用"。因此,可从全国青少年校园足球推动阳光体育运动发展和丰富校园体育活

动内容两个方面来分析其价值(图4.2.2)。其中,推动阳光体育运动开展主要包括了广度与深度方面。广度方面包括学校数量的增加和参与人数的增加;深度方面包括参与程度的增加(时间),最终培养成为锻炼习惯。丰富校园体育活动内容主要包括将足球课纳入校本课程中和足球成为课外活动主要内容两个方面。

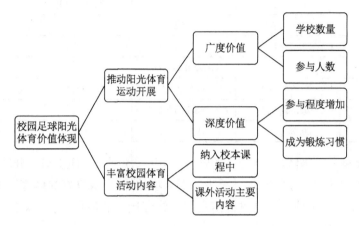

图 4.2.2　阳光体育价值基本体现示意图

4.2.3　足球知识和技能普及价值——校园足球是足球知识和技能普及的根本措施

全国青少年校园足球活动是足球知识和技能普及的根本性措施,这是由足球知识和技能普及的对象所决定的。足球知识和技能普及面向的对象是青少年,而至"2004年,全国普及九年义务教育地区人口覆盖率已达到93.6%,小学生辍学率为0.59%,初中生辍学率为2.49%",广大青少年几乎集中在校园内,只有通过向校园内部推广足球知识和技能,才能真正地实现足球知识和技能的普及,这正是国家体育总局和教育部联合开展全国青少年校园足球活动的初衷之一。

在开展全国青少年校园足球活动中足球知识和技能普及的价值主要体现在知识和技能普及的深度价值和广度价值(图4.2.3)。深度主要是指人们对足球知识认识的加深、关注程度的提高以及技能普及三方面。广度则是指足球知识和技能覆盖人数、人群的增加,面向城市、学校规模的增加。

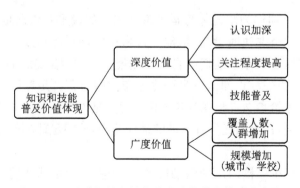

图 4.2.3　足球知识和技能普及价值基本体现示意图

4.2.4 足球人才培养价值——校园足球是足球人才培养的必由之路

校园足球是足球人才培养的必由之路,这主要是针对青少年足球后备人才培养而言的。足球项目的发展规律与青少年身心发展的规律决定了足球必须"从娃娃抓起",教育部门青少年人力资源的垄断性决定了足球必须从校园开始抓起。足球人才的培养,尤其是青少年后备足球人才的培养,脱离了校园便失去了发展的根基。全国青少年校园足球活动是顺应足球发展规律和青少年身心发展规律的必然产物,是中国足球发展的必然要求。

青少年足球后备人才培养的本质是在普及足球知识和技能基础上的进一步提高。普及足球知识和技能是全国青少年校园足球活动的根本出发点,提高则是中国足球发展的必然要求。足球知识和技能的普及与提高是量变与质变的关系。没有广泛的普及,便不会产生根本性的提高,青少年足球后备人才也就无从谈起了。

当然,足球人才的培养还包括了与足球相关的教学、科研、管理等岗位上工作者的培养。全国青少年校园足球活动通过联赛、培训、训练营等各项活动,在足球相关人才培养方面的作用也不容忽视。

全国青少年校园足球活动足球人才培养的价值主要体现在两个方面(图 4.2.4):足球后备人才的培养和足球相关人才的培养。其中,足球后备人才的培养主要体现在注册青少年足球人口显著增加,青少年足球知识极大丰富,足球技能水平显著提高,人才培养体系初步建立四个方面。青少年足球相关人才培养主要包括了教学、科研、管理等方面的人才,全国青少年校园足球活动对他们进行培养的价值主要体现在使其足球相关知识极大丰富,人数显著增加上。

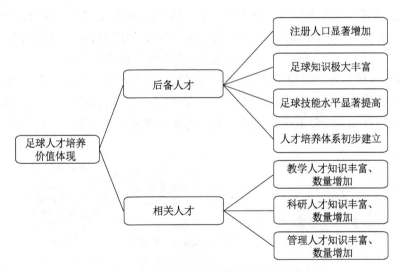

图 4.2.4 足球人才培养价值基本体现示意图

4.2.5 素质教育价值——校园足球是素质教育的最佳载体

中共中央国务院《关于深化教育改革,全面推进素质教育的决定》中指出:"实施素质教育,必须把德育、智育、体育、美育等有机地统一在教育活动的各个环节中"。通过全面实施素质教育,培养德智体美全面发展并具备"社会责任感、勇于探索的创新精神和善于解决问题的实践能力"的高素质人才,已成为我国2010至2020年教育改革的重中之重。2007年4月,胡锦涛总书记主持中央政治局会议研究加强青少年体育工作时强调:"体育对青少年的思想品德、智力发育、审美素养的形成都有不可替代的重要作用"。

足球项目是将德育、智育、体育、美育融为一体的综合性的教育手段。其所蕴含的奋斗、创新、团结、协作、互助、分享、尊重、竞争等方面的特点,不论是对参与者个人还是集体,均具有深刻的教育意义。可以说"足球教育即是人生教育"。国际足联主席布拉特对中国的校园足球活动所具有的素质教育价值进行了高度的概括:"足球作为集体项目在学校开展,是一种教育方式,让孩子们学会遵守纪律和尊重他人。在他们当中有人终会成为中国的足球明星,而其他人会成为优秀的中国人"。可以说,足球比赛的胜败是无法与足球运动在提升人性和社会价值方面的意义相提并论的,从培养未来公民和鼓励年轻人融入社会的角度讲,足球运动是非常重要的支持手段。在表达尊重、团结、相互支持和分享等价值方面,足球运动是素质教育的绝妙的载体。

本研究将全国青少年校园足球活动素质教育价值归纳为两个方面(图4.2.5):个性品质价值和集体凝聚力价值。其中,个性品质价值主要包括智力发育、个体行为控制能力(遵守纪律)和意志力三个方面。

钟秉枢在《体育运动与现代人格塑造》一文中指出:"参与体育运动不仅使四肢发达,更为重要的是可以增进智力,让人更聪明;可以提高情商,让人的社会适应性更强"。足球项目在促进青少年智力发育方面具有更为积极与有效的作用,这主要源自足球项目本身所具有的特点:宽阔的场地条件,有利于提高参与活动青少年的视野范围;攻防转换的快节奏,促进了青少年大脑对场上形势的判断、分析、决策能力的发展;团队配合的战术要求,对青少年团队精神、协调、配合能力、沟通交流能力提出了很高的要求。总之,足球场上空间与时间的争夺及快速的时空变化,瞬息万变的战术形式,对青少年大脑的快速反应能力提出了很高的要求,能够极大地促进青少年智力的发育,同时,也能够有效提高青少年运动员的情商水平。

足球运动在培养青少年遵守纪律、意志力以及集体凝聚力方面的作用不言而喻。足球比赛规则、比赛的过程、比赛结果、训练过程、战术配合等均会对青少年产生相应的影响。久而久之,对于提高青少年的个性品质和团队的集体凝聚力的培养产生积极的效果。

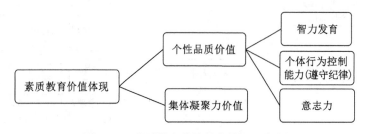

图 4.2.5 素质教育价值基本体现示意图

4.2.6 文化建设价值——校园足球是学校、城市文化建设的有效媒介

刘延东同志在校园足球工作座谈会上指出:"足球是一种运动,也是一种文化,只有形成良性的足球文化,足球才能健康发展。……足球文化环境是一个国家足球运动能否健康发展的前提条件和保障,也是民族精神传承与发展的一个重要载体。各级政府和有关部门

要加强足球文化建设,让足球运动所承载的这种精神得到充分的拓展和显现"。刘鹏局长指出"要通过班级、年级、校际丰富多彩的足球活动交往,培养荣誉感,丰富校园文化"。全国青少年校园足球活动的文化价值,是中国足球文化价值的重要组成部分。以全国青少年校园足球活动为媒介,通过与其相关的各种活动,主要包括比赛、培训、文体活动、进校园、宣传推广、训练营等形式,来实现其对于校园、城市、足球大环境的积极价值,是全国青少年校园足球活动的重要作用与任务之一。

目前,对于文化的分类繁杂,尚未形成统一的认识,本研究参照最普遍的分类方式,从物质文化建设价值和精神文化建设价值两个方面来研究校园足球活动的文化建设价值(图4.2.6):全国青少年校园足球活动的文化建设价值就是以全国青少年校园足球活动为基本媒介,形成的物质文化和精神文化的价值集合。其中,物质文化建设价值主要体现在场地设施建设和师资力量投入两个方面;精神文化建设价值主要体现在学生的"节日"、教师的"舞台"、学校的"窗口"、城市的"名片"以及校园足球活动自身品牌价值的提升等五个方面。

物质文化建设价值主要是指通过全国青少年校园足球活动,加强特色学校、城市足球设施建设,足球相关的师资投入、培训工作等。

学生的"节日"主要是指以校园内部定期组织的比赛、文艺节目、足球节、培训、进校园等活动为媒介,培养学生足球锻炼的习惯和参与足球活动的兴趣与广泛爱好,促进他们积极借助各项活动展示自我足球知识和技能,展现良好的个人素质;同时,使校园足球相关的各项活动成为特色学校内部周期性组织的重要事件,吸引并带动学生定期、广泛地参与。

教师的"舞台"主要是通过校园足球相关活动,充分实现教师,尤其是体育教师(校园足球指导员)的价值,使他们通过校园足球教学训练、比赛执裁、培训、足球节等相关活动,充分发挥个人足球方面的才能,在提高自身业务的同时,为贯彻阳光体育运动,培养德智体美全面发展,品学兼优的足球后备人才服务。

学校的"窗口"主要强调了各特色学校在以全国青少年校园足球活动为媒介的前提下,充分实现学校之间的交流与沟通,对外宣传学校形象,提升学校知名度方面的作用。以大连市东北路小学为例,自参加校园足球活动至今,已先后举办或参与"国奥队进校园""2010年全国青少年校园足球工作座谈会(现场观摩)""全国青少年校园足球活动冬令营、夏令营"等活动,国家体育总局、教育部领导先后视察该校,并获得国家体育总局的大力支持——"国家体育总局向大连市东北路小学提供了100万元人民币,作为重点扶持校园足球活动开展和场地设施建设的经费,希望东北路小学在现有基础上把校园足球活动抓得更好,为大连和国家培养出更多的优秀足球苗子"。

城市的"名片"主要是指以全国青少年校园足球活动为基础之一进行的足球特色城市建设。正如《2009—2010年度淄博市校园足球活动工作总结》中提到的"以校园足球活动为突破口,突出足球发源地的独特魅力,为打造足球特色城市努力奋斗"。大连市副市长朱程清对于校园足球作为大连市"名片"的价值进行了详细的阐述:"大连是有浓厚的足球氛围和足球文化底蕴的城市,足球不仅成为大连这座城市的亮丽名片,也成为大连老百姓生活的重要部分,形成了浓厚的足球氛围和足球文化底蕴。在新形势下,凭借大连已经形成的足球优势和良好的足球氛围,开展青少年校园足球活动,对弘扬传承大连的足球文化和精神,推进大连足球事业可持续发展具有重要的意义"。

此外，全国青少年校园足球自身品牌提升也是精神文化建设的重要内容，通过 Logo、口号等的建设，逐步提升校园足球活动的知名度与社会认知度，促进校园足球活动的广泛普及与全面开展。

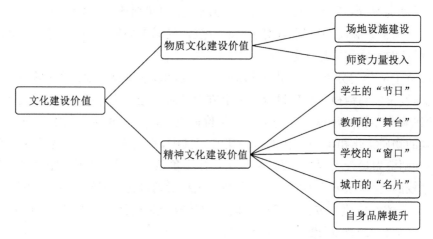

图 4.2.6　校园足球文化建设价值基本体现示意图

4.3　校园足球的核心价值体系

校园足球是中国足球发展的根本出发点和落脚点。只有从娃娃抓起，搞好校园足球，才能从根本上改变中国足球的落后面貌，实现中国足球的振兴。因此，校园足球的价值取向直接影响着，甚至是决定着中国足球的发展方向。校园足球是贯彻落实素质教育和阳光体育的有效手段，是从根本上改变中国足球落后面貌，振兴中国足球的战略性举措。本书在研究校园足球价值分类的基础上，对校园足球蕴含价值的二级指标进行评分，从中选择出具有一定影响力和重要性的指标，构建起校园足球的核心价值体系。

4.3.1　校园足球的价值构成

根据中央领导讲话精神，结合北京体育大学专家访谈的意见，本书对校园足球蕴含的价值从目的、手段两方面进行分类（图 4.3.1）。从足球项目自身发展的角度来看，校园足球开展的目的主要集中在两个方面：普及和提高。专家们一致认为：普及是校园足球的核心目的，提高是尊重普及目的，尊重足球项目规律和青少年成长规律的必然结果。普及主要是针对足球知识和技能而言，提高则主要针对青少年足球后备人才培养而言。从足球项目作为手段的角度来看，其价值功能主要体现在体育、教育、文化三个方面。作为体育手段，校园足球具有强身健体和阳光体育价值；作为教育手段，校园足球价值主要体现在素质教育方面——即培养德智体美全面发展的社会主义事业的建设者和接班人的方面；作为文化手段，校园足球价值主要体现在文化建设方面，包括班级、学校、城市及其自身文化建设方面。

校园足球蕴含着强身健体价值、阳光体育价值、足球知识和技能普及价值、足球人才培养价值、素质教育价值和文化建设价值等六方面价值，是由这些价值构成的价值统一体。本研究将这六方面价值作为一级指标，通过细化确立了 31 项二级指标。然后，运用评分法对二级指标进行筛选,最终确立了校园足球的核心价值指标。

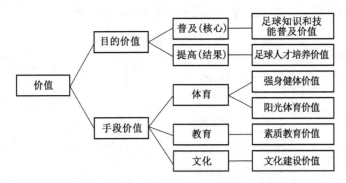

图 4.3.1　校园足球目的价值与手段价值示意

4.3.2　校园足球核心价值的确定

本研究在全国青少年校园足球工作领导小组办公室(以下简称全国校足办)的协助下发放了调查问卷,请专家、管理者、校长、学生家长等人群为校园足球价值相关的二级指标打分。要求调查对象按照"1分、2分、3分、4分"(不重要),"5分、6分、7分、8分"(重要),"9分、10分"(非常重要)重要性由轻到重的顺序选择相应的分值。然后,根据打分统计求和,并计算相应的平均数。最后,按照不同人群观点的重要性,对平均数进行赋值(赋值数由专家建议获得),求得最后的赋值后平均数(即:赋值后平均数=专家平均数×0.3+管理者平均数×0.2+家长平均数×0.2+校长平均数×0.3)。共调查足球专家12人,中国足协和城市足球项目管理者34人,中小学校长47人,参与校园足球活动学生的家长46人。根据赋值后平均数排列顺序(表4.3.1),将8.50分以上的列为第一等级价值,将8.00~8.49分的确立为第二等级价值,将7.50~7.99分的确立为第三等级价值,7.50分以下的确立为第四等级价值。研究将第一等级和第二等级价值(赋值后平均数在8.00分以上)确立为校园足球的核心价值。由于第一等级价值普遍与学生健康、教育、文化特征相关,第二等级价值普遍反映足球项目的特征,因此,将第一等级价值确立为"以学生为中心的核心价值体系"(图4.3.2),将第二等级价值确立为"以足球为中心的核心价值体系"(图4.3.3)。

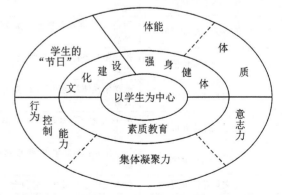

1) 以学生为中心的核心价值体系

图 4.3.2　以学生为中心的校园足球核心价值体系

中央领导强调"要以科学发展观为指导推动中国足球运动改革和发展"。而科学发展观的核心即以人为本。贯彻落实到校园足球上,就是要以学生为本,要在充分考虑学生需要的前提下开展足球活动;要以足球活动为途径和手段,促进学生的德智体美全面的发展,也就是人(学生)的全面发展。从教学论的角度看,校园足球作为一种教育手段应该以学生为中心,学生才是教育的主体,而足球只是教育借以实施的工具;从管理学的角度看,人力资源是第一要素,对于一项"政府主导的公益性事业"而言亦是如此，也就是说校园足球应以学生为第一要素。专家、管理者、家长、校长在以学生为中心这一点上基本达成共识(表4.3.1)。

表 4.3.1 校园足球价值指标评分一览表

序号	一级指标	二级指标	专家评分	管理者评分	家长评分	校长评分	平均数	赋值后平均数	等级
1	强身健体价值	体质	9.25	8.50	9.33	9.00	9.02	9.04	第一等级价值
2	素质教育价值	集体品质-集体凝聚力	9.42	8.58	8.08	9.00	8.77	8.86	第一等级价值
3	强身健体价值	体能	9.17	8.17	9.08	8.75	8.79	8.83	第一等级价值
4	文化建设价值	精神文化建设-学生的"节日"	9.08	8.00	8.83	8.92	8.71	8.77	第一等级价值
5	素质教育价值	个性品质-行为控制能力(遵守纪律)	8.83	8.08	8.42	8.75	8.52	8.58	第一等级价值
6	素质教育价值	个性品质-意志力	8.92	7.92	8.50	8.67	8.50	8.56	第一等级价值
7	阳光体育价值	丰富校园体育活动内容-课外活动主要内容	8.42	7.67	8.08	9.00	8.29	8.38	第二等级价值
8	足球知识和技能普及价值	广度-覆盖人数、人群增加	9.00	8.92	8.00	7.50	8.35	8.33	第二等级价值
9	足球知识和技能普及价值	广度-规模增加(城市、学校)	8.58	8.75	7.83	8.08	8.31	8.32	第二等级价值
10	素质教育价值	个性品质-智力	8.50	7.83	8.33	8.17	8.21	8.23	第二等级价值
11	文化建设价值	精神文化建设-学校的"窗口"	8.25	7.75	7.00	9.08	8.02	8.15	第二等级价值
12	阳光体育价值	丰富校园体育活动内容-纳入校本课程	8.58	8.25	5.83	8.75	7.85	8.02	第二等级价值
13	足球人才培养价值	后备人才-注册人口显著增加	9.58	9.00	6.33	6.83	7.94	7.99	第三等级价值
14	文化建设价值	物质文化建设-师资力量投入	8.25	7.67	6.83	8.58	7.83	7.95	第三等级价值
15	文化建设价值	物质文化建设-场地设施建设	8.08	8.50	6.50	8.33	7.85	7.93	第三等级价值
16	足球人才培养价值	相关人才-管理人才知识丰富、数量增加	9.67	8.83	7.08	5.92	7.88	7.86	第三等级价值
17	文化建设价值	精神文化建设-城市的"名片"	8.00	8.50	6.25	8.25	7.75	7.83	第三等级价值
18	阳光体育价值	推动阳光体育运动开展-成为锻炼习惯	8.75	7.75	6.58	7.67	7.69	7.79	第三等级价值
19	足球人才培养价值	后备人才-人才培养体系初步建立	9.42	9.08	6.42	6.17	7.77	7.78	第三等级价值
20	足球人才培养价值	后备人才-足球技能水平显著提高	9.08	8.75	6.67	6.25	7.69	7.68	第三等级价值
21	阳光体育价值	推动阳光体育运动开展-参与程度	8.42	7.58	5.25	8.50	7.44	7.64	第三等级价值
22	阳光体育价值	推动阳光体育运动开展-参与人数	8.58	7.75	5.25	8.08	7.42	7.60	第三等级价值
23	足球人才培养价值	相关人才-教学人才知识丰富、数量增加	7.75	6.75	7.00	8.17	7.42	7.53	第三等级价值
24	阳光体育价值	推动阳光体育运动开展-学校数量	8.17	6.33	4.33	8.83	6.92	7.23	第三等级价值
25	文化建设价值	精神文化建设-教师的"舞台"	7.50	6.67	5.50	8.08	6.94	7.11	第三等级价值
26	足球知识和技能普及价值	深度-技能普及	7.67	7.92	6.17	5.92	6.92	6.89	第四等级价值
27	足球知识和技能普及价值	深度-认识加深	7.42	7.75	5.50	6.08	6.69	6.70	第四等级价值
28	足球人才培养价值	相关人才-科研人才知识丰富、数量增加	8.50	6.25	5.25	5.25	6.31	6.43	第四等级价值
29	足球人才培养价值	后备人才-足球知识极大丰富	8.33	6.92	4.67	5.33	6.31	6.42	第四等级价值
30	文化建设价值	精神文化建设-自身品牌提升	7.75	7.33	4.75	5.00	6.21	6.24	第四等级价值
31	足球知识和技能普及价值	深度-关注程度提高	7.33	6.33	4.25	5.50	5.85	5.97	第四等级价值

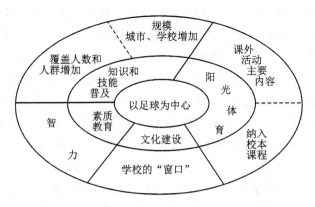

图 4.3.3　以足球为中心的校园足球核心价值体系

（1）学生的健康是校园足球的最核心价值　"广大青少年身心健康、体魄强健、意志坚强、充满活力,是一个民族生命力旺盛的体现,是社会文明进步的标志,是国家综合实力的重要方面"。有效促进学生的身体健康是校园足球在学校顺利开展的重要保障。青少年处于生长发育的关键时期,足球运动可以促进他们的骨骼发育,利于身高的增长,促进心肺功能的完善,促进其抵抗疾病的能力,"促进学生身体健康、培养学生良好的团队意识、形成勇于克服困难的良好心理品质等多项育人功能"。国际足联（FIFA）《足球与健康》杂志也指出:"足球项目是我们最好的健康'守护者',每周 3 次,每次持续时间为 1 小时的足球活动能够有效促进身心健康"。调查对象对校园足球所具有的"强身健体价值"给予了充分的肯定。根据表4.3.1 的数据分析发现,平均数和赋值后平均数最高的是学生的"强身健体价值—体质"一项,分别为 9.02 分和 9.04 分;家长的评分达 9.33 是其评分中最高的,充分说明家长对于学生身体健康的高度关注。专家对于"强身健体价值"的评分都在 9.00 分以上,说明专家对于足球项目对青少年身体健康的价值具有高度的认同。管理者对"体质""体能"的评分只有 8.50 分和 8.17 分,原因可能与他们更多地关注校园足球在青少年足球后备人才培养方面的作用有关。

（2）足球在学生个体和集体教育中的价值　"体育锻炼是提高学生健康素质的有效途径,对青少年思想品德、智力发育、审美素养和健康生活方式的形成具有不可替代的作用"。校园足球作为体育的一种形式,是一种教育手段,其根本的目的是以足球项目为工具,促进青少年的身体健康,开发青少年的智力,丰富青少年的精神生活,为培养德、智、体、美全面发展的社会主义事业建设者和接班人服务。足球除了增强学生个体的"体质""体能"外,对于学生"个性品质—行为控制力""个性品质—意志力""个性品质—智力"等方面的作用不容忽视。分析表 4.3.1 中数据发现,"素质教育价值"中"个性品质"和"集体品质"的平均分数都在 8.50 分以上,尤其是对校园足球"集体品质—集体凝聚力"价值的评定,专家和校长的评分分别为 9.42 分和 9.00 分。专家对"个性品质—行为控制能力"的评分为 8.83 分,对"个性品质—意志力"的评分达 8.92 分。而家长对"个性品质—行为控制能力"的评分为 8.42 分,对"个性品质—意志力"的评分也达到 8.50 分。以上数据可以看出,专家、管理者、家长和校长一致认为:足球运动不仅对学生个体具有重要的教育意义,对集体品质同样具有重要的教育意义。可以说,足球运动能够有效提高青少年自信心,振奋其精神,提高其承受挫折和战胜困难的坚强意志。足球赋予青少年审视自我的能力,对于其性格、态度、思维、行为的提升有着积极的作用。足球集技术、战术为一体,讲究个人技巧的同时,更注重集体战术配合的运用,对于青少年团队合作精神、集体凝聚力的培养具有一定的效果。

（3）以学生为中心的校园足球文化建设　"足球运动是一种文化现象",校园足球的开展过程是足球文化与校园文化结合,共同营造、形成校园足球文化的过程。校园足球文化的培育,对于足球项目在学校中的持续健康发展至关重要。而学生是校园足球活动的主体,抛开学生的参与,校园足球活动便无从谈起,更不用谈校园足球文化建设了。因此,校园足球文化建设的核心亦是学生,应充分围绕学生进行校园足球文化的建设。对于校园足球的"文化建设价值"中的"学生的'节日'"一项,平均数和赋值后平均数分别为 8.71 分和 8.77 分,专家、管理者、家长、校长等的评分分别为 9.08 分、8.00 分、8.83 分、8.92 分,从中可以看出,专家、家长、校长的重视程度普遍较高,而管理者的重视程度略低,原因可能在于:管理者对校园足球价值的选择倾向性较为明显,更倾向于青少年足球后备人才培养相关的价值,而对于足球文化建设的重视程度普遍较低。

要将校园足球拓展为学生的"节日",绝对不能抛弃学生的中心地位。只有当校园足球的开展紧紧围绕学生、服务学生,成为学生强身健体的主要手段,成为学校日常开展的主要项目,成为广大青少年积极参与的兴趣所在,成为学校文化建设的一部分时,校园足球才会真正实现可持续发展。当然,校园足球文化建设是一个长期的过程。

2）以足球为中心的核心价值体系

随着市场经济的发展,中国足球也发生了巨大变化。1994 年中国足球开始了职业化,原有的业余体校培养机制逐渐被淘汰,足球学校应运而生,如雨后春笋风靡全国,成为培养青少年足球人才的主流。但是,由于与学校教育相分离,大多数足球学校举步维艰,如今"幸存者"已寥寥无几。鉴于此,使足球回归学校,使更多的学生参加足球运动便显得尤为重要!"校园足球活动不仅能够普及足球知识和技能,而且可以培养青少年学生拼搏意识和团队精神,并形成以学校为依托、体教结合的青少年足球人才培养体系"。可以说,校园足球担负培养青少年足球后备人才,完善青少年足球人才培养体系,振兴中国足球的重任。

相对于足球在培养青少年的体质、体能、个体教育、集体教育以及文化建设的作用而言,足球项目自身的发展是校园足球发展中考虑的第二位要素。从现代足球运动发展的过程和规律来看,"谁抓住了青少年谁就把握了足球未来,谁失去了青少年谁就失去了未来"。只有在尊重青少年身体素质发展与文化教育规律的前提下,通过深入、广泛的普及,保证广大青少年具有频繁参与足球活动的机会,并逐步培养其足球锻炼的兴趣,然后,对具有一定天赋的青少年进行重点的"跟踪"培养,并逐步建立起后备人才的培养、输送体系,才能从根本上解决中国足球人才需要的可持续发展问题。

（1）普及是校园足球的核心任务　对于校园足球是提高（培养青少年足球后备人才）为主还是以普及（普及足球知识和技能）为主一直存在争论。应该充分认识到,普及和提高是量变与质变的关系,没有普及作为量的积累,便不会出现提高的质的变化。也就是说,普及是提高的基础,是校园足球的核心任务,只要做好了校园足球的普及工作,提高会自然而然地出现,这是一个"否定之否定,螺旋上升的发展过程"。

通过对表 4.3.1 数据分析发现,"足球知识和技能普及价值"中"广度—覆盖的人数、人群的增加""广度—规模增加(城市、学校)"的平均数和赋值后平均数分别为 8.35 分、8.31 分和 8.33 分、8.32 分。与"足球知识和技能普及价值—深度—技能普及和深度—认识加深"两项的赋值后平均数 6.89 分和 6.70 分对比发现,对于校园足球的普及而言,专家、管理者、校长、家长等人群的观点更为倾向于校园足球覆盖人数、人群、学校、城市数量的增加方面。专家、管理者对于"足球人才培养价值—后备人才培养体系初步建立"的评分为 9.42 和 9.08,而对于"足球知识和技能普及价值—覆盖人数、人群增加"的评分为 9.00 和 8.92,这表明在普及和提高的关系上,专家、管理者对于提高的重视程度要明显高于足球知识和技能的普及,而校长和家长的观点恰恰相反。这恰恰说明了不同人群对于校园足球普及、提高之间关系的认识程度的差异性。

(2) 足球作为学校交流的"窗口"　通过在校园内和学校之间开展足球活动,促进学校内部和学校间师生的交流与沟通,使足球成为师生交流的平台,成为学校展示校园文化内涵的"窗口",达到"通过班级、年级、校际丰富多彩的足球活动交往,培养荣誉感,丰富校园文化"的目的。例如,通过举办校内或校际足球赛,为学生、学校提供交流平台,促进学生相互学习足球知识、交流足球技艺,展现学校的特色或风采,真正使足球成为交流教学经验、管理经验、校园文化建设经验的平台。

将足球作为学校交流的"窗口"这一点上,校长极其认同(平均分为 9.08 分),专家对于这一点也非常认同(平均分为 8.25 分),管理者和家长对于这一点的认同程度相对较低一些(平均分为 7.75 分和 7.00 分),这可能与调查对象中的管理者多为足球相关的管理者,而家长更关心的是孩子的健康而不是学校的发展有关系。

(3) 足球作为阳光体育的主要内容和重要手段　阳光体育是我国学校体育发展的大方向。其要求"全国大、中、小学用 3 年时间,使 85% 以上学校能全面实施《国家学生体质健康标准》,使 85% 以上学生能做到每天锻炼 1 小时,……形成良好的体育锻炼习惯,体质健康水平切实得到提高"。这些要求与校园足球的特征具有一致性:校园足球活动是一项长期的系统工程,开展的场所立足于校园,面向的对象为广大青少年学生;足球项目的人数要求较高,对场地设施的要求相对较低;足球项目利于培养学生的兴趣爱好,使学生养成终身锻炼的良好习惯,"足球所具有的互动、沟通、游戏、交流的功能以及带给参与者和观赏者的快乐感受是青少年足球获得广泛支持与普及的最重要因素";足球项目的运动负荷较高,"是最好的健康'守护者',每周 3 次,每次持续时间为 1 小时的足球活动能够有效促进身心健康"。当然,阳光体育包含的内容很多,足球仅仅是其中一项内容。但是,应该充分认识到校园足球的开展,确实为阳光体育活动更好地贯彻实施提供了更多的选择,可以说,校园足球丰富了阳光体育的内容,是阳光体育贯彻实施的良好选择。

对专家和校长而言,关于校园足球和阳光体育活动之间关系的思考可能更多一些,对将校园足球"纳入校本课程"的重视程度比较高(平均分为 8.58 分和 8.75 分)。而对于广大家长而言,足球是否纳入校本课程的重视程度非常低(平均分为 5.83 分),这可能是由于家长对阳光体育活动、校本课程的认识程度和重视程度不高,更关心孩子的健康、学习等因素导致的。

(4) 足球项目的益智性特点　美国教育心理学家 Bloom 提出,如果人在 17 岁时智力的发育达到 100% 水平,则 50% 的智力获得于 0～4 岁,30% 获得于 4～7 岁,20% 获得于 8～

17岁。也就是说,青少年时期是智力发育的关键性时期,50%的智力发育在4～17岁之间完成。而瑞典心理学家Piaget认为,"适应是智力的本质属性,个体智力发展过程即是其对外在环境逐步适应的过程"。因此,青少年时期参与活动的类型、频率等外界因素对学生智力的发展有着不可忽略的影响。可以说,学生个体参与校园足球活动的过程,即是其逐步适应校园足球活动规则、要求的过程,同时也是其智力发展的过程,"不仅使四肢发达,更为重要的是可以增进智力,让人(学生)更聪明,可以提高情商,让人(学生)的社会适应性更强"。智力主要的构成要素包括观察力、注意力、思维能力、想象力、记忆力等。其中,足球所具有的独特项目特征对参与学生观察力、注意力、想象力方面产生积极的影响,即宽阔的场地条件,有利于提高参与活动青少年的视野范围;高速运动的同时,需要对场上形势有明确清晰的观察与判断,以应对比赛攻防转换的瞬息万变;在运球、传球、射门、跑位等技战术实施过程中,需要有清晰的思路、明确的方向,甚至是丰富的想象力;团队配合的战术要求,对青少年合作意识、协调配合能力、沟通交流能力提出了很高的要求。

对于"素质教育价值—个性品质—智力"的评分中,专家、家长、校长等人的认可程度较高,分别达到8.50分、8.33分、8.17分;而管理者对于这一点的认可度低一些,为7.83分。

4.3.3　校园足球边缘价值

根据调查对象的评分情况,将第三等级价值和第四等级价值确立为校园足球的边缘价值(表4.3.1)。研究是根据赋值后平均数对核心价值和边缘价值进行的区分,应该充分认识到:专家、管理者、家长、校长等人群,对于某些指标的评判与赋值后平均数反映的情况并不具有完全的一致性。例如,专家对于"足球人才培养价值—相关人才—管理人才知识丰富、数量增加"的评分高达9.67分,可见专家们对于目前的足球管理者队伍的数量和质量很满意。而这一项的赋值后平均数仅为7.86分,处于第三等级,造成原因主要是由于家长、校长等人群的重视程度不高。

4.3.4　结语

青少年是中国足球的未来,是中国足球战胜困难、走出低谷并取得长久发展最根本的保证。而校园足球活动的健康、持续开展是广大青少年足球参与权利的基本保障。校园足球蕴含着强身健体、阳光体育、素质教育、足球知识和技能普及、足球人才培养、文化建设等方面的价值,是由其构成的价值统一体。校园足球的核心价值分为以学生为中心的核心价值和以足球为中心的核心价值两部分。

首先,校园足球的开展,以学生为中心的核心价值体系处于首要地位。要以全面提高青少年的身体健康为核心目标,让青少年在校园足球活动中,培养体育的兴趣,养成锻炼身体的习惯;培养个性品质、集体品质,学会坚强、持之以恒和团结合作的精神;从而为德、智、体、美的全面健康发展服务,为培养社会主义事业建设者和接班人服务。其次,校园足球的开展,以足球为中心的核心价值体系处于次要地位。其中,普及是核心任务,是提高的基础,只要做好了校园足球的普及工作,提高会自然而然地出现。要重视足球项目的发展,将其作为学校交流的"窗口",作为阳光体育的主要内容和重要手段,作为促进学生智力发育的有效媒介。

5 校园足球价值的内涵

5.1 校园足球的价值主客体

足球是一种游戏,是人类为满足自身精神文化需要创造出来的游戏活动,也是人类特有的游戏形式之一。足球是人类专属的活动,足球的价值也仅仅是针对人类而言。人作为足球活动的参与者也是组织实施者。足球价值的实现过程,是人类以足球为媒介进行相互交流活动的过程。足球有关的各类活动是其本身价值借以实现的实践途径。

校园足球是足球活动的特定组织形式,包含了足球相关的竞赛、训练、教学、科研、文化等多种元素。校园足球的价值实现过程,主要依赖足球项目在校园足球的具体实施来实现。校园足球的价值从根本上来看,必须依靠人来实现的。这里讲的人的范围,更多的局限于青少年学生范畴。校园足球的普及过程,是调动学校青少年人力资源服务中国足球的过程,同时,也是以足球为媒介推动学生体质增强和教育实施的实践过程。

校园足球的价值主客体关系中(图 5.1.1),人作为主体的存在是具有决定意义的前提要素;而校园足球的价值客体是校园足球本身,同时,校园足球自身也是价值得以实现的载体。主体、客体的关系是相对于人的地位来判断的,人作为校园足球活动无法回避的首要因素,是校园足球的核心。同时,人在校园足球价值实现过程中也具有主动性和主导作用。最终,校园足球价值的实现是建立在人为意志的基础之上的,是通过人的相互作用与相互关系逐步实现的人的不断提升的过程。

图 5.1.1 校园足球价值主客体关系图

校园足球价值实现过程,是足球为载体促进学生不断成长的过程。校园足球实施前后的主体人(学生为主),在体能、技能、心理素质、道德素质和文化素养方面有着一定的差异性。校园足球价值实现的过程是人提高与进步的自主选择。

5.1.1 校园足球的价值主体

根据全国青少年校园足球活动价值实现所面向的人群特征,将价值的主体对象划分为个体对象和单位对象(拟人化的对象)。个体对象指的是校园足球价值实现过程作为个体的个人,如学生、家长、校长、教师等。单位对象指的是校园足球价值实现面向的人的群体,也就是单位。单位是人的集合,是由具有一定共性特征的人群构成的单元组合。因此,将其拟人化地看作是校园足球的价值主体,如学校、城市、校园足球办公室等。

1) 个体对象

全国青少年校园足球活动价值实现面向的个体对象按照管理、参与和认识三个层次分为管理个体、参与个体和认识个体(图 5.1.2)。按照管理个体、参与个体和认识个体进行分类,是根据个体在全国青少年校园足球活动中所起到的主要作用划分的。不能否认管理个体、认识个体中的个人作为参与者的身份参与全国青少年校园足球活动的情况,例如,家长会陪同孩子参加校园足球举办的各类活动。同时,管理个体和认识个体中的个人也是校园足球活动的认识者之一,也属于认识个体的范畴,只是由于其在校园足球活动中有更为重要的角色——管理角色、认识角色,因此,将其划分到管理个体和认识个体中。也就是说管理个体、参与个体和认识个体往往是一体多面的角色,只是依据个体在全国青少年校园足球活动中所起作用进行了初步的分类。此外,仅仅是对全国青少年校园足球活动的价值实现对象中的主要人群进行了初步分类,有些人群也属于个体对象的一部分,但由于其在校园足球活动中的参与度或重要性略低,故未纳入图中。

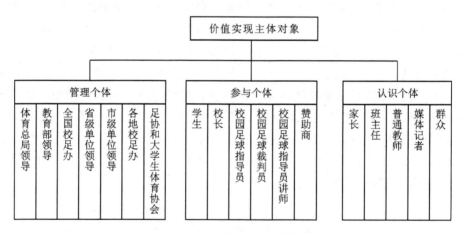

图 5.1.2　全国青少年校园足球活动价值实现对象示意图

(1) 管理个体　管理个体的构成人群主要是全国青少年校园足球活动的各级管理机构人员,包括全国青少年校园足球工作领导小组的成员(教育部和国家体育总局的领导)、全国校足办工作人员(主要包括教育部体卫艺司、中国足协、教育部大学生体育协会联合秘书处的领导)、各开展校园足球活动布局城市所属的省级单位校园足球工作领导小组成员(各省体育局和教育厅及直属下级机构的领导)、布局城市校园足球工作领导小组办公室成员(各市体育局和教育局及直属下级机构的领导),以及试点县区(管理干部)、特色学校(校长、教师)的管理者。

管理个体主要由来自体育系统和教育系统的两方面人员构成。当然,有些城市在足球协会实体化后,管理人员的身份变得多样化起来。由于工作需要,大量有足球管理经验的社会人士参与到了校园足球的管理工作中。从工作的职能上来看,体育管理个体和教育管理个体之间具有明确的职责分工,"各地体育部门负责竞赛组织,专业技术训练与指导……体育部门要密切配合",而"各地方教育行政部门负责师资培训,利用体育课、课外活动时间和节假日,组织学生开展各种形式的校园足球活动和比赛;负责组队参加小学、初中、高中和大学四级足球联赛;负责参赛运动员的学籍及注册管理;负责制定校园足球教学大纲和教材"。

（2）参与个体　参与个体的构成人群主要来自学校,准确地说是参与全国青少年校园足球活动的幼儿园、小学、初中、高中、大学的学生,同时,也包括学校的校长、校园足球教师或教练员。其中,最为重要的参与个体就是广大的青少年学生。学生参与校园足球的形式多样,以竞赛为活动的主要形式,包括了足球游戏、足球课、足球文化活动和足球训练等。

根据全国校足办的注册情况统计:自2009年全国青少年校园足球活动开始至2010年底,共有41个城市的1 430所小学、747所中学（3个城市因特殊原因未上报注册信息）的39 124名初中和小学生注册,其中,小学生共有24 290名,初中生共有14 834名。截至2017年,全国校园足球特色学校达到20 210所,参与学生人数超过百万。

校长作为参与个体的同时,也扮演着管理个体的角色。一所学校校园足球活动开展的程度与校长的参与和管理密不可分。针对全国青少年校园足球活动而言,校园足球指导员属于参与个体,而针对广大学生而言,其又扮演着管理者的角色。另外,全国青少年校园足球活动的校园足球指导员讲师和赞助商也属于参与个体的一部分。全国青少年校园足球的赞助商非常多,如中国人寿、阿迪达斯、双星等。2015年后,教育部对特色学校的校园足球指导员展开轮训,累计超过2万所特色学校的2万多名教师参加了国家级培训;共派遣1 100余人参与了教育部赴英国、法国等国家的出国提高培训。

校园足球指导员讲师指的是对参与校园足球活动特色学校的体育教师（校园足球指导员）进行培训的授课人员。他们多是由中国足协下属会员协会,北京体育大学等体育院校,鲁能足校、秦皇岛足校等足球学校或俱乐部的教练员组成。2015年后,全国校足办加强了与德国、英国、法国、巴西以及意大利等国家足协在青少年教学、训练和竞赛领域的合作,选派了大量专业人员,出国进行培训,极大地充实了中国校园足球指导员讲师队伍。

（3）认识个体　全国青少年校园足球活动认识个体主要包括了学生家长、教师、媒体记者和普通的群众。认识个体的范围非常宽泛,只要通过各种渠道了解或认识到校园足球活动的人群,都可以作为认识个体。家长群体对于校园足球的开展起着至关重要的作用,家长的态度很大程度上影响着校园足球参与青少年参训、参赛的长期性与主动性。做好家长群体校园足球积极作用的宣传与交流工作便显得尤为重要。

2）单位对象

全国青少年校园足球活动的单位对象主要包括2万多所定点小学、初中、高中和大学,以及校园足球布局城市工作领导小组及其办公室所属的体育和教育部门、布局城市所属的省级单位等。其中,对2万多所特色学校,还可以细分为班级、年级单位。2010年前,全国校园足球特色学校主要包括:4个直辖市不少于60所小学和30所初中;其余布局城市30所小学和16所初中。44个布局城市包括:北京、上海、天津、重庆4个直辖市;大连、青岛、长春、沈阳、延边、南京、厦门、武汉、广州、深圳、成都、昆明、西安等13个中国足协会员协会城市;古代足球发源地——淄博;济南、石家庄、秦皇岛、南昌、景德镇、呼和浩特、鞍山、盐城、杭州、合肥、福州、郑州、黄石、长沙、梅州、达州、都匀、楚雄-开远、宝鸡、兰州、西宁、石嘴山、乌鲁木齐、海口、拉萨、牡丹江（暂缓开展）26个布局城市。26个布局城市所属的省级单位,有25个同时建立了与市校园足球办公室相对应的管理机构,作为全国青少年校园足球活动省级单位。黑龙江省牡丹江市由于特殊原因,申请暂缓开展。此外,全国青少年校园足球活动还纳入陕西省志丹县作为全国青少年校园足球活动"直属"的"试点县";将山东省威海市第八中学作为全国青少年校园足球活动"直属"的"试点学校"。截至2019年8月,全国共遴选创建了24 126所全国青少年校园足球特色学校,38个全国青少年校园足球改革实验区,135个全国青少年校园足球试点县(区)和47个全国青少年校园足球"满天星"训练营。

5.1.2 价值客体

相对于人的主体地位而言,全国青少年校园足球活动自身是其价值实现的客体。校园足球自身包含了校园足球的活动开展的各种要素,包括校园足球竞赛、校园足球文化、校园足球教学与训练、校园足球游戏、校园足球培训、校园足球科研、校园足球产业开发、校园足球的宣传推广,等等。

5.2 校园足球价值的实现路径

校园足球的具体实践实施过程,也是校园足球价值的实现路径。校园足球价值实现路径与校园足球具体实践一体两面,是对校园足球实践活动两个不同角度的判断与认识。对校园足球价值实现路径进行设计,即是对校园足球实践所能达到的最优化目标进行的理想化设计。当然,这一定是基于校园足球实践的现实状况基础上进行的合理设计。

通过全国青少年校园足球活动实现路径的研究,实现其所蕴含的强身健体价值、阳光体育价值、足球知识和技能的普及价值、足球人才培养价值、素质教育价值以及校园文化建设价值,使更多的人了解、熟悉全国青少年校园足球活动,改变部分家长、教师、校长、普通群众等人群对校园足球活动存在的错误看法,使他们重新认识校园足球活动作为体育、教育手段的重要意义,从而为全国青少年校园足球活动的顺利开展铺平道路。

通过加强全国青少年校园足球活动实现路径的研究,吸引广大青少年积极参与到足球活动中来,培养他们的足球兴趣与爱好,为他们提供参与足球锻炼机会和成才的机会;吸引更多的学校、城市加入全国青少年校园足球活动中,促进全国青少年校园足球活动在全国范围内的广泛开展。

通过加强全国青少年校园足球活动实现路径的研究,使广大学生的体质和体能显著提高,使足球运动成为阳光体育和素质教育实施过程中的最佳选择,足球知识获得广泛的普及,足球技能普遍提高,足球人才培养体系初步形成,为提高中国足球整体水平打下坚实的基础。

校园足球的管理可以从宏观和微观角度分类。宏观管理主要是指涉及校园足球顶层设计层面的国家各部委联合协同配合的制度设计与运行体制问题;微观管理主要指涉及校园足球具体实践运行层面的制度与体制问题,这一方面更多的是由全国校足办及各省、市校园足球办公室和特色学校作为具体实施部门予以实践。校园足球管理路径的实施,往往是借助政策、文件、规定、规范、规程等政府行政命令或行业规定等制度形成的保障体系予以实践落实。校园足球的实践路径指的是涉及校园足球具体操作运行层面的路径实现形式,主要涵盖校园足球的竞赛、人才培养渠道、教学与训练、师资培养、国际交流合作、媒体合作推广等多个角度(图 5.2.1)。

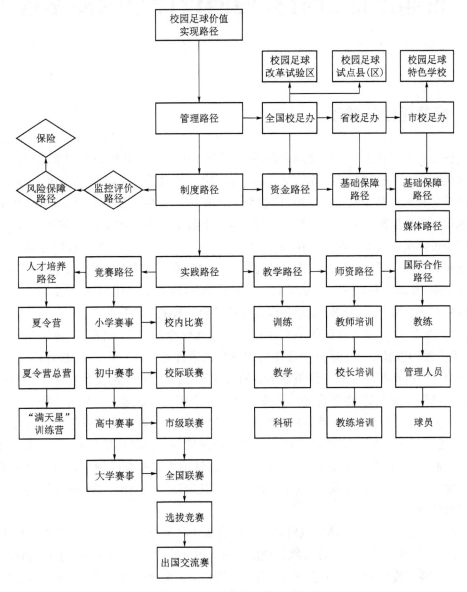

图 5.2.1　校园足球价值实现路径

全国青少年校园足球活动价值的实现路径,指明了其具有的强身健体价值、阳光体育价值、足球知识和技能的普及价值、足球人才培养价值、素质教育价值以及文化建设价值的实现过程。具体是指全国校足办、各省市校足办、特色学校、各级管理人员、讲师等机构或个人作为校园足球的管理层要素,借助校园足球联赛、培训、训练营、进校园活动、宣传推广等具体操作形式,推动全国青少年校园足球活动的有序开展,逐步实现全国青少年校园足球活动强身健体、阳光体育、足球知识和技能的普及、足球人才培养、素质教育、文化建设等方面价值。

6 校园足球价值实现的管理与制度路径

6.1 管理路径的理顺

负责推广全国青少年校园足球活动的全国管理机构是由教育部和国家体育总局联合成立的全国青少年校园足球工作领导小组,并下设办公室于教育部体卫艺司。2014年,国家体育总局和教育部完成角色互换,由教育部主导全国青少年校园足球活动,这也成为校园足球顶层管理体制理顺的重要标志。2009年,全国校足办在全国44个城市布局,在全国全面推动校园足球的深入普及工作,截至2014年底,完成了5 000多所校园足球特色学校的定点布局工作。同时,各省级、市级单位体育局和教育厅联合组建省级、市级校园足球工作领导小组,并成立办公室。教育部主导校园足球后,到2017年已完成了全国2万多所特色学校的布局,并制定了到2015年达到5万所特色学校的战略目标。

虽然,在2014年底教育部体卫艺司已经全面接管全国青少年校园足球活动的管理工作,但实质性标志着校园足球全国管理机制理顺的事件是:2015年1月,教育部发布的《关于成立全国青少年校园足球工作领导小组的通知》。通知中重点的变化在于牵头管理机构的调整:"经国务院同意,由教育部牵头成立全国青少年校园足球工作领导小组。……在教育部设立办公室,负责日常工作,由教育部体育卫生与艺术教育司司长王登峰兼任办公室主任"。这一通知的发布,从根本上改变了校园足球宏观管理的顶层机制,各省市也随机启动调整机制,逐步理顺工作关系,实现了校园足球管理机制的全面理顺过程。管理机制体制的理顺,伴随着校园足球政策、资金、措施,甚至发展思路的全面调整,对校园足球的发展有着深刻的影响。

2009—2014年底,国家体育总局牵头全国青少年校园足球时,针对校园足球的联赛、培训、宣传、监督、保险等活动,要求各级管理单位成立相应的委员会,负责相关事宜的管理工作,主要包括联赛委员会、培训委员会、宣传委员会、资格委员会、财务委员会等,各下属省级单位、布局城市也建立了相应的实施机构。教育部牵头接管校园足球后,从工作职责上来看,仍然延续了原有的管理机构设置与工作运行机制,只是在工作内容上有所拓展与创新。

6.2 政策路径

政策是管理的一种方式,是宏观管理实现的主要路径。全国层面的校园足球活动,主要依靠政策路径的实施来达成既定的目标。2009年全国青少年校园足球活动开始后,通过出台一系列的政策文件,达到推动地方管理机制体制建设,推动校园足球相关工作运行的基本目标。2014年底,教育部主管校园足球后,上层管理体制机制理顺,要顺畅地贯彻到下属的各级管理机构,所依仗的也是通过政策、文件的下发来达到实践的理想化效果。这是中国的管理体制所具有的重要管理特色形式。

具有重要意义的通知文件主要有:① 2009年4月国家体育总局和教育部联合发布的《关于开展全国青少年校园足球活动的通知》,标志着全国青少年校园足球活动正式开始;② 2015年1月教育部《关于成立全国青少年校园足球工作领导小组的通知》,标志着国家体育总局和教育部主管角色转换,教育部主导的校园足球活动开始登上历史舞台;③ 2015年3月,国务院办公厅《关于印发中国足球改革发展总体方案的通知》,是中国足球改革与发展中的重大决策文件,指明了中国足球的发展目标、方向、思路等问题,也明确了校园足球在中国足球普及、足球文化构建、足球强国建设中的基础性地位。此外,在竞赛体系、讲师培训、足球改革实验区和试点县、足球训练营、校园足球监督检查等方面,出台了一系列的重要文件(表6.2.1)。

表6.2.1 校园足球重要的政策文件

文件	时间	发文单位
关于开展全国青少年校园足球活动的通知	200904	国家体育总局、教育部
关于开展校园足球活动各类人员培训的通知	200908	国家体育总局群体司、教育部体卫艺司
全国青少年校园足球联赛规程、纪律规范和注册规定	200910	全国校足办
2009年下拨活动经费、报销垫付款等财务相关事宜的通知	200912	全国校足办
关于奖励青少年校园足球优秀单位的通知	201109	全国校足办
关于进一步加强和规范全国校园足球联赛组织管理工作的通知	201111	全国校足办
关于进一步加强和规范全国校园足球联赛组织管理工作的通知	201112	全国校足办
关于举办2012年全国青少年校园足球优秀校长、指导员赴国外培训班的通知	201201	全国校足办
关于组织校园足球赴德日培训班的通知	201204	全国校足办
关于加强校园足球联赛信息管理工作的通知	201205	全国校足办
关于组织2012年全国青少年校园足球夏令营的通知	201205	全国校足办
关于传达落实中央领导对校园足球工作最新指示的通知	201207	全国校足办
进一步加强校园足球安全工作的通知	201307	全国校足办
校园足球相关人员行为规范的通知	201307	全国校足办
关于开展全国青少年校园足球城市内高中、大学联赛的通知	201310	全国校足办
关于召开全国青少年校园足球活动特色学校校长研讨会的通知	201401	全国校足办
关于公示2015年全国青少年校园足球特色学校及试点县(区)遴选名单的通知	201412	教育部办公厅
关于成立全国青少年校园足球工作领导小组的通知	201501	教育部
关于印发中国足球改革发展总体方案的通知	201503	国务院办公厅
关于开展全国青少年校园足球骨干师资国家级专项培训的通知	201506	教育部办公厅
关于加快发展青少年校园足球的实施意见	201507	教育部、国家发改委、财政部、新闻出版广电总局、体育总局、共青团中央

(续表)

文件	时间	发文单位
关于组织开展加快发展青少年校园足球重点督察工作的通知	201604	教育部办公厅
关于印发中国足球中长期发展规划(2016—2050年)的通知	201604	发改委、体育总局、教育部、国务院足球改革发展部际联席会议办公室
关于印发全国足球场地设施建设规划(2016—2020年)的通知	201605	国家发改委、教育部、体育总局、国务院足球改革发展部际联席会议办公室
关于印发《全国青少年校园足球教学指南(试行)》和《学生足球运动技能等级评定标准(试行)》的通知	201606	教育部办公厅
关于加强全国青少年校园足球改革实验区、试点县(区)工作的指导意见	201702	教育部办公厅
关于组织申报聘请校园足球外籍教师支持项目的通知	201703	教育部办公厅、国家外国专家局办公室
关于《全国青少年校园足球教学训练竞赛体系建设方案(试行)》的通知	201703	全国校足办、中国足球协会
关于加强全国青少年校园足球特色学校建设质量管理与考核的通知	201803	教育部办公厅
关于印发《全国青少年校园足球改革实验区基本要求(试行)》和《全国青少年校园足球试点县(区)基本要求(试行)》的通知	201808	教育部办公厅
关于公布2018年全国青少年校园足球特色学校、试点县(区)和"满天星"训练营遴选结果名单的通知	201809	教育部
关于做好2019年校园足球工作的通知	201903	全国青少年校园足球工作领导小组

然而,政策文件的下发与基层按照政策文件具体操作的实践之间存在一定的距离。因为,中国幅员辽阔,不同城市在足球基础、发展水平、管理特点、经济支持程度、领导重视程度、具体实施面临的困境等各方面存在着千差万别。所以,管理高层通过政策文件引导校园足球发展的路径,为校园足球发展指明了方向和发展的道路,从目标层面对全国校园足球活动的纲领性文件。当然,全国校园足球办公室也会对具体的特殊事件进行文件指导,比如《关于组织申报聘请校园足球外籍教师支持项目的通知》。

6.3 资金路径

2009年,全国青少年校园足球活动开始时,由国家体育总局从体彩公益金中拿出4 000万元(每年)作为启动资金,并要求参与活动布局城市的省级主管部门按照1:1的经费配套进行经费投入。教育部主导校园足球后,2015—2017年,共动用中央财政6.48亿元投入到校园足球;各省(区、市)投入校园足球的财政、体彩和社会资金等累计投入196.03亿元(2015年42.72亿元,2016年80.04亿元,2017年73.27亿元)。此外,教育部多渠道调动社会力量支持校园足球发展,于2014年在中国教育发展基金会设立青少年校园足球专项基金,接受社会捐献。

经费问题一直都是校园足球的核心问题。经费的投入路径与方式的争议从未停止。有的学者认为应该集中资金投入到足球重点城市和学校;有的学者则认为应全面投资,惠及全国的各级各类学校,即所谓"撒芝麻盐"的投入方式。截至目前,这一争论仍然存在,且影响巨大。有的学者对校园足球前5年的资金投入方式提出质疑,"过去的校园足球按计划经济思维采取了'撒芝麻盐'式低效投入方法",并认为"这种做法实质上就是一种形式主义和敷衍行为。谁都可以判断这些经费能否产生校园足球的新动力和新局面,谁都可以判断这样的'大铺面'和'撒芝麻盐'的做法能否产生校园足球新机制"。这些学者否定的是过去2009—2014年体育总局主导校园足球时的资金投入方式,是对"每个学校只支持了2万元左右的经费"的批判。这一观点,从经济效益的单一视角,片面地看待了校园足球资金的投入方式问题;忽视了2009—2014年校园足球总经费不足的客观事实,并对经费投入方式的战略价值缺乏足够的理解。2009年启动的校园足球活动,其总经费4 000万元,全部来源于国家体育总局体彩公益金。对于偌大的中国,数亿青少年以及数量庞大的大、中、小学校而言,经费的总量不足是显而易见的。那么,如何更有效地发挥如此少量资金的作用,充分调动全国的大、中、小学校参与到校园足球活动中来,成为校园足球活动伊始时最迫切与最主要的任务。国家体育总局体彩公益金4 000万的经费投入,作为引导全国青少年校园足球活动全面、广泛开展的重要"抓手",而这也恰恰是所谓"撒芝麻盐"式的经费投入方式的战略价值所在。可以说,"撒芝麻盐"式经费投入,是扩大校园足球影响力,促进更多人群关注校园足球发展,提升"校园足球"品牌概念的一种举措。

校园足球经费的投入量与校园足球的成功与否画上了等号。经费问题是否关系校园足球开展的最核心要素呢?首先,我们要弄清经费用来干什么?无非是用在校园足球开展相关的场地、器材、师资、培训、交通等方面。这些方面,是影响校园足球开展的要素,但并非是核心要素。其实,早在2009年筛选校园足球布点学校初期,已经对布点学校的足球传统、地理位置、场地设施条件、师资力量等进行了较为严格的规定与限制:"必须由主管校长负责学校足球工作,并设立专门机构""必须完善专门开展足球活动的场地条件""要求组织足球训练的教师(教练)参加相关培训""学校体育课应加大足球教学在教学内容中的比例,在校学生每周应有不少于2小时足球活动时间,保证全校不少于50%的学生参加足球活动""学校必须组织校内班级间和年级间比赛"等。可以说,被筛选出的学校在这些方面普遍具有较好的条件,即便在没有任何经费支持的条件下,仍然可能承担基本的足球教学、训练、竞赛等任务。

此外,应清楚校园足球的最核心要素是:学生踢球的机会创造。可以说,只要能够为学生创造尽可能多的踢球机会,并进一步使具有一定天赋的青少年获得更高层次提高的机会,其他的一切因素都是次要的。"学生踢球的机会"更多地与校园足球竞赛体系的设置、学校体育课的设置、课外活动的组织、足球俱乐部或社团的设置等密切相关,而与经费的投入并不存在直接的因果关系。现实中的例子也可说明这一点:欧洲职业足球俱乐部踢球的巴西运动员中,鲜有中产阶级的子弟,他们中的绝大部分来自社会底层的贫民窟,他们的青少年时期,在设施优良的场地踢球近乎奢望,而沙滩、街头成为主要选择,这未妨碍其成为优秀的足球运动员。

更为关键的是,学校作为国家全额拨款的公益性事业单位,对体育活动的开展是有专项经费支持的。各个学校只要协调好学校体育与校园足球的关系,即便在足球专项经费投入量较少的条件下,依然可以顺畅地开展各项活动。当然,如果有大量的经费投入,对校园足球的开展可能会更为有益。

6.4 管理实施路径

负责推广全国青少年校园足球活动的全国管理机构是由国家体育总局和教育部联合成立的全国青少年校园足球工作领导小组,并下设办公室于中国足球协会(2009—2014年)和教育部(2014—目前)。由各个布局城市所属的省级单位体育局和教育厅联合组成了省级校园足球工作领导小组,并成立办公室;布局城市的体育局和教育局联合成立了布局城市校园足球工作领导小组,并下设了办公室。各布局城市办公室负责本市校园足球各项活动的推广工作。针对联赛、培训及宣传等主要活动,全国校足办成立了相应的委员会,负责相关事宜的管理工作,主要包括联赛委员会、培训委员会、宣传委员会、资格委员会、财务委员会以及办公室。各下属省级单位、布局城市也建立了相应的实施机构(图6.4.1)。

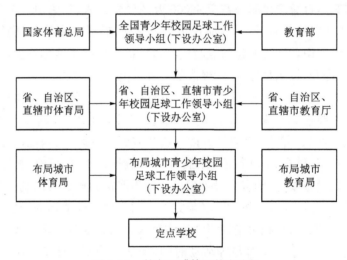

图 6.4.1 校园足球管理基本路径

校园足球特色学校(教育部主导后,改称"特色学校")是全国青少年校园足球活动具体实施的最基本单元。截至2019年7月,全国已认定校园足球特色学校24 126所。这些学校的管理与活动开展,是全国校园足球活动的根本基础。通过在这2万多所学校全面推动足球活动的深入开展,才是校园足球的最主要任务和最核心的工作之一。不论上层管理体制如何的变革,最后的管理落实均需要依靠这些学校去实践推动,所以说,这些学校足球活动的开展才是关乎校园足球发展的根本。对于这些学校的管理以及这些学校对校内足球活动的管理是极其重要的基础问题。

此外,全国校足办探索了特殊的管理路径:校园足球改革实验区、试点县、训练营等模式。截至2019年,教育部共批准了38个地区作为"全国青少年校园足球改革实验区"(表6.4.1)。认定了135个校园足球试点县(区)。在全国布局建设47个"满天星"训练营。这种管理路径将全国范围内具有足球传统且政府层面高度重视校园足球活动的城市、县(区)选拔出来,加强了全国校足办对这些城市的直接领导,简化了中间管理的层次与程序,提高了管理的效率与政策执行的力度,在一定程度高效促进了这些城市的足球开展。当然,这些城市也承担了校园足球改革与实验的功能,赋予了这些城市足球改革试错的权利,在保障它们的积极性与能动性的同时,破解了地方城市面临的诸多政策困局与管理难题,是一种行之有效的尝试。但是,教育部主导的校园足球综合改革实验区和中国足球协会传统形式的足球重点会员协会城市之间存在一定的交叉,也存在一定的差别,如何通过政策引导两类城市协同高效发展,是校园足球高层管理部门应重点考虑的问题。

表 6.4.1 全国青少年校园足球改革实验区布局城市

年份	全国青少年校园足球改革实验区
2015 年	厦门市、青岛市、延边朝鲜族自治州
2017 年	上海市、云南省、深圳市、郑州市、滨州市、武汉市、成都市、兰州市
2018 年	天津市、内蒙古自治区、浙江省、北京市丰台区、邯郸市、大连市、哈尔滨市、南通市、蚌埠市、芜湖市、泉州市、南昌市、临沂市、洛阳市、新乡市、荆州市、长沙市、广州市、梅州市、北海市、重庆市沙坪坝区、绵阳市、六盘水市、西安市、延安市、白银市、石嘴山市

6.5 基础保障路径

校园足球的基础设施主要指的是场地设施。良好的场地是开展校园足球的重要条件,但绝非必需条件。校园足球的核心问题是青少年参与足球活动的机会问题,场地设施仅仅是实现这一机会的一个要素,而不是决定性要素。从历史的发展来看,我国的中小学校在场地设施方面的投入力度逐步增大,并且,对校园足球特色学校的筛选也有一定的场地条件要求,因此,场地设施问题不是校园足球发展中的根本问题。《全国改善贫困地区义务教育薄弱学校基本办学条件五年规划(2014—2018 年)》中,涉及校园足球场地建设的内容。其中,计划投入资金 390.8 亿元,规划建设学校运动场馆 3.28 亿 m^2,重点向农村、集中连片特困地区、少数民族地区和边境地区倾斜。在 2015 年、2016 年,全国学校运动场馆面积分别为 13.65 亿 m^2 和 14.04 亿 m^2,新增学校运动场馆面积 2 800 万 m^2 和 3 900 万 m^2。2016年,国家发改委、教育部、体育总局、国务院足球改革发展部际联席会议办公室联合印发《全国足球场地设施建设规划(2016—2020 年)》。其中,重点工作提及要对全国各省市校园足球场地数量和未来规划建设数量进行统计、核实。根据统计,截至 2018 年,全国共有校园足球场地 51 054 块,"十三五"期间计划新建改建场地 38 944 块,到 2020 年全国校园足球场地将达到 83 726 块。同时,对 17 个省校园足球场地建设工作进行督导检查。

7 校园足球价值实现的竞赛路径

校园足球联赛是全国青少年校园足球活动核心内容,集中体现了校园足球活动具有的强身健体价值、素质教育价值、足球知识和技能普及价值、阳光体育价值、足球人才培养价值、文化建设价值。校园足球价值实现的竞赛路径(图7.1.1),主要涵盖竞赛的冠名、赛制、层次、注册以及保险等路径。这些路径蕴含的价值侧重点有所不同,它们集中整合为一体,组成了校园足球价值的竞赛实现路径。

图 7.1.1 校园足球价值的竞赛实现路径

7.1 校园足球竞赛的价值

7.1.1 比赛本身的价值

足球比赛是足球价值的基础,是足球所具有的各项价值的综合体现。足球所具有的强身健体价值主要是通过参与足球比赛获得的。足球比赛对于青少年抗病能力、体质健康、体能水平提高具有良好的作用。足球比赛对青少年的心肺功能和代谢水平的提高效果明显,同时,还可以提高机体力量、速度、耐力、柔韧、灵敏等运动素质方面的能力。

比赛的过程是素质教育的过程,体现了校园足球的素质教育价值。足球比赛的过程,在培养学生遵守规则、纪律的自我行为控制能力的同时,磨炼了学生的意志品质,促进了学生智力的发育;同时,培养了队友之间的相互信任感,增强了团队的凝聚力和战斗力,学生的个人社交能力也获得了进一步的提高。足球比赛过程也是足球知识和技能普及的过程,通过足球比赛,学生对足球知识的认识程度加深,对足球的关注程度增强,喜爱程度逐步上升,足球技能逐渐提高。通过足球比赛,扩大了校园足球活动的影响范围,可以由此获得更多人群的了解与支持,可以吸引更多的城市、学校参与到活动中来。足球比赛的过程,还是培养足球人才的过程,具有足球人才培养的价值。足球比赛过程不仅仅培养了青少年后备人才,同时,还是足球相关人员,如教学人员、科研人员培养的过程。

在校内开展足球比赛,将足球比赛纳入校本课程中去,培养学生的兴趣,使其自觉地参与足球活动,将足球活动发展成为个人的爱好,成为课余活动的主要内容,这体现足球比赛的阳光体育价值。同时,通过足球比赛可以推动阳光体育活动的进一步开展,增加参与体育锻炼的人数,提高广大学生参与的积极性与主动性。

足球比赛是广大学生的"节日",不仅为足球队的学生提供了一个展示自我的平台,对于不能参加比赛的学生亦是如此。他们可以通过为同学鼓掌、加油,文艺表演活动等形式,达到展示自我的目的。足球比赛是体育教师实现自我价值的"舞台",是宣传学校整体形象,提高学校知名度,展示学校教育水平的"窗口",也是展示城市形象的"名片"。此外,足球比赛,特别是班级、年级赛,是推广校园足球品牌的重要方式,是打造足球特色学校的重要措施,是校园文化建设的重要手段。

7.1.2 联赛赛制的价值

1) 周中主客场赛制的价值

《2009—2010 年度全国青少年校园足球联赛规程》中指出,实行"主客场赛制,如有特殊困难由市级联赛委员会制定相应措施执行"。这里强调的主客场赛制,指的是周中主客场赛制,而不是周末主客场赛制。全国青少年校园足球活动之所以强调要在周中进行比赛,而不是安排在周末,是考虑到以下几个方面的因素:首先,周末比赛,校园足球比赛的覆盖广度下降,无法深入到校园、学生中去。广大青少年学生难以参与校园足球相关的活动,足球成为校队学生的"专利",这极其不利于校园足球知识和技能的普及,足球文化的推广,足球人才的培养,难以体现足球在校园文化建设中的重要作用;其次,周末比赛,造成校园足球活动的品牌价值下降,影响范围与知名度降低,不利于校园足球活动的广泛推广;再次,周末集中赛会制或主客场制比赛,占用了广大校园足球活动参与者——学生、教师、校长、管理人员,甚至是家长的休息时间,可以说在一定程度上影响了部分人的日常生活,久而久之,极其不利于校园足球活动的可持续发展。

实施周中主客场赛制主要体现了校园足球活动"阳光体育价值—推动阳光体育运动开展和丰富校园体育活动内容"方面的价值。开展周中主客场制校园足球比赛的目的,不仅仅局限于比赛本身,更重要的是要吸引青少年投身体育锻炼,提高他们体育锻炼的兴趣,培养他们的锻炼习惯,丰富课外体育活动的内容,推动阳光体育在学校中深入、广泛开展。

实施周中主客场赛制,体现了校园足球活动"知识和技能普及价值—广度价值—覆盖人数、人群增加和深度价值—认识程度加深,关注程度与技能提高"方面的价值。周中主客场制可以有效地提高校园足球活动的关注人数和人群,尤其是对广大青少年学生、普通教师而言。同时,主客场足球比赛的过程也是足球知识传授的过程,不仅仅对参与比赛的青少年而言,对于观看比赛的青少年学生更是一个知识学习的过程。青少年参与比赛和观看比赛的过程,也是其足球知识和技能提高的过程;比赛的本身对于参与活动青少年的技能提高有重要的作用,通过足球比赛,刺激参赛青少年努力训练,提高自身的技术水平;此外,对于观看比赛且热爱足球运动的青少年而言,可通过模仿比赛中的"明星",达到提高自身技术水平的目的。

周中主客场赛制是素质教育价值的重要体现。实行周中主客场赛制,便是要发挥学校间相互监督、对比的作用,规范学生的行为,提高学生纪律遵守能力、对自我形象的注意力,磨炼学生的意志品质,提高学生对于本校、本队的集体认同感和荣誉感,从而达到素质教育的目的。

实施周中主客场赛制实现了校园足球活动的"文化建设价值—精神文化建设价值"。比赛为学生们展示自我足球技能提供了平台,成为整个校园内学生的"节日";由于实行主客场制,参与比赛学生、教练员的言行举止便会受到多方的关注,成为学校形象的代表,成为展示本学校风采的"窗口";教练员进行临场指挥,战术安排,通过比赛这一"舞台"向广大师生展示了自我的价值与能力。此外,在"物质文化建设方面",通过周中主客场制比赛,可以刺激部分特色学校加大对于本校足球相关场地设施、师资力量的投入力度,提高本校硬件建设水平。

此外,周中主客场赛制对于校园足球活动强身健体价值和足球人才培养价值具有同样重要的作用。周中主客场赛制,比赛的时间相对固定,对参与队伍的训练、比赛要求相对固定,可以保证训练和恢复的合理性。相对于集中赛会制比赛而言,对学生的体能要求比较合理,能够避免运动疲劳和损伤的出现。此外,学生、教练员在观众的注视下比赛或指导,有利于提高自身的抗干扰能力,增强自信心,学生的技能运用能力和教练员的执教能力获得提高。

2) 比赛形式的价值本质

《2009—2010年度全国青少年校园足球联赛规程》中规定"小学组采用五人制、七人制、九人制比赛形式,初中组采取七人制、九人制、十一人制比赛形式"。比赛形式的确定主要是考虑了学生身心发展的特点,对场地、场上位置的感觉,以及青少年足球训练的规律,对于"强身健体价值"的作用明显。由于集体参与的特点,比赛形式对于"阳光体育价值—参与人数和参与程度价值"以及"素质教育价值—集体凝聚力价值"的体现作用比较明显。

7.1.3 联赛层次的价值

本书从范围和等级两个角度来分析全国青少年校园足球联赛层次的问题(图7.1.2)。按照范围特征,全国青少年校园足球联赛分为校级联赛、市级联赛、省级联赛、大区和全国联赛(大区和全国联赛尚未开展,但是已经纳入发展规划中。);按照比赛的等级,分为小学联赛、初中联赛、高中联赛和大学联赛(目前,全国校足办暂时未将高中和大学联赛纳入联赛活动中,但是已经纳入发展规划中)。在《全国青少年校园足球活动实施方案》中指出"高中和大学:在现有教育部学生体育协会联合秘书处组织的全国高中联赛和全国大学联赛基础上,补充完善"。

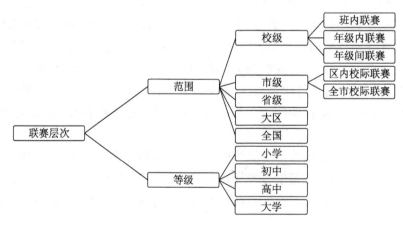

图 7.1.2 校园足球联赛层次示意图

本节主要从足球知识和技能普及价值与足球人才培养角度来分析校园足球联赛层次的价值。

针对联赛的范围而言,校级和市级联赛重点倾向于强调足球知识和技能的普及价值,体现在使人们对于校园足球活动的认识程度加深,覆盖的人群范围扩大,参与校园足球活动的城市、特色学校数量增加方面。省级、大区和全国联赛则更倾向于足球人才培养价值实现方面,在后备人才培养价值方面使注册青少年人口显著增加,他们的足球知识和技能显著提高,人才培养体系初步建立起来。

针对联赛的等级而言,小学、初中、高中、大学均强调了足球知识和技能的普及价值。但是,在足球人才培养价值方面,小学、初中的重点在于足球后备人才的培养方面,即青少年注册人口的培养方面;而高中和大学的重点在于足球相关人才的培养方面,即高中和大学主要培养的人才为足球相关的教学、科研和管理人才。

7.1.4 联赛注册的价值

注册主要体现校园足球活动足球人才培养的价值。通过注册对全国青少年校园足球活动中具有一定水平的青少年人才备案,达到了解与掌握青少年后备人才培养情况的目的;通过注册工作还可以了解各城市、学校在青少年足球后备人才培养方面发挥的不同作用。此外,注册工作可以有效防止"以大打小"、修改年龄等情况的出现,保证青少年比赛的公正性,为足球人才培养打下基础。

7.1.5 联赛保险的价值

联赛保险主要体现了校园足球活动的强身健体价值、足球知识和技能普及价值、足球人才培养价值。"校园足球运动责任险"的设立,提高了参与校园足球活动青少年对于自身健康的意识,为其参与联赛提供了保障。同时,免除了家长、校长的后顾之忧,提高了参与校园足球活动青少年的积极性,对于注册人数增加有一定的积极作用。联赛保险的实施,为校园足球的可持续发展提供了保证,能够促进更多的青少年无顾虑地积极投入到校园足球活动中。此外,能够吸引更多的学校参与到校园足球活动中。联赛保险的设立有效地提升了校园足球活动的自身品牌价值,同时也提高了人们对于校园足球活动的认同程度。

7.2 校园足球初期(2009—2010年)竞赛实施情况

本研究的开始时间较早,在2009年全国青少年校园足球活动开展初期,相对缺乏有效的理论基础与数据支撑。受制于当时的研究条件,主要以2009—2010年度全国青少年校园足球活动开展时的数据为基础。对于校园足球初期的竞赛、培训以及管理等工作开展和方向确定进行了基本的理论与数据分析。在此基础上,为了增强研究的时代性,补充了部分2015—2019年教育部主导校园足球后的数据信息。

由于2009—2010年度全国青少年校园足球联赛主要进行的是以市为单位的市级赛,而以省为单位的省级联赛、以大区(华东、华北、西北、西南等)为单位的大区联赛尚未开展,全国层面的全国联赛也未进行,仅仅是通过举办训练营(冬令营、夏令营中的比赛)的形式进行了一定场次的比赛,对以学校为单位的校级联赛未进行明确的规范管理与指导,因此,除了在联赛的层次研究中涉及其他级别的比赛外,对于校园足球联赛的研究主要限定在市级联赛层面。

7.2.1 联赛冠名路径

按照自身的性质,可以将全国青少年校园足球联赛的冠名分为公益性冠名、商业性冠名、商业性与公益性相结合的冠名三种类型;按照冠名联赛的层次,可以分为校级赛冠名、市级赛冠名、省级赛冠名、大区赛冠名、全国赛冠名(图 7.2.1)。

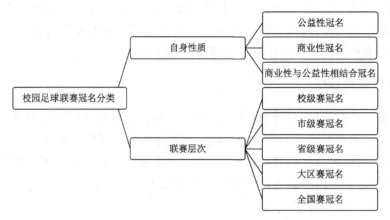

图 7.2.1 校园足球联赛冠名分类示意图

通过各布局城市上报总结情况,并通过 QQ 工作群资讯各布局城市,发现:对市级联赛进行了冠名的城市共有 15 个城市,约占开展联赛 42 个城市数量的 35.7%(图 7.2.2)。其中,进行公益性冠名的城市共有 9 个,约占开展联赛 42 个城市的 21.4%;进行商业性冠名的共有 5 个城市,约占开展联赛城市的 11.9%;进行商业性与公益性相结合冠名的共有 1 个城市,约占开展联赛城市的 2.4%。

图 7.2.2 联赛冠名城市情况示意图

在对市级联赛进行公益性冠名的城市中,冠以"市长杯"的共有梅州、广州、济南、延边("州长杯")4 个城市;北京启动了"萌芽杯""幼苗杯""希望杯"三杯赛,同时,部分校园足球特色学校参加了"百队杯"和"奥城杯"的校园足球比赛;淄博、南京、武汉等亚洲展望城市普遍采用了"亚洲展望—校园足球联赛"的冠名方式;大连市以原有的"青少年绿茵工程"校园足球联赛为基础,将校园足球联赛正式冠名为"大连市'市长杯''青少年绿茵工程'校园足球联赛"。同样,杭州市也开展了名为"绿茵杯"的校园足球联赛。

对市级联赛进行了商业性冠名的共有 5 个城市,包括重庆市的"阿迪达斯—校园足球联赛",达州市的"百事可乐—校园足球联赛"和"阿迪达斯—校园足球联赛",海口的"百事可乐—校园足球联赛",梅州市的"万力名人校园足球联赛""健森体育校园足球联赛""百事可乐—校园足球联赛",上海市的"茵宝杯校园足球联赛"等冠名方式。

对本市联赛采取商业性与公益性相结合冠名的有1个城市——青岛市,采用了"可口可乐—市长杯—校园足球联赛"的冠名方式。当然,还有少数城市校园足球办公室对某些类型的比赛,如决赛,进行了商业性冠名,未对全部的联赛进行冠名的情况。

7.2.2 联赛赛制路径

在开展2009—2010年度全国青少年校园足球联赛(市级)42个布局城市中,采用的基本赛制主要有周末主客场制、周末赛会制以及周中主客场制三类(表7.2.1)。

表 7.2.1 各布局城市赛制安排情况一览表

序号	周末主客场制	周末赛会制	周中主客场制
1	鞍山	达州	长春
2	宝鸡	都匀	成都
3	长沙	广州	大连
4	福州	海口	杭州
5	景德镇	合肥	黄石
6	兰州	呼和浩特	开远-楚雄
7	梅州	秦皇岛	昆明
8	南昌	石家庄	沈阳
9	南京	天津	石嘴山
10	青岛	乌鲁木齐	武汉
11	上海	延边	西安
12	北京 (第一阶段,第二阶段为淘汰制)	济南 (第二阶段)	济南 (第一阶段)
13	深圳		西宁
14	厦门		盐城
15	郑州		重庆
16	淄博		

1) 主客场赛制为主,赛会制为辅

由于《2009—2010年度全国青少年校园足球联赛规程》中对于主客场赛制的要求,决定了多数布局城市采取主客场制开展校园足球的比赛。目前,各城市普遍采用主客场赛制为主,赛会制、淘汰制为辅的形式组织本市校园足球比赛。由各布局城市上报《2009—2010年度布局城市青少年校园足球工作总结》统计得知:实行主客场双循环赛制的城市主要有鞍山、宝鸡、长沙、福州、景德镇、兰州、梅州、南昌、南京、青岛、上海、北京(第一阶段)、深圳、厦门、郑州、淄博、长春、成都、大连、杭州、黄石、开远-楚雄、昆明、沈阳、石嘴山、武汉、西安、济南(第一阶段)、西宁、盐城、重庆31个城市。

由于学校之间距离、地域因素、场地条件、资金条件等差异情况的存在,在采用双循环主客场制为主31个城市中,有重庆、成都、淄博、云南开远-楚雄5个城市采用了赛会制作为补充。

直接采用周末赛会制的城市有达州、都匀、广州、海口、合肥、呼和浩特、秦皇岛、石家庄、天津、乌鲁木齐、延边、济南(第二阶段)12个城市。

此外,部分城市采取了淘汰赛赛制作为补充,主要包括鞍山、北京(第二阶段)、都匀、兰州、淄博5个城市。

在主客场制基础上,重庆、成都2个城市的校园足球联赛实行了升降级赛制。重庆市将主城区的校园足球联赛分为甲级和乙级,16所足球重点小学、8所足球重点中学参加主客场制的甲级联赛,另外20所小学、18所中学参加周末赛会制的乙级联赛,乙级联赛前两名升入甲级联赛。成都市则将联赛分为:小学组超级联赛(五、六年级),乙级联赛(三、四年级)以及初中组联赛。

2) 周末比赛为主,周中比赛较少

大部分城市举行比赛的时间主要集中在周末。这些城市主要包括鞍山、宝鸡、长沙、福州、景德镇、兰州、梅州、南昌、南京、青岛、上海、北京(第一阶段)、深圳、厦门、郑州、淄博、达州、都匀、广州、海口、合肥、呼和浩特、秦皇岛、石家庄、天津、乌鲁木齐、延边、济南(第二阶段)28个城市,约占总布局城市数量的66.67%。

长春、成都、大连、杭州、黄石、开远-楚雄、昆明、沈阳、石嘴山、武汉、西安、济南(第一阶段)、西宁、盐城、重庆15个城市比赛时间主要集中在周中,约占总布局城市数量的35.71%。

3) 比赛形式相对固定

在参考国际足联、亚足联青少年相关竞赛规程的基础上,通过专家研讨会,全国校足办制订了"全国青少年校园足球活动比赛要求一览表"(表7.2.2)。其中,对小学三、四年级,要求比赛的形式采用"5V5"或"7V7",比赛分为上下半场,半场时间控制在15~20 min,中场休息时间为5~10 min。对小学五、六年级的,要求比赛采取"7V7"或"9V9"的形式,间歇时间与三、四年级相同。初中一、二、三年级均采用上下半场20~30 min比赛,间歇5~10 min的形式,在比赛的形式上初中一、二年级采用"7V7"或"9V9",三年级采用"9V9"或"11V11"。

这样的比赛安排,考虑到了青少年身体素质相对较弱、兴奋性保持时间短、易于疲劳、但恢复较快等特点,符合青少年身心发展的基本规律。能够保证其在锻炼身体、提高素质的前提下,尽量避免由疲劳引起的运动损伤的出现。

表7.2.2　全国青少年校园足球活动比赛要求一览表

年龄组	比赛形式	球员数量(人/队)	换人规则	场地大小(宽×长)(m)	比赛时间(min)	中场休息(min)
小学三、四年级 U9~U11	5V5	8~10	不限	18~25×27~45	(15~20)×2	5~10
	7V7	10~14	不限	18~30×27~45	(15~20)×2	5~10
小学五、六年级 U11~U13	7V7	10~14	不限	35~45×45~65	(15~20)×2	5~10
	9V9	14~18	不限	40~55×50~70	(15~20)×2	5~10

(续表)

年龄组	比赛形式	球员数量(人/队)	换人规则	场地大小(宽×长)(m)	比赛时间(min)	中场休息(min)
初中一、二年级 U13~U15	7V7	10~14	不限	35~45×45~65	(20~30)×2	5~10
	9V9	14~18	不限	40~55×50~70	(20~30)×2	5~10
初中三年级 U14~U16	9V9	14~18	不限	40~55×50~70	(20~30)×2	5~10
	11V11	18~22	不限	55~60×75~90	(20~30)×2	5~10

7.2.3 联赛层次路径

1) 校级联赛有所开展

所谓校级联赛,指的是校园内部开展的足球比赛。校级联赛包括班内比赛、年级内比赛(班级间比赛)、年级间比赛三种类型。

通过对布局城市的调查问卷"贵市校园足球活动特色学校中,组织过学校内部比赛的初中、小学数量?"统计发现,在开展校园足球联赛的 42 个城市中,初中平均学校数为 5.74,标准差为 4.407;小学平均学校数为 13.02,标准差为 9.180(表 7.2.3)。这表明 42 个校园足球活动布局城市中,校级比赛有所开展,定点初中中平均约有 1/3 的学校组织过校级比赛;有 43.3%的定点小学组织过校级比赛。

表 7.2.3 校级比赛开展情况数据分析

参数	初中	小学
N	42	42
Minimum	0	0
Maximum	16	35
Mean	5.74	13.02
Std.deviation	4.407	9.180

通过对特色学校体育教师(校园足球指导员)"贵校是否定期举办赛程相对固定的校级足球比赛?比赛的总场次如何?比赛的主要类型是?"的调查,发现有 368 名指导员选择了"是",占总数的 18.9%,按照 42 个城市计算,平均每个城市定期开展校园足球联赛的学校总数约为:2 200 所×18.9%÷42≈10 所。这一数字要明显低于按照"组织过学校内部比赛"标准得到的平均数 5.74+13.02≈19(所)。之所以出现平均每个布局城市有 9 所学校的差距,是因为定期举办的赛程相对固定的组织联赛与组织过比赛之间存在的差异造成的。这一数据表明,真正能够开展校园内部联赛的特色学校的数量比较少,校级联赛的开展情况较差。

在对 368 名校园足球指导员校级足球联赛"比赛总场次如何?"的调查中,选择"每周≤3 场""每周≤5 场""每周≤7 场""每周≤10 场"和"每周>10 场"频数的分别为 247、66、38、11、6 人,分别约占总数的 67.1%、17.9%、10.3%、3.0%、1.6%(图 7.2.3)。其中,在每周 3 场以下的占 67.1%,每周≤3 场和每周≤5 场的占到总频数的 85.0%。由此可知,在少数定期开展校园足球校级联赛的学校内,比赛的总次数绝大部分学校在每周 5 次以内,也就是说,每天不超过一场比赛。

图 7.2.3　校级比赛总场次示意图　　　　图 7.2.4　校级比赛类型示意图

在对 368 名校园足球指导员的"比赛的主要类型是?"的调查中,有 26 名指导员选择了班级内比赛,约占总人数的 7.1%;有 198 名指导员选择了年级内比赛,约占总人数的 53.8%;有 39.1%的指导员选择了年级间比赛(图 7.2.4)。由此可见,在开展校级足球比赛的特色学校,其比赛的主要类型为年级内比赛(班级间比赛),其次为年级间比赛,最后为班级内比赛,并且班级内比赛的开展情况非常差。

2) 市级联赛全面开展

目前,市级联赛是全国青少年校园足球活动的核心内容。除西藏拉萨、黑龙江牡丹江外,2009—2010 年度全国青少年校园足球市级联赛在全国 42 个布局城市开展起来,开展城市达到总城市数的 95.5%。

截至 2010 年 10 月,市级联赛总比赛场次基本达到了预期要求。按照《2009—2010 年度全国青少年校园足球联赛规程》中对市级联赛场次的规定:"初中组每支队伍全年不得少于 14 场比赛,小学组每支队伍全年不得少于 18 场比赛"。按直辖市初中、小学至少 30 所、60 所,非直辖市初中、小学至少 16 所、30 所的最低标准,2009—2010 年度直辖市校园足球比赛场次初中应不少于 210 场,小学不少于 540 场;非直辖市布局城市初中不少于 112 场,小学不少于 270 场,42 个开展联赛的布局城市联赛总场次至少应为 17 636 场,而实际完成场次为 17 543 场,基本达到了要求(图 7.2.5)。但是,这是建立在足球开展较好城市超额完成任务,而有一部分城市未能达到要求的基础之上的。

此外,2010 年 4 月,全国校足办下发了《关于促进省级校园足球活动及全国布局城市申报、降级事宜的通知》,"鼓励有条件的省、自治区开展省、自治区级校园足球活动",并要求"参与活动的省、自治区内有 3 座以上的城市积极申请加入校园足球活动,每座城市特色学校数量达到初中 10 所,小学 16 所以上"的基本条件。对于联赛的场次未做规定性要求,但要求相关省、自治区根据自身情况自愿申报省级布局城市,并组织开展相应省级联赛。

截至 2010 年 10 月,共有浙江省、甘肃省、云南省 3 个省开展了以省为单位的校园足球活动,并进行了省级布局城市市级校园足球联赛。其中,甘肃省确定了天水、嘉峪关、张掖、白银 4 个城市为校园足球活动省级布局城市,目前,初步进行校园足球市级比赛。浙江省在临海、衢州、丽水等城市开展了校园足球市级联赛。

7 校园足球价值实现的竞赛路径

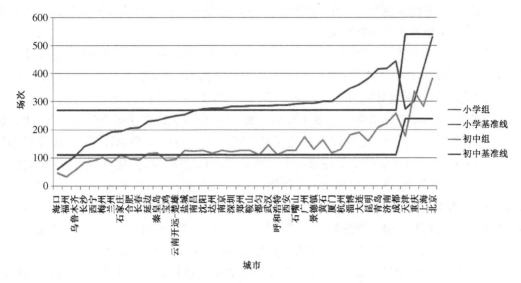

图 7.2.5　布局城市市级联赛总场次与标准场次比较示意图

3）省级赛、大区赛、全国赛尚未开展

省级赛指的是以省、自治区为基本单位,组织开展的城市之间的城际联赛。大区赛指的是高于省级联赛,低于全国联赛级别的比赛,主要是指按照地理位置组织进行的省级以上的比赛,例如,东北区比赛、华北区比赛、西北区比赛等。全国赛则是指参与全国校足办组织的面向全国范围的比赛,例如,全国青少年校园足球初中赛。

省级赛、大区赛、全国赛的基础是市级联赛,只有保证在各省、自治区校园足球活动布局城市达到一定数量,并且市级联赛初具规模,形成较为稳定的竞赛体系后,才能够开展这一类型的比赛。截至 2010 年,由于全国青少年校园足球活动刚刚开展 1 年,省级赛、大区赛、全国赛尚未开展。

4）高中、大学联赛尚未纳入

《全国青少年校园足球活动实施方案》中明确指出:"高中和大学(联赛):在现有教育部学生体育协会联合秘书处组织的全国高中联赛和全国大学联赛基础上,补充完善"。这一规定明确了全国青少年校园足球活动发展高中、大学联赛的基本方向,即要以现有的高中、大学联赛为基础,进行全国青少年校园足球活动高中、大学联赛的建设。

目前,高中和大学联赛尚未纳入全国青少年校园足球活动中。教育部学生体育协会秘书处组织的全国高中、大学联赛已初具规模,全国青少年校园足球活动初中和小学联赛刚刚开展,如何实现两者之间在管理层面、操作层面的有机结合,建立四级联赛体系成为校园足球发展道路上必须要面临与解决的问题。

7.2.4　联赛注册推广实施现状

《2009—2010 年度全国青少年校园足球活动注册管理规定》中,对注册人员进行了规定"初中组每队可报领队 1 人,教练员 2 人,工作人员或医生 1 人,运动员人数不超过 30 人;小学组每队可报领队 1 人,教练员 2 人,工作人员或医生 1 人,运动员人数不超过 20 人"。规定中对小学组要求以运动队为单位进行注册,如有条件的城市可以进行学生个人的注册;

对于初中组,则进行学生个人注册。本研究中仅仅将参与全国青少年校园足球活动市级联赛的学校、学生作为注册研究对象。

截至2009年9月,在开展联赛的42个布局城市中,除天津未上报注册学校和学生信息外,其余41个城市注册的小学和初中分别有1 430所和760所,学校总数达到2 190所;注册人数小学生和初中生分别为24 290名和14 834名,共计有39 124名。

开展联赛的42个城市除天津市注册小学数为0,呼和浩特市注册小学数为28所未达到30所的全国统一要求,重庆47所未达到对直辖市60所小学的要求外,其余39个城市均达到了30所或60所小学的最低注册要求。其中,鞍山、达州、都匀、福州、海口、黄石、济南、景德镇、兰州、南昌、南京、秦皇岛、深圳、沈阳、石家庄、石嘴山、乌鲁木齐、西宁、厦门、延边、郑州、开远-楚雄22个城市注册学校数为30所;长沙、合肥、盐城注册小学数量为31所;广州、杭州、昆明、西安注册小学数量为32所;长春34所,宝鸡35所,梅州36所,武汉和大连39所,淄博49所,成都57所,青岛62所,重庆47所,上海60所,北京63所。

开展联赛的42个城市除天津市未注册初中学生信息外,其余41个城市均完成注册。其中,鞍山、长春、长沙、成都、大连、都匀、福州、广州、海口、杭州、合肥、济南、景德镇、昆明、兰州、南昌、南京、秦皇岛、深圳、沈阳、石家庄、石嘴山、乌鲁木齐、西安、西宁、厦门、延边、盐城、郑州、开远-楚雄30个城市达到16所中学要求;黄石、武汉有18所,宝鸡、梅州19所,呼和浩特20所,达州、青岛25所,北京、淄博30所,上海32所,重庆44所。

通过SPSS软件对41个已上报注册材料城市进行分析:41个已注册城市每所小学平均注册人数为17人(平均数约为16.9人),注册人数较多的集中在10~20人之间(Std.dev=4.471 43),其中,17~20人之间出现的频数最多;注册人数在10人以下和25人以上的情况较少出现;注册人数在20~25人之间的情况同样相对较少,但略高于25人以上的注册人数(图7.2.6)。

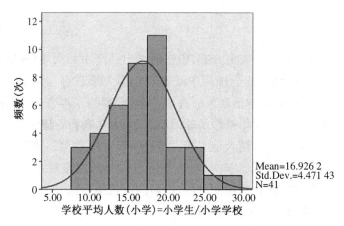

图7.2.6 学校平均人数(小学)示意图

对初中的平均注册人数进行分析,发现其标准差为4.930 25(图7.2.7),要大于小学的4.471 43,这表明初中的平均注册人数要比小学更为分散。在41个城市中,初中平均注册人数主要集中在两个区间:12~15人之间和17~25人之间。

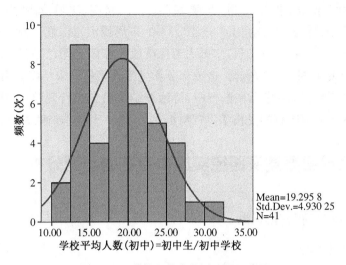

图 7.2.7　学校平均人数(初中)示意图

7.2.5　联赛保险路径

2009年12月16日,全国校足办与中国人寿保险股份有限公司(北京市分公司)洽谈,经保监会备案并通过,专门设立"校园足球运动责任险"险种,为全国青少年校园足球活动小学、初中市级联赛(校际联赛)的学生统一办理保险。《关于全国青少年校园足球活动保险的通知》中指出,参保对象为"参加全国青少年校园足球活动校际联赛的学生",参保人数初中30人,小学20人。"校园足球运动责任险"中规定(表7.2.4):"累计赔偿限额"为2 000万元,"每次事故赔偿限额"为500万元,"每人意外伤亡和残疾赔偿限额"为20万元,也就是说,参与校园足球活动并保险的青少年个体,如因参与足球活动导致的意外身亡时,最高可获得20万元的赔偿。

表 7.2.4　全国青少年校园足球活动保险金额表

人民币　单位:元

保险保障	保险金额	每次事故免赔额
累计赔偿限额	20 000 000.00	
每次事故赔偿限额	5 000 000.00	
每人意外伤亡和残疾赔偿限额	200 000.00	无
每人意外医疗费用赔偿限额	50 000.00	100.00
每人精神损害赔偿责任赔限额	50 000.00	无
每人第三者责任赔偿限额	50 000.00	200.00或损失的5%,高者为准
每人急性病身故赔偿限额	120 000.00	无
每人急性病医疗费用赔偿限额	10 000.00	100.00

截至2010年9月,全国校足办为参与"2009—2010年度全国青少年校园足球联赛的50 520名学生统一办理保险,累计保险总额为73万余元"。截至2010年9月1日,中国人寿保险股份有限公司共受理校园足球报案44起,已出险尚未报案的有8起,共计52起。涉

及 23 个城市分别为西安、重庆、郑州、青海、厦门、兰州、济南、沈阳、淄博、杭州、南昌、云南楚雄、石家庄、黄石、昆明、长春、志丹县（未列入 44 个布局城市）、深圳、青岛、都匀、广东梅州、延边、天津。截至 2010 年 9 月 1 日，中国人寿保险股份有限公司已赔付 20 起，赔付金额总共 4 万余元，尚未赔付的有 32 余起。造成部分学生受伤案例尚未结案原因主要有以下两个方面：首先，球员受伤后，治疗尚在进行中，待治疗结束后方进行理赔；其次，个别布局城市校园足球办公室将本市所有的受伤学生资料汇总后，统一于赛季结束时理赔。

7.3 校园足球初期竞赛路径实施中存在的问题分析

7.3.1 联赛冠名推广存在的问题

1) 公益性冠名率低

市级联赛无冠名的城市共有 27 个，约占开展联赛城市数量的 64.3%，而具有公益性冠名的仅有 9 个，约占开展联赛城市数量的 21.4%，且公益性冠名城市仅占冠名城市总数量的 60.0%。以上数据充分说明：全国青少年校园足球活动市级联赛的公益性冠名率非常低。

造成市级联赛公益性冠名率低的原因主要集中在两个方面：首先，校园足球联赛作为一项体育赛事，到 2011 年刚刚开展 1 年时间，冠名问题尚未引起部分管理机构的充分重视；其次，在开展校园足球联赛前，大部分城市并未大规模地开展过校园足球相关的活动，对于联赛冠名事宜缺乏认识，对校园足球联赛的品牌建设重视程度较低。

2) 公益性冠名硬性规定与商业性冠名客观需要之间的矛盾

全国青少年校园足球活动的出资方是国家体育总局，其投资方式对其公益性质起着决定性作用。因此，在《2009—2010 年度全国青少年校园足球联赛规程》中要求冠名必须具有公益性，如"省长杯""市长杯"。对市级校园足球联赛进行公益性冠名，主要是为了引起市级政府机构的重视，打造以市为单位的校园足球品牌。同时，也是为了保证全国青少年校园足球活动整体的品牌价值，为进行全国性的商务开发做好准备。正如济南市校园足球办公室总结中提到的："联赛被冠以'市长杯'，在很大程度上提升了联赛品质和信度……引起了市政府的高度重视"。

而对校园足球活动进行商业性冠名的根本目的在于吸纳社会资金，支持校园足球活动开展。对于市级校园足球联赛，仅仅进行公益性冠名，而不允许进行商业性冠名往往导致各布局城市对政府投资的依赖性增加。无商业性冠名，即意味着几乎无商业性资金的投入，导致各市级校园足球活动社会资金吸纳不够或根本无法吸纳社会资金。长此以往，会导致各市校园足球活动对政府资金的依赖性逐步增加，造成"政府资金到位，活动开展；资金不到位，活动暂缓或停滞"的情况。

全国校足办对市级联赛公益性冠名硬性规定的存在与各布局城市希望通过商业性冠名的方式吸纳社会资金支持本市校园足球活动开展的需要之间形成了尖锐的矛盾。这也恰恰是商业性冠名或商业性与公益性相结合冠名出现的根本原因。当然，它们的出现，还有其他方面的原因：首先，在全国青少年校园足球活动开展前，部分城市的商业性比赛已经开展了多年，如百事可乐相关的比赛，形成了一定的规模，具有了一定的影响力，校园足球联赛的开展,对原有的商业性联赛构成了冲击,将两者结合成为布局城市校园足球管理部门的必然选择之一;其次,部分城市资金到位较晚,确实存在资金周转困难的情况,需要募集社会资金进行校园足球活动。

7.3.2 联赛赛制推广存在的问题

1) 周中主客场制推广难度较大

《2009—2010年度全国青少年校园足球联赛规程》强调,要以"周中主客场赛制为主",对于存在特殊困难的城市,可以考虑采取其他赛制。实际上,能够按照联赛规程中要求进行赛程、赛制安排的城市仅有15个,而实行周末比赛的城市共有28个。并且,实行周中主客场制的15个城市并非完全安排在周中比赛,只是在全部比赛中,周中比赛所占的次数相对较多。这表明,在2009—2010年度全国青少年校园足球联赛中实行"周中主客场比赛"的程度比较低。

造成周中主客场制比赛推广难度大的因素是多方面的。首先,学生学习时间与比赛时间的冲突是阻碍的重要因素之一;其次,学校日常活动经常造成周中比赛赛程调整,与之相对应的是周末比赛赛程的相对稳定性,因此,许多城市选择周末组织比赛;再次,学校间的路程、学校的数量等也是影响周中比赛的因素之一,例如,延边州虽然主要以周中比赛为主,但是,其所辖珲春市和龙市之间距离在200 km以上,由于两市特色学校数量相对较少,只能进行相互间的比赛,而因为路程因素导致主客场制的比赛难以保证,只能通过周末集中赛会制方式进行比赛。另外,管理人员、裁判员的人数较少,难以保证同时对多场比赛进行管理、执裁,采取集中管理、执裁的方式更为方便,也是重要的影响因素之一。此外,相对较高的费用支出也成为制约周中主客场制开展的一个重要因素。

比赛形式的运用存在一定的问题,校园足球竞赛规程中要求小学实行"五人制""七人制""九人制",中学实行"七人制""九人制""十一人制"的形式进行比赛。这样规定主要是从学生足球运动学习的特点,对场地的适应能力方面考虑,较为符合青少年足球学习的规律和身心发展的规律。但是,有部分特色学校对比赛的形式缺乏认识,小学组采用了"十一人制"比赛,而初中组采用了"五人制"比赛。

通过对体育教师的"贵学校参加校际比赛时,曾经采用过的比赛形式有?(多选)"的调查,初中以"十一人制"和"七人制"为主,分别占50.00%、34.73%(图7.3.1);小学以"五人

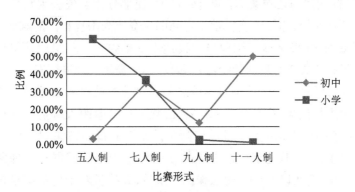

图7.3.1 特色学校比赛形式调查示意图

制"和"七人制"为主,分别占59.95%、36.56%。初中采取"九人制"比赛形式的学校并不多,仅占12.23%。初中学校中有3.04%的学校采用了"五人制"比赛形式,小学中有1.00%的学校采用了"十一人制"比赛形式,这违反了全国青少年校园足球活动对于初中、小学比赛形式的规定,其原因可能是由于赛事组织方缺乏相关的比赛组织经验、比赛场地的限制等因素造成。例如,在对W市校园足球联赛进行实地考察的时候,发现其中一所小学进行了"十一人制"的比赛,经过咨询得知,其学校相关负责人对于比赛组织管理缺乏经验,经过协调改为"五人制"比赛。

2)不符合条件特色学校成为制约赛制合理安排的重要因素

《全国青少年校园足球活动实施方案》中对特色学校的基本条件提出了要求:"优先考虑足球传统学校;具备足球教学、训练、比赛场地条件的学校;有多年开展学校足球活动基础的学校"。但是,由于对初中、小学数量硬性要求的存在,部分布局城市为了凑足初中16所、小学30所(直辖市初中30所、小学60所)的最低数量要求,将一些不符合条件的学校纳入特色学校的行列。

这些不符合条件的学校主要表现为:缺乏足球比赛所需的基本训练、比赛场地;从未开展过足球活动,且学校领导普遍反对学生参与足球活动;地处偏远,周边地域范围内特色学校数量很少;师资力量差,无法保证比赛顺利实施。

特色学校场地条件不达标,导致无法在其校园内安排比赛,只能将比赛安排到邻近的特色学校内,改变了实施主客场赛制的可能性,使赛会制成为迫不得已的选择。

特色学校与其他学校距离远,地处偏远,交通安全问题成为校长普遍关心的核心问题,实行周中主客场制的成本巨大、安全风险高,成为阻碍实施主客场制的另一主要因素。

特色学校从未开展过校园足球活动,领导普遍不支持或反对、师资力量不足,成为制约赛制安排的又一重要因素。

3)特色学校水平差异致使赛制安排难度增加

特色学校水平差异主要表现在两个方面:部分足球传统项目学校,足球竞技水平明显高于其他特色学校;部分从未开展过足球活动的学校,足球竞技水平明显低于本区域内的其他特色学校。对于某一布局城市而言,如果这两种类型特色学校的数量较少,均会给赛制的安排增加一定的难度。正如《2009—2010年度济南市青少年校园足球工作总结》中所提到的:"校际、区域间足球运动发展水平存在明显差距,传统足球项目学校的竞技水平相对较高,其他学校无法与之抗衡,比分差距过大,使部分比赛失去观赏性。因此,如何合理安排足球传统项目学校、非传统项目学校之间的比赛成为困扰我们的难题"。

在一定区域内,如果足球传统项目学校达不到单独安排一组或几组比赛的最低数量,也就是说如果仅有2或3所足球传统项目学校,其比赛便较难进行安排。因为,作为特色学校的足球传统项目学校与非传统项目学校之间在足球竞技水平上差异非常明显,如将其安排在同一小组内进行比赛,势必会造成比赛无悬念、比分差距大等情况的出现,最终导致比赛失去意义,还容易引起非传统项目学校师生的不满和抵制情绪,甚至会导致退出校园足球活动行为的发生。例如北京市某中学在与回民中学("三高"俱乐部梯队队伍)进行的一场校园足球比赛中,竟然以0:19的悬殊比分落败,其校长对于比赛结果极度不满,当场宣布退出了校园足球活动。

同样,在一定区域内,如果足球竞技水平较低的特色学校数量很少,也会给赛制的安排提出新的难题。

4) 周末主客场制、赛会制平均比赛场次低,稳定性和效果差

通过 SPSS 对中学平均比赛场次、小学平均比赛场次与周末赛会制、周末主客场制、周中主客场制之间的聚类分析发现,进行周中主客场制比赛的城市其初中和小学平均参加比赛的场次为 17.29 场和 16.97 场,要明显高于进行周末赛会制和周末主客场制的布局城市(表 7.3.1)。这表明,周中主客场赛制对于平均比赛次数产生了一定的积极影响,要高于周末赛会制和周末主客场制。

表 7.3.1　赛制与平均比赛场次聚类分析表

形式	初中平均比赛场次		小学平均比赛场次	
	Mean	Std. Deviation	Mean	Std. Deviation
周末赛会制	14.24	4.669	15.19	4.284
周末主客场制	12.76	7.295	14.42	7.689
周中主客场制	17.29	5.500	16.97	3.650
Combined	14.83	5.942	15.56	5.283

通过对比赛场次的聚类分析与标准差检验发现,赛制对于比赛场次的稳定性产生了一定的影响。进行周末主客场制比赛的布局城市的初中和小学平均比赛场次最低,分别为 12.76 场和 14.42 场,并且,其标准差(7.295 和 7.689)要明显高于进行周末赛会制和周中主客场制的定点城市的标准差值。这表明,进行周末主客场制比赛的布局城市之间的比赛场次差距最大,也就是说周末主客场制比赛的稳定性最差。相比而言,初中组周末赛会制比赛的稳定性最高(标准差 4.669),要明显低于周末主客场制比赛。小学组进行周中主客场制比赛的标准差最低(3.650),这表明小学组周中主客场比赛的稳定性最高,相对而言,初中组周中主客场比赛的稳定性要低一些。

周末比赛在观众、相关人员的时间安排和交流沟通等方面问题颇多,其推广校园足球活动的效果非常差。正如《2009—2010 年度上海市青少年校园足球活动工作总结》中提到的:"目前,我们把全部比赛都安排在周末,但发现有三个主要问题。其一,时间冲突,有时比赛会与学校考试或其他活动发生冲突;其二,周末比赛观众人数不多,赛场气氛也不够热烈,交流范围仅限于比赛队员间,如若安排在周中,学校可以组织学生观赛,效果肯定会更好;其三,与寄宿的学生回家发生冲突。上海有不少学校是寄宿制学校,如周末比赛,学生无法回家,家长会有意见"。

当然,周末主客场制比赛的效果比赛会制更差。这主要由以下几方面决定的:首先,由于学校放假,学校中几乎没有学生、教师观看比赛,主客场制的意义已经变得不大。而与之相对,周末集中赛会制参与队伍数量较多,活动的影响力也相对较大;其次,比起周末主客场制,周末赛会制比赛更容易组织与管理,投入的人力、物力相对较少;再次,周末集中赛会制比赛本身的影响力要大于分散到各个学校中,更容易吸引媒体、家长等人的关注,便于进行宣传活动;此外,周末集中赛会制比赛对于学生之间相互交流学习的效果也要好于周末主客场制。

5) 年龄差异导致"以大打小"局面

按照《2009—2010年度全国青少年校园足球联赛规程》中的规定:"初中组(U13、U14、U15、U16)为16岁以下(1994年9月1日以后出生),小学组(U9、U10、U11、U12、U13)为13岁以下(1997年9月1日以后出生)"即可。在这一标准的指导下,不同特色学校选拔校队队员的年龄标准有所差异,这便导致市级联赛小学组中经常出现五、六年级学生与三、四年级学生比赛的情况,初中组亦然。由于青少年处于青春发育期,不同年级、年龄的学生在身高、体重方面的差异非常明显(哪怕只有1岁的差异),造成校园足球联赛中"以大打小"局面频频出现。这一局面的出现,对赛制的安排提出了新的要求,即应尽量安排年级相同、年龄相仿的队伍在一起比赛,而不是单纯地按照地域、距离远近的标准进行赛制的编排。

当然,为了避免出现"以大打小"的局面,联赛规程中还规定"每个组别的球员年龄差距不得超过两岁"。但实际上,这一规定并未从根本上杜绝"以大打小"局面的出现。原因主要有以下几个方面:每所特色学校一般组建1支校队,而不会根据年龄阶段组建多支队伍;绝大部分城市按照就近原则安排特色学校之间的比赛,并编排赛制,而忽略了年龄差异;部分学校校队队员的流动性比较大,尤其是小学组,更迭频繁,给赛制的安排提出了难题。

例如,在2009—2010年度全国青少年校园足球夏令营(秦皇岛站)的比赛中,大连队与天津队进行比赛,大连队选拔的队员来自大连东北路小学五年级,而天津队的队员来自南开附小三年级,大连队无论从身高、体重、技战术能力全面高于天津队,最终以9∶1结束了比赛。

7.3.3 联赛层次推广存在的问题

1) 管理体系不完善、不统一

管理体系的不完善主要是从联赛的范围角度说的,即校级、市级、省级、大区、全国联赛管理体系的不够完善。校级联赛的管理体系尚未建立起来,导致目前各布局城市对于本市校级足球联赛缺乏系统的管理与评估,校级联赛处于自发性的无组织状态。2009—2010年度布局城市市级联赛初步开展起来,其管理体系也初步建立起来,但仍需加强"教体结合"的力度,在教育部门的领导下,全面发挥"教体结合"在市级校园足球联赛中的作用。目前,省级联赛的管理体系在部分省(浙江省、甘肃省、云南省等)初步尝试建立,需要进一步地探索、规范和完善,并逐步向各省全面的推广开来。大区、全国联赛的管理体系尚未建立,需要从全国层面,以全国校足办为主,选择、设计大区赛、全国赛(初中、小学)的竞赛计划和方案,并建立相应的管理体系。

管理体系不统一主要是针对联赛的等级而言的,即小学、初中、高中、大学四级联赛管理体系不统一。目前,小学、初中联赛由全国校足办负责全面的管理工作,全国校足办在中国足球协会办公,实际上很大一部分工作由中国足协及其下属协会负责解决,而目前的高中、大学联赛由教育部学生体育协会联合秘书处负责管理工作。按照"高中和大学:在现有教育部学生体育协会联合秘书处组织的全国高中联赛和大学联赛基础上,补充完善"的基本要求,四级联赛要建立起来,必然牵涉到中国足球协会和大学生体育协会联合秘书处两者之间管理工作的统一问题。同样,各布局城市面临的是体育局或足协与教育局体卫艺处之间的管理统一问题。随着全国青少年校园足球活动的持续发展,这一问题会变得日益尖锐起来,成为摆在校园足球发展道路上的一道"屏障"。

2) 校级联赛被忽视,组织、管理、监控难度大

校级联赛是全国青少年校园足球活动最为核心的内容,从足球知识的普及和技能提高的角度来看,其重要性甚至在市级联赛以上。可以说,校级联赛是校园足球的根本所在,是真正的"校园"足球。但是,目前对于校级足球联赛的重视程度要远远低于市级联赛。绝大部分城市放弃了校级联赛的组织,而单纯地强调市级联赛建设,这便脱离了"校园"这一足球的"沃土",走入了纯粹的校队培养为主的"歧途"。只有充分开展校园内部的联赛,建立班级赛、年级赛、年级间比赛三级比赛体系,充分调动全体学生积极参与足球锻炼,从中选拔出优秀的苗子来组建校队,校园足球才真正具有了生命力,校园足球活动才能成为广大学生共同参与的运动项目,而不至于沦为校队队员的"特权"。

校级联赛作为校园足球联赛的核心,目前开展的情况非常差,且缺乏有效的组织管理和监督控制,处于各特色学校自行组织、自我管理、自我监督的无序状态。目前,全国校足办和各市办公室并未将校级联赛的开展作为衡量校园足球活动开展情况的指标,尚没有建立规章制度来规范校级联赛的运行。造成校级联赛难于组织管理和监控的原因是多方面的,主要集中在:校园内部足球联赛的开展,需要调动全校的资源,需要校长、班主任的全力支持,同时还要有一定足球知识和技能的校园足球指导员负责赛事的组织与协调管理方面的工作,同时具备这些条件的特色学校相对较少(以足球传统项目学校为主);各市校园足球管理机构的管理人员、教练员、裁判员的人数有限,对多所特色学校进行管理与监控的难度非常大,经费的投入也比较巨大;在全校范围内开展校级足球活动,需要得到家长的广泛支持,而恰恰是家长的反对成为校园足球活动开展的重要障碍之一;足球运动存在受伤的风险性,由于青少年普遍缺乏基本的足球知识和技能,比赛中容易使用错误的技术动作,引发运动损伤的可能性要高于具有一定知识和技能人员,这也成为制约校级足球联赛开展的重要因素。

可以说,忽略校级联赛,以市级联赛为主,是忽略了全国青少年校园足球活动的最基本的价值——对于青少年的强身健体的价值,对于学校体育活动的阳光体育价值,对于足球知识和技能的普及价值以及校园文化建设价值,是典型的舍本逐末!

3) 市级联赛层次单一,缺乏广度和深度

目前,以市为单位的校园足球联赛(市级联赛)在全国 42 个布局城市全面开展。但是,市级联赛相对单一,虽然具有了一定的规模,但缺乏纵向深度,未建立起校级、市级、省级、大区、全国范围的竞赛"网络";缺乏横向的广度,尚未完善、统一起小学、初中、高中、大学四级竞赛体系。

4) 市级联赛比赛场次"一刀切"

《2009—2010 年度全国青少年校园足球联赛规程》对比赛场次的规定具有"一刀切"的特征:初中组、小学组每支队伍全年不得少于 14 场、18 场比赛。这种对布局城市统一的比赛场次要求,忽略了布局城市是否具有开展校园足球活动的基础,城市的足球场地建设情况,经济的发展状况,人们对于校园足球活动开展的支持程度等各种因素,即未考虑各布局城市在开展校园足球活动中存在的差异性。单纯依靠行政性的指令"一刀切",不考虑布局城市实际情况的做法,对于校园足球活动的顺畅开展极为不利。

全国总比赛场次的基本完成并不能掩盖"一刀切"模式存在的弊端。小学组比赛,有20个布局城市未达到270场(非直辖市)或540场(直辖市)总比赛场次的最低要求,包括海口、福州、乌鲁木齐、长沙、西宁、梅州、兰州、石家庄、合肥、长春、延边、秦皇岛、宝鸡、云南开远-楚雄、盐城、南昌16个城市和北京、上海、天津、重庆4个直辖市。初中组比赛,有12个布局城市未达到112场(非直辖市)或240场(直辖市)比赛总场次的最低要求,它们分别是福州、海口、乌鲁木齐、兰州、长沙、西宁、宝鸡、长春、云南开远-楚雄、合肥、梅州和天津。也就是说,分别有47.6%和28.6%的城市未达到小学组和初中组的最低总场次要求。

2009—2010年度布局城市市级联赛总场次要求至少应为17 636场,而实际完场场次为17 543场,基本达到了要求。但是,通过对各布局城市平均比赛场次的分析发现,这一数据的获得是建立在部分城市超额完成比赛场次基础上的,许多城市的平均比赛场次未达到初中14场、小学18场的最低要求。

在全部42个布局城市中,除天津因未上报注册学校无法确定学校的平均比赛场次外(按0场处理),还有22个城市小学未达到18场比赛(图7.3.2),分别为海口、福州、乌鲁木齐、长沙、梅州、西宁、长春、合肥、兰州、青岛、石家庄、重庆、宝鸡、上海、淄博、武汉、延边、成都、秦皇岛、盐城、北京、开远-楚雄,共有54.8%的城市未按照要求完成小学组规定的比赛。

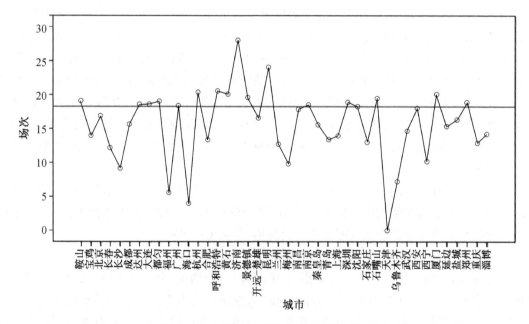

图7.3.2 各布局城市小学平均比赛场次示意图

初中组(除天津外)有福州、海口、乌鲁木齐、达州、宝鸡、长沙、梅州、兰州、呼和浩特、西宁、长春、合肥、淄博、开远-楚雄等14个城市未达到14场比赛的最低要求(图7.3.3)。

比赛场次"一刀切"模式具有明显的弊端:首先,忽略了城市之间在开展校园足球活动上存在的差异性,用统一的标准进行要求,即降低了足球基础好的城市开展校园足球活动的自主积极性,又抹杀了校园足球基础薄弱城市参与活动的热情;其次,忽略了城市内部学校之间在开展校园足球活动客观、主观条件方面的差异性,依靠比赛的次数来规范学校参与校园足球活动,造成部分难以完成比赛场次的学校很难继续参与到活动中来,违背了普及足球知识和技能基本价值;再次,对比赛场次的要求,间接促使了周末赛会制比赛的开展,对周中主客场制比赛的开展极为不利。

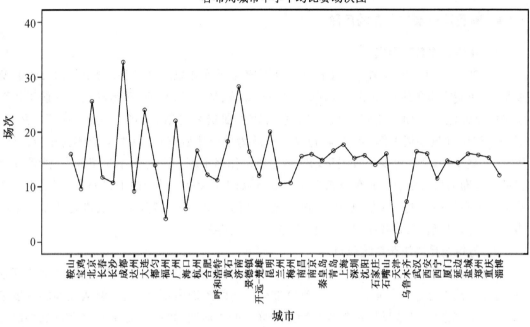

图 7.3.3　各布局城市中学平均比赛场次示意图

5) 四级联赛理论构想与政策缺失

小学、初中、高中、大学四级联赛的理论构想是校园足球活动发展的理想化模式。这一构想是建立在参与校园足球活动的定点初中、高中、大学能够招收具有一定水平的足球特长生的基础之上的。然而,教育部关于高校招收体育(足球)特长生的相关规定,将能够进入大学深造的足球青少年人才限定在了极其"狭小"的范围内。2011年教育部公布了招收足球特长生高校的名单,全国共有69所高校可以招收足球特长生,按照每所学校可招生30人计算,全国能够招收的足球特长生人数为2 070人。对于全国青少年校园足球活动四级联赛的顶级联赛"大学联赛"而言,这一数字意味着仅有少数优秀的足球人才可以进入大学深造,小学、初中、高中联赛所培养出的绝大部分足球人才将被拒之于大学联赛的门外。

此外,教育部发布的《2009年普通高等学校招收高水平运动员办法》中明确要求招收体育特长生应满足的基本条件为:"获得国家二级运动员(含)以上证书且高中阶段在省级(含)以上比赛中获得集体项目前六名的主力队员"或"获得国家一级运动员(含)以上证书者,或近三年内在全国(或国际)集体项目比赛中获得前八名的主力队员"。这一规定进一步降低了大学联赛足球人才吸纳的数量。

对于招收足球特长生的高中而言,面临同样的问题。参加教育部中学生体育协会组织的2010年全国高中联赛的队伍来自22个省市,共200支,按照每支队伍20人计算,共有4 000人。对于全国青少年校园足球活动44个布局城市,数百万的参与青少年而言,这一数字微乎其微。可以说,高中足球特长生的数量也被限定在了一个相对较小的范围内。

随着比赛级别提升,各级联赛在足球人才吸纳方面的能力呈直线下降趋势。虽然小学、初中、高中、大学四级联赛的理论构想非常具有吸引力,但是在缺乏现实政策支持的前提下,四级联赛的构建必将成为一纸空谈。

7.3.4 联赛注册推广存在的问题

1) 注册工作名不副实

《2009—2010年度全国青少年校园足球联赛注册管理规定》中明确指出,"由市级联赛委员会,负责本市各级校园足球联赛参赛学校、球队、教练员(教师)和运动员的注册工作"。全国校足办注册方面的工作仅仅是"汇总各市注册资料与数据,形成注册档案"。并且,2009—2010年度注册工作小学以特色学校校队为单位注册,初中以学生个体为单位注册。因此,严格来讲,全国青少年校园足球联赛注册工作名不副实。对于小学组而言,所谓注册指的是各布局城市汇总各特色学校参赛人数,然后上报备案;对于初中组而言,则是由各布局城市汇总初中学生个人信息,并上报备案。全国校足办未进行,也无法进行注册资格的审查,因此,只能直接将各布局城市上报"注册"信息存档。

2) 与中国足协注册系统脱节

全国青少年校园足球联赛注册工作与中国足协U系列注册工作脱节,两者之间相互独立,难以实现相互兼容与查询。这一现象带来的问题短期内不会显现,但从长远的发展来看,存在U系列球员违反规定参与校园足球联赛的可能性,如不能实现U系列注册系统与校园注册之间的查询,则弄虚作假情况难以避免。

3) 注册人员"流失"

2009—2010年度全国青少年校园足球联赛工作总结会上,M市代表提出"经过我们校园足球培养1年的孩子,被某运动队'挖走'了,并且将要在中国足协U系列中注册"。这一现象反映出了以下几方面的问题:首先,校园足球所谓的注册缺乏规范性,尚未形成一定的约束力;其次,校园足球注册与中国足协注册之间脱节,由于中国足协注册的相对规范性,当两者冲突时,校园足球注册只能服从于中国足协注册;再次,校园足球在注册人员的流动性较大,转学、升学等因素严重影响注册信息的稳定性。

4) 注册与联赛脱节严重

注册与联赛脱节指的是实际比赛人员与注册信息不符的现象,即未注册人员参加了正式比赛,而注册人员缺席比赛或直接退出了校园足球活动。这种现象在小学组比赛中非常普遍,初中组比赛相对较少。造成这一现象的原因众多,主要有:校队注册人数较少,一旦有人请假,只能临时找人替代;一旦家长反对,学生退出校园足球活动的概率非常高;伤病因素导致缺员,为了比赛正常进行找人替换;比赛的重要性较高,安排水平较高的队员替换,弄虚作假,争取获得好的成绩等。

5) 女性在注册人数偏少

全国青少年校园足球联赛在注册女性青少年学生人数偏少。《2009—2010年度杭州市校园足球活动工作总结》中提出"由于社会认知度、家长观念等诸多因素影响,形成男足队员注册人数多,女足队员少的现状"。以淄博市为例(图7.3.4),小学组男性739人,女性231人;初中组男性730人,女性132人。

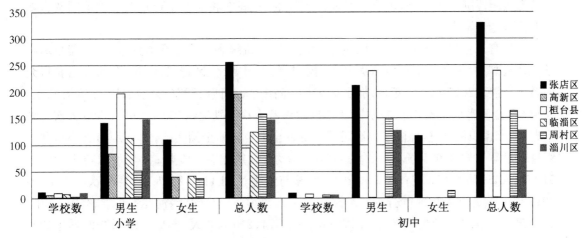

图 7.3.4 淄博市在注册学校、男女数量关系示意图

7.3.5 联赛保险推广存在的问题

1) 投保范围与投资额之间的矛盾

目前,开展联赛的 42 个布局城市普遍要求扩大投保范围,认为当前的范围相对"狭窄",未将参与校园足球活动校级比赛的青少年纳入进来。毫无疑问,扩大投保范围对于校园足球活动的开展具有良好的推动作用。但是,随之而来的是投资额的上升,这样势必会导致校园足球全国下拨资金的减少,影响校园足球活动的开展。如何合理平衡投保范围与投资额之间的关系成为摆在校足办面前的一道难题。

2) 少数布局城市对保险工作重视程度不够

尽管布局城市对保险工作普遍重视,仍有少数城市重视程度不够,未能及时投保,导致在投保之前受伤的青少年医疗费用无法理赔。例如,T 市未按照全国校足办的要求,组织未在校园足球注册的青少年参加 2010 年夏令营(秦皇岛)。其中,一名学生发生骨折,导致无法理赔。

3) 实际投保人数与在注册人数严重不符

2009—2010 年度全国青少年校园足球联赛保险投保对象范围仅限于在注册 39 124 名初中、小学生。但是,由中国人寿保险公司提供的保险名单人数达到了 50 520 人。

实际投保人数与在注册人数之间出现了巨大的差异,造成这一现象的原因有以下几方面:陕西省志丹县、山东省威海市第八中学作为全国青少年校园足球活动的相关单位进行了投保;部分城市提出增加投保人数,获得了批准,并付诸实际;由于存在部分未在校园足球注册人员,全国校足办对参加夏令营、冬令营参与城市的部分人员进行了二次投保。

7.4 教育部主导后(2015—2019 年)校园足球竞赛实施情况

2014 年底教育部主导校园足球后,明确提出将原称为"定点学校"的校园足球全国布点学校改为"特色学校",要求特色学校内部必须开展校内联赛,并提出小学校际联赛以地市一级为实施范围,中学校际联赛以省级为实施范围,高中和大学联赛则在省级范围赛事基础上开展全国赛事。

在教育部主导与推动下,校园足球特色学校内班级和年级竞赛得到夯实,校园足球小学、初中、高中、大学联赛得以全面开展,校内赛、市级赛、大区赛、省级赛、全国赛也获得全面系统开展。2015—2019年,参加小学、初中、高中、大学四级联赛学生共计1 255万人次。2018年,全国青少年校园足球高中、大学联赛参赛人次分别达到25 000和37 500人次。各个省、城市也积极推进,保障了校园足球竞赛在全国范围的全面实施。2015年,天津市共组织校际足球比赛1 695场,地市级比赛1 449场,省级比赛246场;参与足球赛事的学生51 856人,球队2 677支;2016和2017年参与学生达到115 429人,比赛场次8 114场;2018年组织足球赛1 287场,参与人数50 017人。2015—2017年,河北省小学、初中、高中、大学四级联赛参与学生人数达到77 567、107 474、216 830人,参加校级联赛的学生达到133 023、148 090、247 502人。2017年,黑龙江省共组织校园足球比赛23 269场,参与人数达到163 478人。2015年,上海共举办1 348场比赛。2015—2017年,山东省校园足球特色学校共991所,2017年参赛人数达到137.9万人。2017年,湖北省参与校园足球比赛学校2 700多所,队伍2 590支,学生人数超过35 670人。

2010年,国家体育总局主导全国青少年校园足球活动期间,开始举办校园足球"冬令营"和"夏令营",目的是对各城市具有一定足球天赋青少年进行集中比赛、选拔,为他们创造更多踢球的机会与足球文化活动的交流平台。校园足球训练营是全国青少年校园足球活动的重要组成部分,伴随着校园足球活动的开展,训练营的规模和影响力也在逐步上升。2015年后,教育部继续推进这一足球活动组织形式,将其命名为"满天星"训练营。校园足球训练营主体内容包括比赛、培训、选拔、文化活动等多种形式,是对校园足球竞赛体系的丰富与完善,也为全国范围内具有足球天赋青少年的交流与互动提供了平台,同时,为全国范围内选拔青少年组成国家层面的代表队提供了机会。2017年,教育部在全国建设了4个青少年足球训练营("满天星")。2018年的"满天星"校园足球夏季训练营共举办了11期,300多支代表队参加,参与青少年人数达到7 000余人,参与的教练员超过千人。到2019年,全国共设立"满天星"训练营47个。2015—2019年,参加全国夏(冬)令营活动的学生超过3万。2016—2018年,选出828名夏令营总营全国最佳阵容队员中的130人成为职业俱乐部注册球员,另有30多人出国深造。

教育部主导校园足球后,各城市校园足球联赛的规模得到了发展,联赛赞助与冠名表现出多样化的特点。例如,北京市的校园足球联赛先后与北京国安俱乐部、北京电视台、北京广播电台、国奥集团、耐克、李宁等企业建立了合作关系。

2009年,在校园足球开展伊始,全国青少年校足办便高度重视踢球青少年的安全保障问题,与中国人寿保险公司北京分公司洽谈专门设立了"校园足球运动责任险",有效解决了学校、家长、社会共同关心的问题。教育部主导校园足球后,继续推进青少年球员的保险办理事宜,进一步健全了防范机制。

8 校园足球价值实现的师资培训路径

师资培训是全国青少年校园足球活动最重要的工作之一。通过培训解决校园足球的教师在足球技能方面的短板问题,有效提升教师的专业化水平;通过培训提高各级管理者,尤其是基层管理者对校园足球的全面认识,为校园足球获得他们的支持提供了契机。

8.1 校园足球培训的价值内涵

全国青少年校园足球培训重点面向校园足球指导员(体育教师)、校园足球裁判员、指导员讲师、特色学校的校长、各级校园足球活动布局城市和省级单位的管理人员,培训对象不同,其所体现出的价值有所差异,主要体现在足球知识和技能普及与足球人才培养价值两个方面。

首先,通过培训提高校园足球指导员(体育教师)、裁判员的足球专业知识和技能水平,使其树立正确的教学理念,学习先进的教学方法和手段,掌握青少年身心发展的基本规律,了解青少年足球学习的基本阶段和身心发展的敏感期,使其掌握必备的足球知识,具备足球教学的基本能力,能够较为熟练地将所学知识应用到实践教学中,为足球知识和技能的普及做贡献,为足球后备人才的培养服务。

其次,通过培训培养一批具有先进的青少年足球训练理念、丰富的足球知识、优秀教学科研水平的校园足球指导员讲师,拓展全国青少年校园足球活动相关的政策文件、足球理论知识、实践技能的传播渠道,确立相对稳固的"信息传播者",促进相关知识、技能的全面推广。此外,通过培训活动发挥校园足球指导员讲师的影响力、科研和实践能力,加速具有中国特色青少年校园足球活动的相关研究,推动全国青少年校园足球活动在各布局城市特色化、个性化的发展。

此外,通过培训宣传国家体育总局、教育部为全国青少年校园足球活动制定的相关政策,宣扬校园足球在实施全面的素质教育,贯彻落实阳光体育精神,培育校园文化等诸多方面所具有的特殊作用,提高各级政府行政部门对校园足球活动的重视程度,理顺省市教育部门和体育部门之间的工作关系,提升两者的配合工作能力,提高管理人员的业务水平,为校园足球活动在全国各布局城市全面顺畅地开展打下坚实的基础;吸引更多的布局城市、特色学校继续加入校园足球活动中,实现校园足球活动更为广泛的普及。

通过培训来实现校园足球活动"物质文化建设价值":通过对管理者的培训,提高其对于校园足球活动的重视,促进特色学校内部的场地设施建设,加大校园足球活动相关的师资投入。

此外,通过校长的培训,使更多的特色学校将校园足球活动纳入校本课程中,把足球活动作为课外活动的主要内容,实现校园足球活动的"阳光体育价值——丰富校园体育活动内容价值"。

8.2 校园足球初期(2009—2010年)培训路径实施情况

2009—2010年度全国青少年校园足球活动培训的对象主要包括校园足球指导员、裁判员、指导员讲师、校长、管理人员;培训的内容主要包括理论知识、实践技能和政策;培训的方式有讲课、外堂实践、观摩考察等(图8.2.1)。

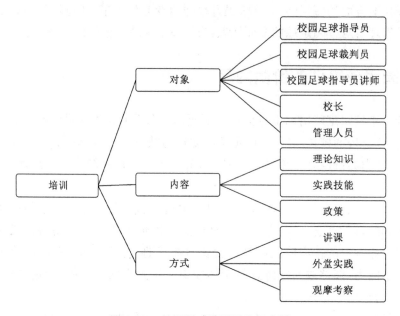

图 8.2.1　校园足球培训结构示意图

8.2.1　指导员培训推广实施情况

2009—2010年度全国校足办分别在海口、乌鲁木齐、兰州、长沙、西宁、宝鸡、长春、云南开远-楚雄、合肥、梅州、石家庄、都匀、呼和浩特、延边、达州、秦皇岛、厦门、深圳、南昌、沈阳、郑州、盐城、南京、鞍山、西安、石嘴山、景德镇、杭州、武汉、昆明、黄石、广州、天津、淄博、大连、青岛、济南、成都、上海、重庆、北京、福州举办指导员培训班42期,培训校园足球指导员(教练员)总人数达到1 928人。其中,年龄21～30岁之间共有686人,约占总人数的35.6%;31～40岁共有911人,约占总人数的47.3%;41～50岁共有275人,约占总人数的14.3%;51～60共有56人,约占总人数的2.9%。学历本科以上(含本科)共有1 173人,约占总人数的60.8%;本科以下755人,约占总人数的39.2%。足球专业的有1 374人,约占总人数的71.3%;非足球专业的共有554人,约占总人数的28.7%。校园足球指导员年龄主要集中在21～40岁之间,共计1 597人,约占总人数的82.8%。

"本科以上(含本科)学历-男性-非足球专业"指导员共有316人(表8.2.1)。其中,21～30岁共有218人,约占总人数的69.0%;31～40岁共有50人,约占总人数的15.8%;41～50岁共有34人,约占总人数的10.8%;51～60岁共有14人,约占总人数的4.4%。

表 8.2.1　指导员"本科以上(含本科)-男-非足球"年龄情况统计表

Age	Frequency	Percent	Valid Percent	Cumulative Percent
21～30	218	69.0	69.0	69.0
31～40	50	15.8	15.8	84.8
41～50	34	10.8	10.8	95.6
51～60	14	4.4	4.4	100.0
Total	316	100.0	100.0	

"本科以上(含本科)学历-男性-足球专业"指导员共有756人(表8.2.2)。其中,21～30岁共有329人,约占总人数的43.5%;31～40岁共有371人,约占总人数的49.1%;41～50岁共有51人,约占总人数的6.7%;51～60岁共有5人,约占总人数的0.7%。

表 8.2.2　指导员"本科以上(含本科)-男-足球"年龄情况统计表

Age	Frequency	Percent	Valid Percent	Cumulative Percent
21～30	329	43.5	43.5	43.5
31～40	371	49.1	49.1	92.6
41～50	51	6.7	6.7	99.3
51～60	5	0.7	0.7	100.0
Total	756	100.0	100.0	

"本科以下学历-男性-足球专业"指导员共有498人(表8.2.3)。其中,21～30岁共有75人,约占总人数的15.1%;31～40岁共有320人,约占总人数的64.2%;41～50岁共有91人,约占总人数的18.3%;51～60岁共有12人,约占总人数的2.4%。

表 8.2.3　指导员"本科以下-男-足球"年龄情况统计表

Age	Frequency	Percent	Valid Percent	Cumulative Percent
21～30	75	15.1	15.1	15.1
31～40	320	64.2	64.2	79.3
41～50	91	18.3	18.3	97.6
51～60	12	2.4	2.4	100.0
Total	498	100.0	100.0	

"本科以下学历-男性-非足球专业"指导员共有192人(表8.2.4)。其中,21～30岁共有22人,约占总人数的11.5%;31～40岁共有81人,约占总人数的42.2%;41～50岁共有65人,约占总人数的33.8%;51～60岁共有24人,占总人数的12.5%。

表 8.2.4　指导员"本科以下-男-非足球"年龄情况统计表

Age	Frequency	Percent	Valid Percent	Cumulative Percent
21～30	22	11.5	11.5	11.5
31～40	81	42.2	42.2	53.7
41～50	65	33.8	33.8	87.5
51～60	24	12.5	12.5	100.0
Total	192	100.0	100.0	

"本科以上(含本科)学历-女性-非足球专业"指导员共有32人(表8.2.5)。其中,21～30岁共有14人,约占总人数的43.8%;31～40岁共有16人,占总人数的50.0%;41～50岁共有2人,约占总人数的6.3%。

表 8.2.5　指导员"本科以上(含本科)-女-非足球"年龄情况统计表

Age	Frequency	Percent	Valid Percent	Cumulative Percent
21～30	14	43.8	43.8	43.8
31～40	16	50.0	50.0	93.8
41～50	2	6.3	6.3	100.0
Total	32	100.0	100.0	

"本科以上(含本科)学历-女性-足球专业"指导员共有69人(表8.2.6)。其中,21～30岁共有16人,约占总人数的23.2%;31～40岁共有38人,约占总人数的55.1%;41～50岁共有14人,约占总人数的20.3%;51～60岁共有1人,约占总人数的1.4%。

表 8.2.6　指导员"本科以上(含本科)-女-足球"年龄情况统计表

Age	Frequency	Percent	Valid Percent	Cumulative Percent
21～30	16	23.2	23.2	23.2
31～40	38	55.1	55.1	78.3
41～50	14	20.3	20.3	98.6
51～60	1	1.4	1.4	100.0
Total	69	100.0	100.0	

"本科以下学历-女性-足球专业"指导员共有51人(表8.2.7)。其中,21～30岁共有8人,约占总人数的15.7%;31～40岁共有29人,约占总人数的56.9%;41～50岁共有14人,约占总人数的27.4%。

表 8.2.7　指导员"本科以下女足球"年龄情况统计表

Age	Frequency	Percent	Valid Percent	Cumulative Percent
21~30	8	15.7	15.7	15.7
31~40	29	56.9	56.9	72.6
41~50	14	27.4	27.4	100.0
Total	51	100.0	100.0	

"本科以下学历-女性-非足球专业"指导员共有 14 人(表 8.2.8)。其中,21~30 岁共有 4 人,约占总人数的 28.6%;31~40 岁共有 5 人,约占总人数的 35.7%;41~50 岁共有 5 人,约占总人数的 35.7%。

表 8.2.8　指导员"本科以下女非足球"年龄情况统计表

Age	Frequency	Percent	Valid Percent	Cumulative Percent
21~30	4	28.6	28.6	28.6
31~40	5	35.7	35.7	64.3
41~50	5	35.7	35.7	100.0
Total	14	100.0	100.0	

8.2.2　裁判员培训推广实施情况

截至 2010 年 12 月 4 日,分别在海口、乌鲁木齐、兰州、长沙、西宁、宝鸡、长春、云南开远-楚雄、合肥、梅州、石家庄、都匀、呼和浩特、延边、达州、秦皇岛、厦门、深圳、南昌、沈阳、郑州、盐城、南京、鞍山、西安、石嘴山、景德镇、杭州、武汉、昆明、黄石、广州、天津、淄博、大连、青岛、济南、成都、上海、重庆举办裁判员培训班 40 期,共培训校园足球裁判员 1 880 人。其中男性共有 1 641 人,约占总人数的 87.3%,足球专业 1 278 人,约占总人数的 68.0%,本科以上学历的有 1 342 人,约占总人数的 71.4%。

8.2.3　指导员讲师培训推广实施情况

2009—2010 年度全国校足办分别在昆明、武汉、秦皇岛、济南举办"全国青少年校园足球指导员讲师培训班"(暨国际足联草根计划培训班)4 期,培训校园足球指导员讲师 159 人(表 8.2.9),其中,昆明 38 人、武汉 44 人、秦皇岛 42 人、济南 35 人。其中,A 级教练员 20 名,约占总人数的 12.6%;B 级教练员 85 名,约占总人数的 53.5%;C 级教练员 39 名,约占总人数的 24.5%;无级别的教练员 15 人,约占总人数的 9.4%。女性教练员 4 名,约占总人数的 2.5%。在武汉举办了校园足球指导员讲师研讨会 1 期,共有 26 名校园足球指导员讲师参加了培训。

表 8.2.9　指导员讲师级别情况统计表

级别	Frequency	Percent	Valid Percent	Cumulative Percent
A	20	12.6	12.6	12.6
B	85	53.5	53.5	66.0
C	39	24.5	24.5	90.6
无	15	9.4	9.4	100.0
Total	159	100.0	100.0	

8.2.4　校长培训推广实施情况

2009—2010年度全国校足办共举办校长培训班39期,培训校长1 882人,其中,中学校长663名,小学校长1 219名。培训校长中女性校长共计876名,约占总人数的46.5%,男性校长1 006名,约占总人数的53.5%。

8.2.5　管理人员培训推广实施情况

管理人员培训主要是针对各省市校园足球办公室领导、联赛管理人员、文化推广管理人员、培训管理人员等相关人员的培训工作。其中,分别在北京、青岛、杭州、大连召开校园足球领导小组组长会议4次,共有各省、市校园足球工作领导小组组长、副组长(各省、市教育局、体育局局长或副局长)683人次参加了培训。

在西安、成都、杭州、大连、广东清远、成都、秦皇岛、重庆、武汉、昆明、广州、北京等城市召开了联赛管理人员培训会议,共有 678人次参加了培训;在北京、广东清远进行了校园足球文化推广管理人员培训,北京共有86人参加了培训,广东清远共有41人参加了培训。

8.2.6　培训的基本内容与形式

校园足球指导员培训班、裁判员培训班的基本内容为理论课、实践技能课(包括足球节的组织与管理教学),主要采取校园足球指导员讲师、裁判员讲师讲课和外堂实践课相结合的方式进行。指导员培训班的时间为3天,其中,第一天上午150 min为指导员和校长共同参加的培训(有14个城市采取了校长班单独举办的形式),由全国校足办工作人员讲授,主要内容为校园足球活动开展的相关政策讲解、校园足球开展情况介绍,相关的疑问解答等内容。其余两天半时间安排校园足球指导员培训,分为一天半的理论讲解,半天的外堂实践技能训练,半天的足球节组织与管理教学。裁判员培训班的授课时间为3天,同样施行理论实践结合的方式,上午为理论课,下午为实践课,各占一天半时间。

按每天6个学时计算,42期校园足球指导员培训班共安排756学时的课程,其中,理论传授课程共占504学时,约占总学时数的66.7%;实践技能课共占252学时,约占总学时数的33.3%。裁判员培训班40期,共720个学时,理论课、实践课各360个学时。

每期校园足球指导员培训班安排指导员讲师2人(普通布局城市),直辖市安排4人,其中,普通城市理论讲师和实践技能课讲师各1人,直辖市各2人。2009—2010年度邀请校园足球指导员讲师92人次,共计68人,进行校园足球指导员培训班的授课工作。其中,持有中国足协A级教练员讲师资格证书的共有18人,B级教练员讲师资格证书的有26人,C

级教练员讲师资格证书的有24人。每期裁判员培训班安排裁判员讲师2人进行授课，2009—2010年度共邀请48名裁判员讲师参加培训。

校园足球指导员讲师的培训工作由国际足联讲师负责，其授课内容主要为青少年训练的方法手段、足球节的组织与管理工作、草根足球计划理念及相关的内容。国际足联共派出8名讲师参与了校园足球指导员讲师培训班的培训工作。4期培训班每期的培训时间为7天，每天按照6个学时进行，共计42学时，其中，理论课按照24～30学时安排，实践课按照18～12学时安排。

管理人员培训采取的形式主要包括讲座、观摩考察，主要内容为校园足球基本情况及进展的介绍、校园足球政策讲解、校园足球存在问题的解答、观摩考察校园足球活动特色学校等。管理人员培训的时间一般为1～2天。

8.3 校园足球初期(2009—2010年)师资培训存在的问题

8.3.1 "教体结合"的力度不够

在2009—2010年度举办的42期校园足球指导员培训班中，除宁夏石嘴山的培训是由教体局(石嘴山教育局和体育局合并为教体局)组织实施外，其余41个城市的培训工作均是由体育局或足协负责全面实施的，教育部门参与的力度不足，这直接造成部分城市校长、指导员、裁判员，尤其是管理干部培训效果较差的情况出现。

造成"教体结合"的力度不够原因诸多，主要原因有以下几种：体育部门，尤其是中国足协下属会员协会，长久以来形成了相对独立工作的"习惯"，不善于积极主动地协调教育部门，不善于做"教体结合"中主动出击的一方；教育部门自身工作职责决定了校园足球活动的地位，在未了解校园足球活动具有的素质教育价值、阳光体育价值、强身健体价值等方面价值时，贯彻实施一项在其看来是体育活动的项目，积极性不高；教育体育部门长期以来的部门职能分工不同，相互合作的难度始终存在，并将长期存在。

8.3.2 培训班缺乏统一的、合适的教材

2009—2010年度全国青少年校园足球活动指导员培训使用的教材为国际足联草根培训计划相关的课件，其内容与我国开展校园足球活动没有直接的关系。并且，全国青少年校园足球活动针对的小学生、初中生一般在7～12岁和13～16岁之间，而国际足联课件内容仅包含了6～12岁青少年训练的相关内容，缺少13～16岁青少年训练的相关内容。此外，相关课件仅仅涉及训练方面的内容，对于目前我国青少年校园足球活动开展过程中面临的诸多问题没有涉及，对于推广全国青少年校园足球活动的意义很低。

裁判员培训班授课内容差异性较大，部分城市以讲授11人制裁判法为主，部分城市以讲授5人制裁判法为主。授课内容缺乏规范性，均由授课讲师自行设计并实施，没有全国统一的授课大纲及要求。此外，校长、管理人员的培训更是缺乏系统统一的教材。

8.3.3 讲师理念、水平差异大，部分讲师授课效果较差

讲师之间对校园足球的认识尚未达成统一的共识，相互之间在执教理念上存在很大的

差异。在武汉举行的校园足球培训总结会(讲师工作会议)上,讲师之间在校园足球活动的基本价值、理念、训练的目的、方法手段、开展实施的目标等问题上存在很大的争议,部分讲师未看清校园足球活动的根本价值,甚至将校园足球活动等同于中国足协U系列队伍建设的一部分。例如,作为讲师代表的G市教师在校园足球相关问题上的看法完全背离了校园足球活动强身健体、全面发展素质教育等方面的价值,而片面地强调了校园足球活动的竞技价值,片面追求了校园足球活动为竞技足球服务的价值,在授课的形式上,更是采用了一种哗众取宠的讲授形式,片面地追求"语不惊人死不休"的效果。

此外,讲师授课水平、执教艺术之间存在较大差异。有的讲师曾经执教过职业足球队,但没有一线学校教学的经验,对学生、家长、教师、校长的了解与指导员相比有很大的差距,其执教的形式化严重,对指导员而言缺乏应用的实效性。

通过对校园足球指导员进行讲师授课效果调查显示,有342名指导员认为讲师授课"非常有效",有431名指导员认为讲师授课"比较有效",有783名指导员认为讲师授课"基本有效",有287名指导员认为讲师授课"基本无效",有106名指导员认为讲师授课"没效果"(图8.3.1)。其中,共有393名指导员对讲师的授课提出了较大的质疑,约占总人数的20.2%;仅有773名指导员对讲师的授课给予了较为积极的评价,约占总人数的39.7%。这表明部分讲师的授课有待进一步的提高。对于讲师授课效果一般的原因,主要可能存在以下几个方面:部分讲师对校园足球指导员面对的对象为学生这一客观现实未予以充分的重视,对学校教育的特殊性没有足够的认识;部分讲师工作积极性不高,授课内容缺乏新意与变化,按照国际足联相关课件内容照本宣科地进行教学,未考虑我国青少年身心发展的规律与体育教师面临教学对象的特殊性;部分讲师备课不积极,课堂上缺乏与指导员的沟通与交流,对课堂纪律不做要求,导致课堂纪律涣散,人员出入频繁,授课效率很低等。

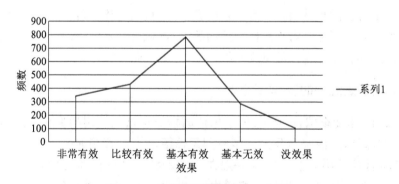

图 8.3.1 讲师授课效果调查示意图

8.3.4 培训对象混合,培训针对性差

培训对象的混合主要体现两个方面:指导员或裁判员培训班小学、初中体育教师混合在一起接受培训(培训人员的混合);很多校园足球指导员同时担当裁判员的角色,造成一人身兼两职(角色的混合)。

其中,2009—2010年度全国青少年校园足球活动指导员、裁判员培训,采取了小学和初中的校园足球指导员(体育教师)混合培训的形式,这样造成了培训对象不清,讲师授课的针对性下降,授课内容无法准确把握,培训效果下降。小学校园足球指导员和初中校园足球指导员所面对的学生在足球训练的特点方面存在明显的差异,对他们进行授课应具有明显的区别。对小学指导员的培训,更应注重传授其吸引广大青少年参与足球运动的方法与手段,提升他们培养青少年足球兴趣的能力,吸引更多的青少年参与到足球活动中。而初中的指导员,在学习吸引并培养青少年的足球爱好与兴趣的同时,更多的应该加强科学训练方法手段的学习,了解青少年足球技能学习的基本规律,掌握并提高青少年足球技能的方法与手段,在培养青少年强健体魄的同时,培养优秀的青少年足球人才。

此外,指导员和裁判员角色的混合给培训工作带来很大的压力。因为,许多城市的指导员、裁判员培训同时进行,身兼两重角色的体育教师无法同时兼顾两个培训班,造成培训班组织混乱,人员来往转换频繁,培训的考勤无法保证,培训效果受到很大影响。

8.3.5 课时紧张,难以满足需要

由于考虑到中小学体育教师平时课时量很大,很难抽出大量的时间参加培训。所以,2009—2010年度全国青少年校园足球活动指导员和裁判员培训的时间均为3天。3天时间进行授课过于紧张,指导员和裁判员难以系统学习青少年足球训练、教学的相关知识。

通过对指导员"您是否希望再次参加校园足球指导员培训班?"的调查,发现有897名指导员特别希望再次参培训活动,有681名指导员较为希望再次参加培训活动,有16.0%的指导员对是否再次参加培训"没有感觉",有3.0%的指导员不希望再次参加培训(图8.3.2)。由此调查可以看出,大部分指导员还是希望再次参加培训活动的,对培训活动的需求也较高。至于有19%的指导员选择了消极的答案,原因可

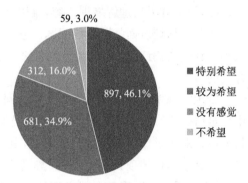

图 8.3.2 指导员再次参加培训积极性调查示意图

能在于以下几个方面:首先,这些指导员中绝大部分是"非足球专业"的体育教师,对足球活动开展并不是非常感兴趣,反而认为培训工作占用了他们宝贵的周末休息时间,这是影响他们选择的最主要的因素;其次,校园足球培训工作与学校的奖励、教师评职称等事宜未直接"挂钩",对于一些指导员而言缺乏现实物质方面的吸引力;再次,培训班授课的内容枯燥,授课讲师水平较差,有些指导员接受能力较差等因素,造成其厌学情绪的产生;此外,少数城市组织管理混乱无序,授课效果受到影响,指导员认为浪费时间却学不到有用的知识和技能,造成对培训失去信心。

8.3.6 校长的重视程度低是面临的关键问题

部分学校的校长对于校园足球培训工作的重视程度不够,体现在指派教导主任、体育组长代替,甚至是缺席培训。这一方面反映出部分布局城市校园足球办公室组织管理工作不到位,同时,也反映出在特色学校的选择上,未能充分考虑校长的支持与否,存在弄虚作假、拿学校凑数的现象。

校长重视程度不高,从另一个侧面说明作为布局城市校园足球工作领导小组一部分的教育局对培训前期工作努力不够,体育局与教育局"体教结合"的力度还不够。

此外,在校长培训过程中,对于校园足球活动所具有的强身健体价值、阳光体育价值、素质教育价值、文化建设价值等价值推广的力度不够,往往过于片面地强调了校园足球活动在足球知识和技能普及以及足球后备人才培养方面的价值,这容易给校长造成一定的"错觉",即"校园足球活动的开展就是为了培养足球运动员",而这种"错觉"对于校园足球活动的开展极为不利。

8.3.7 学员水平差异大,教学深度难以把握

2009—2010年度指导员培训工作,本科以上(含本科)学历占总人数的60.8%,足球专业占总人数的71%,这些校园足球指导员普遍掌握一定的足球知识,具有一定的足球技能,而对于非足球专业的554人而言,其足球知识薄弱,技能水平相对较差,有些甚至从未接触过足球,这给讲师的授课深度的把握造成很大的困难。授课内容较"浅",能够满足非足球专业指导员的需要,但对足球专业指导员缺乏吸引力;反之,对于非足球专业指导员的要求则过高,导致其无法理解培训内容,难以保证培训目标的实现。

裁判员培训班面临同样的问题。参加裁判员培训班的学员有一级裁判员,更多的是无级别的裁判员,有对裁判事业有兴趣的,也有无兴趣的,水平和积极性相差很大,这是客观存在的事实。

管理干部培训班同样也面临这样的问题。在开展校园足球活动的44个布局城市中,有中国足协会员城市,更多的是非协会会员城市,有足球传统项目城市,更多的也是非传统项目城市。对于足球传统项目城市而言,其管理人员在联赛、文化建设及培训等各方面的水平普遍高于非传统项目城市,将其集合在一起举办培训班,可以起到经验交流的作用,但是,同样不得不面对管理干部之间的水平差异大的问题,如何解决好这些问题成为办好管理干部培训班的重要前提。

8.3.8 组织管理工作不到位

部分城市对培训班未予以高度的重视,疏于组织与管理。针对校长、指导员和裁判员培训班,全国校足办工作人员对各地培训开展情况进行了评价,培训班管理工作非常好的有9次,比较好的24次,一般的28次,较差的17次,很差的11次(图8.3.3)。对培训班的管理工作给予较高评价的约占总数的37%,给予较低评价的约占31%。这说明培训班的管理工作存在不到位的情况。

造成培训班管理工作不到位的原因可分为主观努力程度不够和客

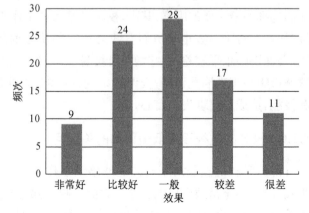

图 8.3.3　培训班管理工作调查示意图

观条件限制两方面。对于具有良好足球项目开展基础,举办过多次大型培训活动的布局城市而言,其管理工作不到位的主要原因在于主观努力程度不够,对培训工作重视程度不够。在管理工作不到位的城市中,这一类型城市占的比例非常高。例如,C市的裁判员班只举办了1天,被全国校足办要求整改后,方补齐剩余的2天。Q市只配备1名指导员讲师,未执行配备2名指导员讲师的基本要求,经要求后,临时增加1名讲师,但培训质量受到一定的影响。T市未按要求举办培训班,在被要求重新举办后,参加的学员人数只有70%,经过再三督促,才通知到所有的学员。Q、N市的校长培训班未邀请体育、教育部门领导出席,X、Y、S市的培训班准备工作不充分,造成培训班受到拖延。B市未进行校长的培训工作,其校园足球办公室以种种借口、理由搪塞,导致整个B市90多所学校的校长未参与全国青少年校园足球办公室组织的培训活动,这给校园足球活动在该市的顺利开展造成了极大的阻碍。

其次,主观努力程度较高,但是由于客观条件限制或是缺乏相关大型培训活动组织经验,是造成另一部分城市管理工作不到位的重要因素。这一类型城市以非足球传统项目城市为主,其在管理工作不到位城市中所占的比例相对较少。例如,Y市作为校园足球活动布局城市,在足球项目发展方面基础薄弱,培训过程中出现未准备训练服装、训练设施器材不到位、只有1名讲师授课的现象。

8.4 教育部主导后(2015—2019年)校园足球师资培训实施情况与存在的问题

教育部主导校园足球后,制订培训计划,组织开展了校园足球骨干师资国家级培训、特色学校校长和体育教师培训等。2015—2019年,累计35万人参与培训。2015年,对教育行政部门管理人员、校长、教师、教练员、裁判员等人展开系列专项化培训,培训人数超过2万人。2015年,选派240名教练员赴法国开展为期3个月的中期培训。在全国范围内选择20多所高校,承担国家级足球骨干教师培训任务。2015—2017年之间,全国学校教师参与足球专项培训人数211 863人次。获得中国足协A、B、C、D等级教练员培训证书的教师3 407人。2019年,开展了8期足球教练员C级班,培养高级足球教练员192人。构建"足球名宿—外籍足球教练—精英指导员—退役足球运动员—足球教练"校园足球高水平教练员体系,在推广普及的同时,对涌现出有足球潜力的苗子进行提高培训。

9 校园足球价值实现的训练营路径

2010年,国家体育总局主导举办校园足球"冬令营"和"夏令营"。2015年,教育部将其改名为"满天星"训练营。训练营的目的是对各城市具有一定足球天赋青少年进行集中比赛、选拔,为他们创造更多踢球的机会与足球文化活动的交流平台。训练营是全国青少年校园足球活动的重要组成部分,是对校园足球竞赛体系的丰富与完善,是足球人才培养与提高的客观需要。

9.1 校园足球训练营的价值

《关于组织2010年全国青少年校园足球活动冬令营的通知》中明确指出了冬令营的基本价值:"给全国布局城市及学校的管理者和学生提供一个各项工作总结交流的平台;加大宣传和推广校园足球'阳光体育 快乐足球'的理念;普及足球知识和技能,鼓励培养更多的品学兼优足球后备人才"。由此可见,校园足球训练营基本的价值在于:普及足球知识和技能,培养品学兼优的足球后备人才。其中,最为重要的价值是足球后备人才培养的价值,其次是普及足球知识和技能的价值。

此外,训练营也是展现素质教育的平台。通过组织丰富多彩的足球相关活动,如"英语演讲比赛""歌唱祖国歌咏比赛""足球游戏""校园足球活动摄影作品评选""校园足球文化展示"'阳光体育、校园足球'有奖征文活动"等,全面诠释了校园足球活动所具有的素质教育价值功能。

训练营是校园足球自身品牌建设的重要活动,体现了校园足球活动的文化建设价值。将校园足球"阳光体育 快乐足球"的基本理念推广到了每位参与者的心中。此外,训练营成为广大学生的展示自我、表现自我的"节日",成为广大布局城市展示风采的"名片"。

9.2 校园足球初始阶段(2009—2010年)训练营实施情况

校园足球训练营包括冬令营和夏令营。其中,2009—2010年度校园足球冬令营在广东省清远市举行(分为第一、第二两期);2009—2010年度夏令营分别在秦皇岛、青岛、武汉、成都分4期举行。其中,参加冬令营的有鞍山、宝鸡、北京、长沙、成都、达州、大连、广州、杭州、合肥、呼和浩特、黄石、济南、景德镇、开远、昆明、兰州、梅州、南昌、南京、秦皇岛、青岛、上海、深圳、沈阳、石嘴山、武汉、西安、西宁、盐城、郑州、重庆、淄博等34个城市,约占校园足球44个布局城市的77.3%。除拉萨、牡丹江外,其余42个城市参加了夏令营,约占校园足球布局城市总数量的95.5%。

9.2.1 人员推广实施情况

《关于组织2010年全国青少年校园足球活动冬令营的通知》规定了参与冬令营城市的人员构成:领队、校园足球指导员、联赛管理人员、文化推广人员和优秀学生代表,普通城市总人数为30人,直辖市总人数为53人。

对参加冬令营人员进行统计显示,共有领队59人,约占总人数的5.4%,其中,男性53人,女性6人;校园足球指导员75人,约占总人数的6.8%,其中,男性74人,女性1人;联赛管理人员41人,约占总人数的3.7%,其中,男性37人,女性4人;文化推广人员34人,约占总人数的3.1%,其中,男性25人,女性9人;小学生518人,初中生369人,分别约占47.3%和33.7%,男性分别为476人和346人,女性分别为42人和23人(图9.2.1)。

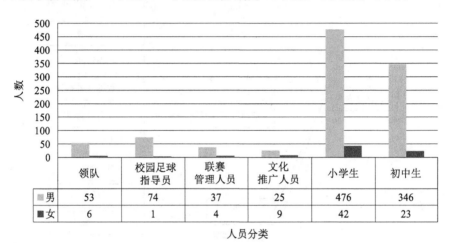

图 9.2.1　冬令营参与人员信息统计

在《关于组织2010年全国青少年校园足球活动夏令营的通知》中,对参与人员进行了调整,未安排联赛管理人员和文化推广人员参加。对参与夏令营人员统计显示,共有领队82人,约占总人数的6.4%,其中,男性67人,女性15人;校园足球指导员92人,约占总人数的7.2%,其中,男性86人,女性6人;小学生644人,初中生460人,分别约占50.4%和36.0%,其中男性分别为565人和416人,女性分别为79人和44人(图9.2.2)。

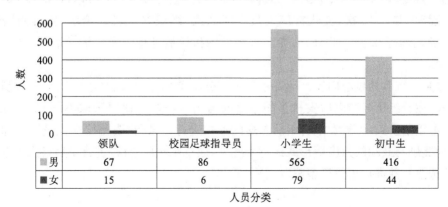

图 9.2.2　夏令营参与人员信息统计

9.2.2 内容推广实施情况

冬令营、夏令营推广的主要形式包括文艺活动、培训交流、比赛以及后备人才选拔等方面(图9.2.3)。

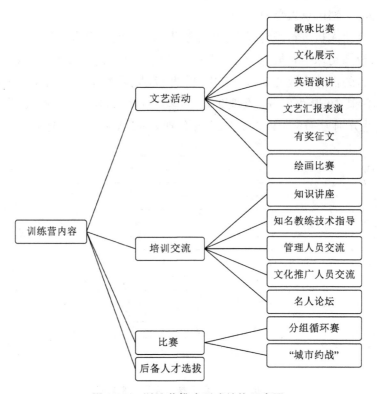

图9.2.3 训练营推广形式结构示意图

文艺活动主要包括歌咏比赛、校园足球文化展示、英语演讲比赛、文艺汇报表演、有奖征文、绘画比赛等多种多样的相关活动。

培训交流主要包括知识讲座、知名教练技术指导、管理人员交流、文化推广人员交流、名人论坛等活动。冬令营期间,共邀请中国足协裁判讲师6人次,进行裁判知识讲座;邀请国际足联、亚足联、中国足协讲师12人次,进行技术指导和知识讲座;安排管理人员交流培训共计10次,文化推广人员交流3次;组织安排名人论坛(年维泗、容志行、郝海东、商瑞华等)2期。此外,对参与训练营的指导员进行了专题辅导培训,并安排了专题交流会。

比赛是训练营的核心内容。比赛主要采用分组单循环七人制(小学)、十一人制(初中)比赛形式,在分组比赛结束后安排了城市之间自由"约战"。比赛采取不限制换人次数、换人时间,可重复换人,可男女混合组队参赛的形式进行。强调"淡化比赛成绩",增加对精神文明行为奖励与鼓励的力度等形式进行。此外,通过4期夏令营,进行了后备人才选拔("希望之星"选拔),并进行了信息备案。

9.3 校园足球初期训练营推广实施存在的问题

9.3.1 全国训练营价值的认识差异

2009—2010 年度全国训练营(夏令营、冬令营)的组织实施过程中"暴露"出的一个主要问题是人们对于训练营的价值认识存在较大的差异,即对"训练营的主要价值是普及足球知识和技能,还是培养足球后备人才"的认识差异。这一认识差异直接导致各布局城市在选拔参与校园足球训练营学生人选上的差异。部分城市以锻炼队伍、培养后备人才为根本目的,以足球技术水平高低为依据,选拔了技术较高的学生参加,而大部分城市本着普及的目的,选拔了品学兼优的学生参加。这一现象导致比赛队伍之间水平差显著,给比赛的组织与管理造成很大的难度。正如《2009—2010 年度南昌市青少年校园足球活动工作总结》所提到的:"对于冬令营和夏令营,有些城市学生水平高,而有些城市学生水平低,队伍之间水平差异很大,造成比赛场面难看,效果一般"。

例如,在冬令营期间,有城市反映 D、Z 等市选派队伍为俱乐部或本市 U 系列梯队(违反了每所学校两名学生的要求),造成队伍之间竞技水平差距太大,高水平队伍无法达到锻炼队伍的效果,而低水平的队伍难以体验校园足球"阳光体育 快乐足球"的基本理念。这一现象同样反映了不同城市对于训练营价值的认识差异。

9.3.2 学生年龄差异造成"以大打小""大小混合"现象

参加训练营学生间年龄差异大,导致比赛中频频出现"以大打小"局面或"大小混合"组队比赛情况出现。造成"以大打小"局面出现的原因主要是不同布局城市之间选派学生的年龄差异较大引起的;而造成"大小混合"组队比赛的情况主要是由于同一布局城市内部选派学生年龄差异较大造成的。

以黄石、济南、郑州参加冬令营的小学学生为例(以 2010 年为 10 岁计算),通过分析,黄石市、济南市、郑州市小学学生平均年龄分别为 11.43 岁、13.36 岁和 12.07 岁,黄石和济南相差了 1.5 岁以上,而郑州与济南相差了近 1.3 岁(表 9.3.1)。而济南市最大年龄达到 14 岁,黄石市最小的仅有 10 岁,相差了 4 岁。3 个城市小学生年龄的较大差异,使比赛场上"以大打小"成为不可避免的局面。

表 9.3.1 黄石、济南、郑州冬令营小学学生年龄对比表

单位:岁

序号和参数	黄石学生年龄(小学)	济南学生年龄(小学)	郑州学生年龄(小学)
1	10	14	13
2	11	14	12
3	11	13	12
4	10	14	11
5	12	14	13

(续表)

序号和参数	黄石学生年龄（小学）	济南学生年龄（小学）	郑州学生年龄（小学）
6	12	14	12
7	11	13	11
8	12	13	10
9	12	13	12
10	11	13	13
11	11	13	13
12	13	13	13
13	12	13	11
14	12	14	13
Total N	14	14	14
Mean	11.43	13.36	12.07
Median	11.50	13.00	12.00
Minimum	10	13	10
Maximum	13	14	13
Variance	0.725	0.247	0.995
Std.Error of Kurtosis	1.154	1.154	1.154

对 3 个城市小学生平均年龄的方差进行分析，济南市的方差最小，为 0.247，郑州市的方差最大，为 0.995，黄石市为 0.725。这表明济南市内部小学生年龄差异性最小，黄石市居中，而郑州市的差异性最大。也就是说，在组队参加比赛时，郑州市场上队员"大小混合"的情况最为严重，而济南市在这 3 个城市中最为平均。

参加冬令营的初中组学生存在同样的问题。对成都、青岛、杭州、淄博、景德镇初中组学生年龄进行分析，发现其平均年龄分别为 16.10 岁、15.30 岁、15.00 岁、14.10 岁和 14.20 岁（表 9.3.2）。其中成都和淄博的年龄差异达到 2 岁。这表明参加冬令营的城市之间，学生的年龄差异非常大。

此外，成都、杭州最大年龄为 17 岁，淄博最小年龄为 13 岁，相差了近 4 岁。杭州和淄博的标准差分别为 1.155、0.994；成都、青岛、景德镇的标准差分别为 0.738、0.675 和 0.632，表明前两个城市学生之间的年龄差异非常大，而后 3 个城市的年龄差异相对较小一些。

表 9.3.2 成都、青岛、杭州、淄博、景德镇冬令营初中学生年龄对比表

单位：岁

参数		成都学生年龄（初中）	青岛学生年龄（初中）	杭州学生年龄（初中）	淄博学生年龄（初中）	景德镇学生年龄（初中）
N	Valid	10	10	10	10	10
	Missing	0	0	0	0	0
Mean		16.10	15.30	15.00	14.10	14.20
Std.Deviation		0.738	0.675	1.155	0.994	0.632

(续表)

参数	成都学生年龄（初中）	青岛学生年龄（初中）	杭州学生年龄（初中）	淄博学生年龄（初中）	景德镇学生年龄(初中)
Variance	0.544	0.456	1.333	0.989	0.400
Minimum	15	14	14	13	14
Maximum	17	16	17	16	16

通过对夏令营的走访调查,发现这一问题同样存在。参加训练营学生的年龄差异成为影响训练营比赛公平、公正性,导致比赛中出现"以大打小"或"大小混合"组队比赛现象的重要因素。

9.3.3 "城市约战"不可控,比赛场次不足

按照《2010年校园足球冬令营日程》中的安排,每支队伍首先需要进行3场小组比赛,然后,自主安排4场"城市约战",共计7场比赛。以此标准计算,参加冬令营的所有队伍比赛总场次应达到260场左右。但由于部分城市自动放弃"约战"或由于实力原因无法"约战",导致每支队伍平均"约战"场次在1~2场之间,每支队伍平均实际比赛场次在4~5场之间(相当于每支队伍每天比赛1场)。因此,冬令营总比赛场次要远远低于260场的基本要求,在148~185场之间。

"城市约战"的不可控性是造成部分布局城市队伍比赛场次不足的重要原因。而出现"城市约战"不可控的根本原因在于"约战"按照"自主选择队伍、自愿参加"的原则实施。训练营仅仅安排了"约战"的时间、场地,"约战"的对手由各城市自主选择。因此,出现部分城市积极联系对手,严格按照要求完成比赛,同时,还有部分城市由于队伍水平较高或较低,无法选择合适的对手进行比赛,导致最终放弃"约战"的现象。此外,由于队伍水平较高或较低情况的存在,少数城市为保证比赛场次,选择了与同一城市重复进行"约战"的情况。

9.3.4 学生技术水平良莠不齐,男女比例严重失调

参加训练营的学生技术水平良莠不齐。通过夏令营进行的名为"希望之星"的后备人才选拔,共选出"希望之星"124人,小学组队员83人,占夏令营小学组总人数的12.9%;初中组41人,占夏令营初中组总人数的8.9%。相对这些后备人才而言,小学组和初中组分别有87.1%和91.1%的学生技术水平较低。正如《2010年全国青少年校园足球夏令营"未来之星"选拔情况汇报》中所言:"学生中,尤其是小学生中有天赋的学生数量不少,但是,由于绝大部分人缺乏系统训练,导致相互之间的技术水平差异较大"。

此外,在"希望之星"小学组共有男性75人,女性8人;初中组共有男性37人,女性4人。男性占男学生总人数的11.4%,女性占女学生总人数的9.8%。通过这一数字反映出男女学生中选拔出优秀"苗子"的概率相差不大。但是,在整个的冬令营和夏令营中,男女学生总人数分别为1 803名和188名,分别约占90.6%和9.4%,比例严重失调。

9.3.5 训练营形式单一,未成体系

单纯依靠全国冬令营、夏令营进行训练营的推广,形式过于单一,并且,以"市级—大区

级—全国级"为三级的训练营体系尚未建立起来。目前,以城市为单位进行的训练营推广效果较差,截至2010年9月,仅有大连、西宁、秦皇岛、杭州、黄石、南昌、云南开远、昆明8个城市组织了市级夏令营(由于时间因素,没有城市组织冬令营)。而以大区为单位的训练营尚未建立起来。因此,与"市级—大区级—全国级"三级训练营相对应的人才选拔、培养机制更无从谈起了。

9.3.6 弄虚作假现象存在

在训练营中,存在弄虚作假情况,主要表现为资格弄虚作假、冒名顶替、年龄作假等。

资格作假主要是指未按照校园足球相关通知对于学生注册、保险、来源以及表现等方面的要求,如实选拔、派遣学生参加训练营的情况。T市违反"推荐的学生代表必须有全国校足办统一办理的'校园足球运动责任险'"的要求,安排参加夏令营的学生全部未在全国校足办注册,并且未投保"校园足球运动责任险",造成一名手骨骨折学生无法理赔。广州冬令营期间,返程火车票实名制,共有23名学生因冒名顶替他人,无法购买到火车票,经全国校足办重新修改名单后,协调广州市政府才解决。

年龄作假的情况同样存在。广州冬令营期间,W市因上报年龄与学生实际年龄不符,故无法提供部分学生身份证号码,导致无法购买返程车票。

9.3.7 安全风险大

组织全国训练营的安全风险非常高,主要集中体现在交通安全风险上。以广州冬令营为例,共有34个城市参加,乘飞机往返的有2个城市,自行安排汽车往返的有6个城市,其余26个城市以火车往返为主。大部分城市还需乘坐广州至清远的汽车,旅途中的安全风险非常高。此外,部分城市旅途时间过长(如乌鲁木齐往返广州乘坐火车的时间近7天),又提高了风险发生的概率。如果一旦发生交通事故,对校园足球活动的推广会产生极其巨大的负面影响。

此外,在训练营的组织过程中,同样存在一定的风险,如伤病、意外等。冬令营期间,发现A市1名青少年深夜外出;C市1名青少年出现梦游现象;H市青少年从床上意外跌落,造成唇部损伤,缝数十针。夏令营期间,多个城市青少年在无人看护情况下至海滨浴场游泳嬉戏,幸未发生危险。

对于参加训练营的指导员、领队、文化推广人员、联赛管理人员而言,全国校足办并未为其办理任何相关保险,可以说,他们面临以上风险时,没有得到应有的保障。

9.4 教育部主导后(2015—2019年)训练营实施情况

教育部主导校园足球后,对训练营的价值功能极其重视,在训练营的规模、数量上有了进一步的提升。2015年,教育部主导下举办夏令营,分为小学混合组(3、4年级)、小学男子组(5、6年级)、小学女子组(5、6年级)、初中男子组和初中女子组5个组别。在全国范围内举办了10个训练营分营,参与人数超过4 000人,选拔出392名优秀青少年进入全国夏令营总营。

2016年，在全国范围内举办了14个分营和3个总营，分组进一步细化为：小学混合组（3、4年级）、小学男子乙组（5年级）、小学女子乙组（5年级）、小学男子甲组（6年级）、小学女子甲组（6年级）、初中男子乙组（1、2年级）、初中女子乙组（1、2年级）、初中男子甲组（3年级）、初中女子甲组（3年级）9个组别。共有1 730所学校的5 284名青少年学生和2 010名足球教练员参加了训练营。同时，结合训练营实际，举办了中国足球协会D级教练员培训班，有350多名教练员获得了足球技能的专业认定。

2017年，教育部组织了20个分训练营和3个总训练营，有1 860所学校的5 888名青少年和2 560名教练员参与，并在全国建设4个青少年足球训练营（"满天星"）基地。

2018年的"满天星"校园足球夏季训练营共举办了11期，300多支代表队参加，参与青少年人数达到7 000余人，参与的教练员超过千人。到2019年，全国共设立"满天星"训练营47个。2015—2019年，参加全国夏（冬）令营活动的学生超过3万。2016—2018年，选出828名夏令营总营全国最佳阵容队员中的130人成为职业俱乐部注册球员，另有30多人出国深造。2018年全国共组织24次夏令营和3次夏令营总营（小学、初中、高中）。夏令营分营设立11个组别，300多支队伍的6 000余名学生参与，200多名校园足球领域的学者专家服务人才培训与选拔，共选出2 472名青少年进入全国夏令营总营集训。2018年，在河北省秦皇岛市举办小学夏令营，有5个组的825名青少年参与，随队教练员达到166人，比赛超过200场；在上海举办初中夏令营，分为4个组，有883名青少年参与80多场比赛，教练人数达到110人；在青岛举办高中训练营，有2个组的428名青少年和105名教练员参与，比赛达到40场；小学、初中、高中分别选拔出148、176、412名青少年，进入全国青少年夏令营最佳阵容名单。

10 进校园路径

10.1 进校园活动的价值内涵

进校园活动指的是由全国校足办负责组织国家队、国奥队队员或教练员以及"精英教练员"进入校园足球活动特色学校(主要是足球项目特色学校),宣传推广校园足球理念,普及足球知识和技能,吸引广大青少年学生积极参与足球锻炼的重要活动(图10.1.1)。

《关于在亚足联教练员日开展"精英教练员进校园"义务执教活动的通知》中对进校园活动的价值进行了高度的概括:"进一步推动校园足球活动的形象和提高校园足球活动发展水平"。进校园活动主要体现了校园足球的足球知识和技能普及价值、阳光体育价值和文化建设价值。通过进校园活动,进一步实现足球知识和技能的普及价值,提高了广大青少年对足球认识的深度和关注的程度。当然,对于部分青少年足球技能的提高也具有一定的积极作用;对于足球相关人才,教练、科研人员、管理人员等的培养也具有一定的积极作用。通过进校园活动,推动足球校本课程的建设,丰富课外体育活动,推动阳光体育在广大特色学校中的开展,实现校园足球活动的阳光体育价值。此外,通过进校园活动,加强校长对足球项目的重视程度,提高广大青少年参与足球活动的兴趣与爱好,培养校园足球文化,促进足球项目特色校的建设。

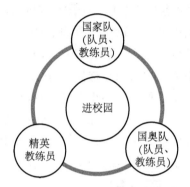

图 10.1.1　进校园活动基本组织形式示意图

10.2 校园足球初期(2009—2010年)进校园路径的实施情况

截至2010年12月,全国校足办在上海、武汉、厦门、郑州等7个城市组织国家队队员或教练员进校园活动,国家队共有13人次参与活动;在长春、大连、青岛等5个城市组织国奥队队员进校园活动,国奥队共有16人次参与活动。此外,在39个布局城市组织"精英教练员"43人次进入特色学校进行校园足球活动的宣传推广工作。

极少数城市未安排国家队、国奥队或"精英教练员"进校园,采取了其他方式实施进校园活动。如北京市足协采取了"北京市足管中心进校园"的方式,在北师大实验小学、管庄中心小学进行了校园足球活动的推广实施工作。

进校园活动共涉及学校62所,并且全部为校园足球活动特色学校,占在注册学校总数的2.8%。其中,小学49所,占在注册小学总数的3.4%;中学13所,占在注册中学总数的

1.7%。这些学校都是开展校园足球活动较好的学校或足球传统项目学校（足球特色学校），如大连东北路小学、沈阳实验小学、郑州春晖小学、淄博西六路小学、都匀第二小学、济南汇文实验中学、达州西外达一中等。

进校园活动采取的主要形式包括座谈会、实践教学与示范、比赛指导、理论讲解和文艺表演等（图10.2.1）。在62所学校共举行座谈会33次,实践教学与示范57次,比赛指导45次,理论讲解47次,游戏娱乐5次,文艺表演8次。此外,部分学校还组织了其他类型的活动,如小记者采访、国家队、国奥队队员参加比赛活动等。

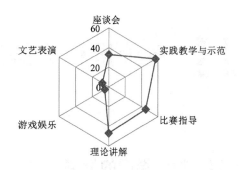

图10.2.1　进校园活动内容结构比例示意图

10.3　进校园路径实施存在的问题

10.3.1　活动本身缺乏整体规划与延续性

缺乏整体规划与延续性主要是针对国家队、国奥队进校园而言的。国家队、国奥队进校园活动由全国校足办与中国足协国管部负责安排,并未制定长期的进校园规划,而是根据队伍的日程,随机地安排相应的活动,造成2009—2010年度进校园活动缺乏统一的整体规划。同时,由于缺乏整体规划的原因,直接导致了国家队、国奥队进校园活动缺乏延续性,成为一过性的活动。当然,对于"精英教练员"进校园活动而言,2010年度的整体规划较为完善。但是,未制订多年的计划,同样缺乏延续性。此外,单纯依靠全国校足办每年度安排1~2次的进校园活动,难以满足全国2 200多所特色学校的广泛需求。

10.3.2　组织形式较为单一,内容缺乏系统性

目前,仅仅采用了国家队、国奥队(队员、教练员)和"精英教练员"三种类型的进校园活动,而且,前两者无论在内容或是形式上都如出一辙,造成进校园活动的组织形式过于单一,缺乏创新性的组织形式。此外,从内容上讲,对"实践教学与示范""理论讲解""比赛指导"等具体内容缺乏系统性的设计,均是由"精英教练员"根据情况自行选择教学与示范内容、讲解内容或比赛指导内容,这容易导致进校园活动流于形式,内容空洞,教练员疲于应付等情况出现。

10.3.3　覆盖范围较小

之所以说进校园活动的覆盖范围较小,主要是从两个方面来讲:第一,覆盖的特色学校数量太少。因为,在全国2 190所在注册定点中小学中,进校园活动涉及的62所学校仅占2.8%。此外,进校园活动局限于足球特色项目学校,对于非足球特色项目学校的重视程度不足;第二,所进入的特色学校内部覆盖的学生人数较少。其中,有12所学校参与活动的学生人数在"20人以下",41所学校参与活动学生人数在"20~50人",6所学校参与活动学生人数在"50~100人",仅有3所学校的参与学生人数"在100人以上"。

11 宣传推广实施路径分析

11.1 宣传推广的价值

全国青少年校园足球活动宣传推广主要是借助网络、电视、报纸、杂志等媒介,对校园足球活动的品牌形象、价值理念、组织活动、文化知识等进行积极正面的宣传推广活动。校园足球宣传推广所体现的最重要价值便是足球知识和技能普及价值。从深度方面来看,宣传推广能够提高人们对于校园足球活动的认识和关注程度,对于青少年足球知识的学习和足球技能的提高具有积极的作用;从广度方面来看,通过宣传推广活动可以扩大校园足球影响人群范围,对于校园足球活动规模的提升具有一定的积极作用。通过媒体的宣传推广,树立校园足球活动"阳光体育 快乐足球"的积极、健康的品牌形象,从而提升校园足球活动自身品牌价值。通过媒体的宣传推广,提高人们,尤其是校长、家长、教师,对于校园足球活动所具有的素质教育价值、阳光体育价值、校园文化建设价值等价值的了解与认同程度,从而提高其对于校园足球活动的支持力度,促进校园足球活动相应价值的实现。

11.2 校园足球初期(2009—2010年)宣传推广路径的实施现状

11.2.1 品牌宣传推广初见成效

全国校足办通过征集 Logo、口号、主题曲、吉祥物的形式,对校园足球活动进行了广泛的宣传。2009 年 8 月,校园足球办公室发布了《全国青少年校园足球活动 Logo、口号、主题曲、吉祥物征集公告》,面向全国范围内公开征集品牌标识(Logo)、口号、主题曲、吉祥物。截至 2009 年 11 月,共收到 Logo 设计作品 683 件,口号设计作品 1 540 件,主题曲设计作品 3 件,吉祥物设计作品 14 件。由于主题曲和吉祥物作品设计一般,故未能够选出适合作品。2009—2010 年度全国青少年校园足球活动的品牌初步形成,品牌建设的主要内容包括品牌名称、品牌标识及口号三个方面。品牌名称分为中文、英文,中文品牌名称为"全国青少年校园足球活动",英文名称为"The Youth Football at School in China",简称"CSF"。品牌标识(Logo)为"飞翔足球"图案(图 11.2.1),即一个长有一对翅膀的足球图案。其中,"每支翅膀由 4 个小翅膀构成,由下向上依次代表小学、初中、高中、大学四级联赛;翅膀颜色为校园足球主题色,由浅入深寓意校园足球活动由普及到提高的过程;展翅飞翔寓意校园足球活动带领青少年飞向美好的未来;足球中间为全国青少年校园足球活动英文标识简写 CSF"。校园足球主题口号为"阳光体育 快乐足球"。另外,征集了 5 个辅助口号"知识给理想翅膀 足球让青春飞扬""运动强体魄 足球圆梦想""足球大舞台 有你更精彩""运动的校园最美丽""体验足球新感觉 领悟文化新魅力"。此外,校园足球主题色调为绿色。

图 11.2.1　全国青少年校园足球活动 Logo、口号

　　为了规范、统一并促进校园足球品牌的推广工作,全国青少年校园足球活动相关的各项活动中全面使用了校园足球的品牌名称、Logo、口号、主题色等。在校园足球相关的各级、各类比赛中,要求必须悬挂印有"2009—2010 年度全国青少年校园足球活动××市校园足球联赛××赛区××学校比赛"字样的横幅,同时,横幅上必须印有校园足球 Logo、口号。在校园足球校长、指导员、裁判员、讲师、管理干部培训工作中,要求必须悬挂印有"2009—2010 年度全国青少年校园足球活动××市××培训班"字样的横幅和 Logo、口号。在校园足球冬夏令营中,要求必须悬挂印有"2009—2010 年度全国青少年校园足球活动冬令营(夏令营)"字样的横幅和 Logo、口号。

　　参加校园足球活动比赛、培训、冬(夏)令营、进校园、大型会议的人员,穿着服装正面须印有校园足球 Logo 和口号,背面须印有"2009—2010 年度全国青少年校园足球活动××(活动的类型)",例如,"2009—2010 年度全国青少年校园足球活动夏令营"。按照每人 1 件服装初步计算,在注册学生近 40 000 人,冬令营、夏令营 2 000 余人,培训班超过 6 000 人,进校园与大型会议超过 2 000 人,这样至少有超过 50 000 人穿着印有校园足球标志的服装,作为校园足球活动的宣传载体。

11.2.2　网络宣传推广成绩斐然

　　全国青少年校园足球活动的网络宣传推广主要依靠官方网站进行。2009 年 8 月,中国足协与腾讯公司签订了《校园足球官网合作协议书》,由腾讯公司免费负责官方网站的开发工作。官方网站中文名定为"中国青少年校园足球官方网站",英文名称为"The Website of the Youth Football at School in China",网址为:Http://www.schoolfootball.cn。截至 2010 年 9 月 1 日,校园足球官方网站"点击率达到 2 983 326 人次,超过中国足协官方网站、体坛周报官方网站等,成为最大的专业足球网站"。在一年的时间内,全国青少年校园足球官网由开始建设到逐步发展,发展到目前成为国内最大的足球专业网站(非新闻网),取得了可喜的成绩。《全国青少年校园足球官方网站建设内容要求一览表》(表 11.2.1)中,对 44 个布局城市的官网建设包括内容提出了最基本的要求,页面中至少要包括 Logo、口号,定点学校链接、赛程、每轮成绩表、总积分表、注册信息、参保人员名单、征文、每轮比赛照片、视频等,并要求特色学校参照布局城市的要求执行。

表 11.2.1　全国青少年校园足球官方网站建设内容要求一览表

（布局城市官网须包括内容一览表）

序号	内容	要求	参考城市
1	校园足球 Logo、口号	① Logo、口号的使用要规范； ② 不允许使用任何商业性标识	湖北省黄石市 http://user.qzone.qq.com/622001722
2	定点学校链接	① 包含本市所有定点学校，点击定点学校名称即可进入其空间（链接）； ② 定点学校的空间要全部开通； ③ 各市校足办要对定点学校的空间进行进一步的要求	学校空间名博功能开放办理中
3	赛程	① 要与上报全国校足办的赛程一致； ② 包括轮次、日期、时间、队伍名称、主场名称等信息； ③ 所上传赛程应简洁，按时间顺序排列； ④ 放到网站中的显要位置，如能在首页体现最好（如重庆）	赛程的公布形式可以参考重庆市 http://user.qzone.qq.com/622001703
4	每轮成绩表	① 在每轮比赛结束后一周内上传； ② 放到网站中的显要位置	可将赛程和每轮比赛成绩统一，参考重庆市赛程及成绩公布表
5	总积分表	① 上、下学期比赛（以春节为分界）结束后，按积分先后顺序将各支队伍排名公布； ② 整个赛季结束后，按积分先后顺序将各支队伍排名公布	
6	注册信息	① 将注册学生以学校为单位公布到网上； ② 公布的注册表应包含以下内容：姓名、性别、学籍号、学校名称、年级，不应包含身份证号码及其他信息	
7	参保人员名单	① 将参保学生名单以学校为单位公布到网上； ② 公布的名单应至少包括学生姓名和所属学校	
8	征文	① 应积极号召校长、家长、学生、班主任、教师等撰写征文，并及时更新官网； ② 各市每月评选出优秀征文 1～5 篇，上报全国校足办评优	
9	每轮比赛照片	每轮比赛结束后，至少要上传 10 张电子照片至官网；	参考云南省开远市相册中的模式 http://user.qzone.qq.com/622001733
10	视频	① 每轮比赛任意两支队伍间的比赛视频； ② 视频时间至少为 10 分钟； ③ 视频中一定要拍摄悬挂于赛场周围的横幅； ④ 要拍摄双方各一名队员着比赛服后的正面、背面影像	

截至 2009 年 12 月，44 个城市中除拉萨市、牡丹江市尚未建设外，其余 42 个城市官网均已建设；2 200 多所特色学校中，有 341 所官网建设非常好的学校，有 788 所官网建设比较好的学校，有 631 所建设情况一般，有 230 所建设情况较差，其余的未进行建设。全国青少年校园足球官网短期内的飞速发展，得益于其所具有的各项特点：首先，各布局城市，2 200 多所特色学校拥有自主管理、上传信息的权利；其次，实行三级页面，扩大推广覆盖范围。按照第一级全国官方网页面，第二级 44 个布局城市官方网页面，第三级 2 200 多所特色学校官方网页面的方式进行安排；再次，全国、城市、学校均由专人负责，进行网站的开发与推广。此外，建立了完善的奖励制度，奖品直接发放到个人，并进行全国表彰。与新浪、搜狐等网络

媒体进行了较为广泛的合作,其对校园足球举办的大型活动均进行过较为详细的报道。

11.2.3 电视宣传推广相对单一

截至 2010 年 12 月,全国校足办并未与任何电视媒体签订合作协议。中央电视台体育频道(CCTV-5)免费为校园足球活动提供一定的支持,《体育新闻》节目曾先后 5 次报道全国青少年校园足球相关活动,《足球之夜》节目曾先后报道校园足球12 次。这些报道对校园足球活动的宣传起到了极大的推动作用。通过对布局城市访谈"媒体合作情况"发现,共有 39 个城市进行了媒体合作开发,约占开展联赛城市的 92.9%;与电视媒体有合作的城市共有 23 个,约占总城市数的 59%。报道校园足球活动在"3 次及以下"的共有 14 个城市,"7 次及以下"的共有 5 个城市,"10 次及以下"的共有 3 个城市,"10 次以上"的有 1 个城市(图 11.2.2)。

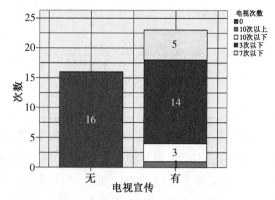

图 11.2.2 校园足球活动电视媒体合作情况示意图

11.2.4 报纸、杂志宣传推广逐步开展

全国层面借助《中国体育报》进行校园足球活动的宣传报道。全国校足办与《中国体育报》签订了合作协议,每年承诺拿出部分资金作为宣传费用,《中国体育报》每两周拿出 2.5 个版面作为校园足球活动的宣传专版。此外,《中国教育报》《北京青年报》《体坛周报》《足球报》等均刊载过校园足球活动的相关文章,次数均在 3 次及以下。各布局城市与报纸媒体有合作的共有 32 个(表 11.2.2),约占媒体合作城市总数的 82.1%。其中,报道校园足球活动在"10 次以上"的共有 5 个城市,约占媒体合作城市总数的 12.8%;"10 次及以下"的共有 8 个城市,约占媒体合作城市总数的 20.5%;"7 次及以下"的共有 13 个城市,约占媒体合作城市总数的 33.3%;"3 次及以下"的共有 6 个城市,约占媒体合作城市总数的 15.4%。

表 11.2.2 宣传推广活动报纸合作情况一览表

项目			报纸宣传次数					Total
			0	>10 次	≤10 次	≤7 次	≤3 次	
报纸	无	Count	7	0	0	0	0	7
		Row(%)	100.0%	0%	0%	0%	0%	100.0%
		Column(%)	100.0%	0%	0%	0%	0%	17.9%
		Total(%)	17.9%	0%	0%	0%	0%	17.9%
	有	Count	0	5	8	13	6	32
		Row(%)	0%	15.6%	25.0%	40.6%	18.8%	100.0%
		Column(%)	0%	100.0%	100.0%	100.0%	100.0%	82.1%
		Total(%)	0%	12.8%	20.5%	33.3%	15.4%	82.1%

(续表)

项目		报纸宣传次数					Total
		0	>10次	≤10次	≤7次	≤3次	
Total	Count	7	5	8	13	6	39
	Row(%)	17.9%	12.8%	20.5%	33.3%	15.4%	100.0%
	Column(%)	100.0%	100.0%	100.0%	100.0%	100.0%	100.0%
	Total(%)	17.9%	12.8%	20.5%	33.3%	15.4%	100.0%

通过与《北京青年报》合作投资,印制《校园足球双月刊》作为校园足球活动的宣传刊物。2010年12月,第一期15 000册印制完成,按照每个非直辖市布局城市300册,直辖市600册,共下发了13 800册。此外,校足办还印制了《2009—2010年度全国青少年校园足球活动回顾》和《2009—2010年度全国青少年校园足球活动宣传册》,印制册数分别达到5 000册和8 000册。在39个具有媒体合作的布局城市中,制作校园足球杂志的只有杭州市1个,杂志名称为《杭州市校园足球杂志》,为双月刊。

11.3 宣传推广路径实施存在的问题

11.3.1 品牌建设不完善,品牌宣传方式简单

全国青少年校园足球活动的品牌构成要素仅包含了品牌名称、Logo和口号(阳光体育快乐足球),而完善的品牌体系尚未建立起来。尚未纳入的其他要素主要包括:吉祥物、主题曲、代言人、品牌说明及品牌故事等。品牌建设不完善的现状,导致了品牌体系尚未形成。

目前,对品牌的宣传推广方式过于简单,主要是将名称、Logo、口号印制在服装、横幅、刊物上进行相关推广。通过媒体进行品牌宣传的渠道尚未建立起来,普遍的情况是媒体报道过程以活动内容为主,而忽略或删除品牌相关内容,这样造成品牌宣传的效果受到极大的影响。

11.3.2 全国层面的宣传媒介相对单一

全国层面宣传推广校园足球活动的媒介相对单一,除了全国青少年校园足球活动组织的各种类型的活动外,主要依靠校园足球官方网站和《中国体育报》为主。由于《中国体育报》并非是面向社会公开发行的报纸,而主要是针对体育系统内部的报纸,其影响力与局限性很大,推广效果比较差。

就媒介的属性而言,缺乏面向教育系统的宣传媒介。校园足球活动的开展主要是在校园内部进行的,而宣传推广的媒介中缺乏有效地深入教育系统的媒介,如《中国教育报》、教育电视台,教育系统的领导、管理人员、教师、校长、学生很难了解到校园足球活动的开展信息,这对于校园足球活动的开展非常不利。

CCTV-5曾经报道过校园足球活动,由于其覆盖范围广,影响力大,获得的效果要明显高于普通的媒介。但是,其对校园足球活动的播报不定期、一过性特点,并且时间限制严

格,有时仅仅给予20 s左右的一条新闻,影响了推广的持续性。

11.3.3 负面消息层出不穷,缺乏有效的"反击"

对于全国青少年校园足球活动而言,相关媒体负面的报道从未停止过。负面报道主要集中在以下几个方面:4 000万资金的使用方面;青少年比赛中的弄虚作假情况;对校园足球相关政策的质疑方面;校园足球组织相关活动的质疑等。其中,对于校园足球4 000万资金"打水漂""撒芝麻盐"的质疑最为严重,《体坛周报》《足球报》等影响力较大的报刊相继刊载这方面的文章,在社会上引起了较大的负面反响。

对于这些负面的消息,全国校足办梳理、分析的不够,且能够利用的媒介,除《中国体育报》和校园足球官网外,缺乏其他有效的渠道进行"反击"。从而导致这些质疑的声音广泛传播,成为部分人否定校园足球活动的借口与理由。

11.3.4 宣传范围局限性大,广度不足

校园足球活动的宣传推广主要集中在开展校园足球活动的44个布局城市和2 300多所特色学校。对于布局城市之外的城市,尤其是对于广大的农村地区,几乎未开展任何相关的宣传推广活动。宣传推广范围的局限性直接影响了校园足球活动在非布局城市以外的更广范围的开展,不利于足球知识和技能的普及。

11.3.5 宣传推广的深度不足

对于特色学校内部,缺乏有效的宣传推广手段与方法。无论是全国层面,还是布局城市层面,其宣传推广的媒介主要是大众化媒介,如报纸。而针对特色学校内部学生的宣传推广媒介匮乏,导致特色学校中的学生无法或很少接收到校园足球活动相关的信息,宣传推广的深度明显的不足。

11.3.6 刊物无发行号,"性价比"低

全国校足办印制的《校园足球》杂志投资额较高,但是,由于其没有正式的发行号,导致宣传推广的效果局限于布局城市和特色学校,甚至难以到达学生、家长手中。对这一刊物的投资与所起到的效果相对于中央电视台的免费赞助而言"性价比"过低了。

通过电话咨询D市校园足球办公室(设在足球协会),对《校园足球双月刊》在该市的发行情况调查:该市校园足球办公室共收到300册,其中,足球协会内部下发了10册,教育局下发了20册,市属业余体校下发了20册,各特色学校5册/学校(5×46=230册),剩余20册存于足球协会。该市每所学校按照校长2册、体育组1册、校园足球指导员1册、裁判员1册的方式下发,有部分学校无裁判员的,按照校长3册下发。由以上统计可以看出,下发的《校园足球双月刊》中,没有一本能够下发到学生、家长、班主任教师手中,而学生是校园足球活动中最主要的参与者。

11.4 教育部主导后(2015—2019年)宣传推广路径实施情况

2015年,教育部主导校园足球后,出版了《校园足球》杂志,针对全国校园足球活动开展

情况进行全面的报道与宣传。截至2019年,共出版了34期,向全国发行超过40万册。通过教育部官方网站、全国青少年校园足球展示平台、教育部体育卫生与艺术教育司网站向全国发布校园足球活动政策、活动信息。教育部要求各省、市校园足球负责部门全面调动媒体力量,服务校园足球的宣传推广,通过电视、报纸、网站以及微信等媒介,营造良好的校园足球文化氛围。

12 校园足球价值实现路径的优化策略

12.1 联赛路径优化策略

12.1.1 联赛冠名推广策略

1) 保留全国性比赛的公益性冠名权

为保证全国青少年校园足球活动的品牌价值，对于全国性的校园足球比赛，如冬令营、夏令营的足球赛，或是未来将要组织开展的全国性小学、初中比赛，应保留其冠名权，由全国校足办进行统一的冠名。同时，为了彰显全国青少年校园足球活动政府主导的公益性事业的特征，也应保留这一层次冠名的公益性质。

2) 坚持并继续推广公益性冠名

应坚决推行市级联赛的公益性冠名。对于资金雄厚，政府支持力度大，单纯依靠公益性冠名进行市级联赛的城市，例如济南，要加大表扬与支持的力度，以进一步提高政府重视的程度与支持的力度。

对于已进行商业性冠名的6个布局城市，要责令其尽快完善公益性冠名。在公益性冠名完善的情况下，可以保留商业性冠名。

对于27个未进行市级联赛冠名的布局城市，应要求其进行联赛的公益性冠名，使其开展名为"市长杯""萌芽杯""幼苗杯"等公益性质的校园足球联赛。

3) 商业性冠名权下放，可以走商业性与公益性结合的冠名道路

为了保证市级校园足球活动充足的资金配备，提高各布局城市自我募集资金的能力，从而保证校园足球活动的顺利开展，全国校足办应下放市级联赛的商业性冠名权至各布局城市校足办。同时，应明确商业性冠名权下放的前提条件：在具有了公益性冠名的前提下，可进行商业性冠名的开发，引导缺乏资金的布局城市走商业性与公益性相结合冠名的道路。

在下放市级校园足球联赛商业冠名权的同时，要加强对市级校园足球联赛的商业性冠名的规范与监管的力度。要对市级校园足球联赛冠名赞助商的数量、资质提出一定的要求。每个布局城市市级校园足球联赛的冠名赞助商不宜过多（2家以内为宜），这样是为了保证各市校园足球联赛品牌的一致性。在有条件的城市，要鼓励与推进单纯以公益性来冠名市级联赛。

12.1.2 联赛赛制推广策略

1) 进一步加强周中主客场赛制的推广

目前，尚有28个城市未实行周中主客场赛制。应通过多种渠道，采取各种手段进一步推进周中主客场制在这些城市的开展实施。实施周中主客场制,并非要求这些城市所有的特色学校全盘按照周中主客场制的要求安排比赛,而是要根据实际情况,尽可能多地安排此类比赛。如有特殊困难,可以采用其他类型赛制,如赛会制甚至是淘汰制,作为补充。

当然,实行周中主客场制存在诸多困难,但是其效果也显而易见!作为推进阳光体育价值、素质教育价值和校园文化建设的重要手段,只有通过在学校中广泛开展活动,吸引广大学生积极投身足球活动,才能真正保证这些价值的实现。脱离了校园,脱离了广大学生的积极参与,校园足球便失去了其赖以生存的根基与"土壤",便难以实现可持续的发展,更不用说去承担足球后备人才培养的重任,承载中国足球的希望与未来了。

2)加强联赛管理人员赛制设计的培训

应进一步加强对于布局城市中联赛管理人员赛制设计方面的培训工作。布局城市中的联赛管理人员,在本市校园足球联赛开展过程中起着举足轻重的作用。他们直接负责本市校园足球赛程安排、赛制设计、裁判安排、特色学校协调等方面的工作。其对于本市校园足球联赛赛制设计的合理性,直接决定着校园足球活动在该市开展的效果。

3)发挥布局城市主动性,科学合理设计赛制

在赛制的设计上,应充分发挥并调动各布局城市校足办的主动性,使其根据本市实际情况,科学合理地安排赛制。校园足球活动在全国44个布局城市开展,各个城市之间在经济条件、社会文化、自然环境、民族构成及生活习惯等方面存在普遍的差异,要发挥各布局城市校足办的主动性,安排符合本市特点,同时能够最大限度地促进校园足球活动在特色学校内部开展的赛制。

要科学合理设计赛制,必须要考虑区域内具有相近竞技水平特色学校队伍的数量、距离、场地条件以及安排进行比赛的合理性与可行性等问题。

4)加大落后学校扶持力度,避免运用淘汰手段

对于因学校软硬件设施落后、地理位置偏僻、自然环境较差等客观情况存在,难以顺利开展校园足球活动的特色学校,全国校足办和各城市校足办应加大扶持的力度,而不能简单地采用淘汰的办法进行处理。因为某所学校的退出意味着全校的学生失去了参与校园足球活动的机会,并且再次参与的可能性很低。更重要的因素在于:客观困难的存在与该学校中是否存在某个或某些具有足球天赋且热爱足球运动,并有可能成长为足球明星的青少年之间没有必然的联系。因此,一定要谨慎地运用,甚至是避免使用淘汰手段来对待那些相对落后的特色学校。

对于客观条件相对落后学校,在其赛制的设计上,可以进行特殊的对待。可以考虑减少其参与市级校园足球联赛的场次要求,而将发展的重点放到校级联赛上,重点抓好班内、班级间、年级间的联赛。

对于竞技水平低,且同区域内相同竞技水平的学校数量不足的学校,也可以采用类似的方法。在赛制的设计上要予以重点的"照顾",加大扶持的力度,将重点放在校级联赛上,待到竞技水平提升后,再重新设计其赛制。

5)有条件的城市进行联赛分级

对于足球传统项目学校达到一定数量的布局城市,可以考虑对市级联赛进行分级,这样,避免了因竞技水平差异引起的赛制安排难题。

当然,少数城市足球传统项目学校的数量较少(如1~2所),难以达到同组比赛的队伍数量要求。此类情况可以考虑通过从其他特色学校中抽调竞技水平较高的队员,混合组队的方式,与其进行比赛,以满足锻炼队员培养人才的需要。还可通过积极与周边城市进行交流比赛,达到锻炼与培养队伍的目的。

6) 减少周末主客场制,探索赛会制运用新模式

通过前面的分析发现:周末主客场制在平均比赛场次、比赛场次的稳定性、比赛的效果方面均要明显的差于周中主客场制和周末赛会制,尤其是周中主客场制。因此,如果无法改周末主客场制为周中主客场制,至少应将周末主客场制改为赛会制比赛。

应探索赛会制运用的新模式,改变单纯地在周末进行赛会制比赛的模式。通过改变比赛的时间、地点、人员构成次序等来实现赛会制比赛的新模式。如可以采用"特色学校轮流周中赛会制"或"重新组队赛会制"。"特色学校轮流周中赛会制"指的是在周一至周五的时间内,轮流在各个特色学校内部举行的赛会制比赛。"重新组队赛会制"指的是赛会制比赛时,将各个特色学校学生全部打乱顺序,重新按照一定的次序(年龄、性别)组队比赛的方式。

7) 细化年龄分组,扩大校队数量

应进一步细化小学、初中比赛的年龄分组,小学和初中至少各设置2支年龄组别的校队队伍,这样可以有效地避免队员之间的年龄差距过大。当然,如果条件允许,可以按照每个年龄段1支校队进行建设,这样更加有利于预防"以大打小"的局面。

但是,对于绝大多数布局城市而言,存在每所学校建立2支不同年龄组别队伍的难度非常大,只能维持1支队伍的现状。这一类型布局城市校足办,应根据校队之间年龄的不同,进行赛制的安排,尽量安排年龄差异小的队伍在一组进行比赛。

12.1.3 联赛层次推广策略

1) 建立、完善、统一管理体系

随着校园足球活动各种范围内联赛的逐步开展,应在现有市级联赛管理体系基础上,逐步建立并完善校级、市级、省级、大区、全国联赛管理体系。尤其是针对校级联赛而言,其管理体系是否健全直接关系到校园足球能否真正地在特色学校内部开展起来。

协调国家体育总局和教育部及其下属的中国足协与大学生体育协会联合秘书处,尽快统一并完善小学、初中、高中、大学四级联赛的管理体系建设,实现四级联赛的统一管理,协调发展。

2) 将校级联赛作为校园足球联赛的核心内容之一

校级联赛是足球知识和技能在特色学校内部广泛普及的根本性手段。对足球项目而言,只有最广泛的普及,才会出现根本性的提高,有天赋的足球后备人才才会不断涌现出来。因此,应改变联赛单纯以市级联赛为主的现状,将特色学校内部联赛(校级联赛)提升为校园足球联赛建设的核心内容。在加强校级联赛管理体系建设基础上,充分调动各特色学校的积极性与主动性,发挥学校体育教师的职能,利用体育课时间、课余活动时间,吸引广大学生积极参与足球锻炼、游戏、比赛;建立相对完善的班内、班级、年级间联赛体系,创造全校师生广泛参与足球活动的局面。同时,应加强对各特色学校校级联赛的扶持、指导、监督工作，通过培训、资金或技术支持、奖励等手段，激励特色学校校园足球活动开展。应加强足球传统项目学校建设，发挥其模范带头作用，利用其技术优势支持相对落后特色学校。

3）"一刀切"改为"分档次"，建立奖惩机制

调整对各布局城市市级联赛比赛场次要求的"一刀切"模式，改为"分档次"模式，即将比赛场次划分为不同的档次，由各布局城市根据特色学校情况，自主选择一定的场次进行比赛的安排。如可将小学组队伍每年度完成的比赛场次分为：18场、14场、10场三个档次；初中组队伍每年度完成的比赛场次分为：14场、10场、8场三个档次。

同时，根据各布局城市完成比赛场次的情况，建立相应的奖惩机制，对于完成比赛档次高、场次多的城市、特色学校予以重点的扶持。

4）完善四级联赛竞赛体系，争取政策支持

应尽快拓展市级联赛的广度，将小学、初中、高中、大学四级联赛的市级竞赛体系建立并完善起来。目前，教育部学生体育协会联合秘书处已经在组织全国、大区层面的大学生、高中生足球联赛，尽快建立起高中、大学市级联赛，并完善四级竞赛体系便显得尤为重要了。此外，应加快小学、初中在省级、大区、全国级联赛的建设步伐，尽快建立起小学、初中、高中、大学四级联赛竞赛体系。

四级联赛竞赛体系建立的根本目的在于为足球后备人才培养打开"出口"。可以考虑协调教育部门，出台一定的政策文件，扩大招收足球特长生的重点高中、大学的数量与规模，使具有一定足球天赋的青少年能够顺利升学。

12.1.4 联赛注册推广策略

1) 与中国足协 U 系列注册统一

将全国青少年校园足球活动注册纳入中国足协注册系统下，实现全国青少年校园足球活动定点小学、初中学生注册信息与中国足协 U 系列注册信息的统一查询。实现对校园足球小学、初中学生个人真正意义上的注册，而不是目前的小学以队为单位备案，初中以个人为单位备案。

此外，应实行一次性注册，即在注册系统注册过的青少年在第一次注册完成后，如无信息更改则无须再次注册，只需备案即可。

2) 加强参赛人员的注册资格审查

加强对校园足球参赛人员的注册资格审查的力度，尤其是要加强对市级比赛的重要赛事（决赛阶段）、省级比赛、大区赛和全国性比赛的注册资格审查的力度。严防弄虚作假、修改年龄等情况，对于存在类似行为的特色学校、布局城市应加强监督与管理，对于弄虚作假的个人，可以考虑禁止其参与全国校足办、中国足协组织的各类足球比赛。

3) 建设重点学校，加强女性青少年球员的培养

可以通过政策要求 44 个布局城市，使每个城市至少保证一定数量的女足重点学校存在。全国校足办加强对这些女足重点学校投资的力度，进行重点扶持。同时，建立相应的女足赛事，并完善奖励机制，可以有效地加强女性青少年球员培养的进度，增加在注册女性青少年球员的数量。

12.1.5 联赛保险推广策略

应维持全国校足办出资投保人员的范围：在全国校足办注册的，参加小学、初中联赛的在校学生。同时，与中国人寿保险公司洽谈，赋予各布局城市自主出资投保的权利，各布局城市可以根据本市校园足球活动参与青少年的实际情况，自主投资购买"校园足球运动责任险"。此外，应实现青少年自费投保"校园足球运动责任险"的可能性，即由家长负责出资，为其参与足球活动的孩子购买保险。

加强对"校园足球运动责任险"宣传推广的力度，通过多种媒介，使广大学生、家长、校长、教师了解此保险的具体内容，投保的途径，以便为校园足球活动的开展提供坚实的保障。

加强投保人员的资格审查工作，对在中国人寿保险公司投保人员、人数等信息进行详细的核查。

12.2 培训路径优化策略

12.2.1 发挥教育部门的主导作用

按照《关于开展全国青少年校园足球活动的通知》中"各地方教育行政部门负责师资培训"的规定，全国青少年校园足球活动的各项培训工作是各地教育部门的重要职责之一。教育部门在实施校园足球活动各项培训工作方面具有得天独厚的优势，应进一步发挥教育部门在培训工作中的作用，按照《关于开展全国青少年校园足球活动的通知》要求的精神，发挥教育部门的主导作用，搞好各项培训工作。

体育部门的主要职责是技术支持。要积极主动地配合教育部门做好各项培训班的技术服务工作，发挥体育局、足协在足球业务方面的专长，保障各项培训工作顺利进行。

12.2.2 制定统一的教材

针对不同的对象，分别制定培训教材。同时，要考虑制定青少年训练大纲或训练指导教材。培训教材应按照培训对象的不同进行分类，主要分为指导员、裁判员、校长、管理干部几方面。针对不同的培训对象，培训教材的内容设计要具有针对性。

青少年训练指导教材或训练大纲、教材的内容应包括全国青少年校园足球活动发展的基本理念、基本现状、发展规划，应重点突出介绍校园足球活动的强身健体价值、素质教育价值等方面的价值；按照不同的年龄阶段，进行详细的教材或训练大纲编写。

12.2.3 加强讲师培训，统一对校园足球活动的认识

应加强对参与全国青少年校园足球活动培训工作的校园足球指导员讲师的培训工作，使其充分认识校园足球活动的价值本质，重点是提高青少年体质和体能，普及足球知识和技能，贯彻落实阳光体育精神，作为素质教育的最为有效的手段使用。通过培训，使其掌握学生身心发展的基本规律，了解学校体育教师教学中最需要掌握的执教技巧，统一其对全

国青少年校园足球活动的认识,规范教学要求,逐步培养一批具有相当理论知识与教学能力的讲师为校园足球服务。

对于全国青少年校园足球活动的足球人才培养价值不宜过度、片面地强调,这是因为足球人才培养的价值是全国青少年校园足球活动健康发展的必然产物,是一个自然而然的过程,不应作为校园足球活动价值中的核心去片面追求。对于通过培训授课效果仍普遍反映较差的讲师,全国校足办应主动放弃使用。

在讲师的使用上,不应"迷信"职业俱乐部或运动队的教练员,要根据校园足球活动的实际情况选择符合校园足球需求的讲师。

12.2.4 培训班细化,增强培训针对性

进一步细化培训班,改变2009—2010年度指导员培训班、裁判员培训班、初中和小学指导员共同培训的情况,分为初中指导员培训班和小学指导员培训班。这样有利于增加培训班的针对性,讲师在授课的内容把握上较容易。但是,这样做同样存在一个较为棘手的问题:培训班的数量翻倍,培训班的人力、物力投入将会显著增加。

要将不同类型的培训班分在不同时间进行,避免出现身兼两职(裁判员、指导员)的体育教师参加不同培训班时间重叠的情况。

12.2.5 提高城市培训主动性,完善培训体系

单纯依靠全国校足办组织各级各类人员的培训工作远远不能满足基层特色学校体育教师的需求,应提高布局城市培训工作自主性,加强对各布局城市自主培训工作的支持力度,提高其自主举办培训的积极性与创造性。

充分调动各布局城市积极性,改变呆板的内外堂结合的授课形式,结合观摩学习、外派学习、城市交流等形式,发挥各布局城市在培训工作中的自主创新能力与自我管理能力,灵活机动地组织好培训工作。

此外,全国校足办要着手完善面向全国44个布局城市甚至是更多城市校园足球活动相关的培训体系,同时,敦促各布局城市建立以市为单位的培训体系,要求有条件的布局城市建立多级、多类型的培训体系。

12.2.6 制定培训政策,加大执行力度

校园足球指导员(体育教师)是每个学校校园足球开展的具体执行者,通过参与校园足球活动,为其创造一定的福利或政策优惠,提高他们的待遇和职称,能够有效地提高他们参与校园足球活动的自主性。当然,这需要教育部门制定相应的针对性政策,并保证政策得到实施落实。

相对于政策的制定,政策的执行更为重要。在2009年下发的《关于开展全国青少年校园足球活动的通知》中指出:"凡参加校园足球活动教师培训班的体育教师,经培训考核合格后颁发培训证书,并按相应学时计入教师继续教育学时"。

12.2.7 加强监管,加大支持,完善奖惩制度

要加强对全国层面各级各类培训活动的监管力度,尤其是要加强对于主观努力程度不

够的城市培训工作的监督与管理的力度。对于客观环境、缺乏经验等原因造成的培训管理工作较差,培训工作滞后的城市,应加大技术支持的力度,加强对其管理人员的培训力度,逐步提高其业务水平。此外,要建立健全奖惩机制,对于培训工作开展好的城市,要加大资金、技术支持的力度,促进其培训体系尽快建立;对于培训工作相对滞后的城市,要通过各种手段进行敦促,必要时可通过惩罚措施逼迫其按照规章制度完成任务。

此外,通过对优秀单位和个人的奖励,鼓励先进单位和个人,激发其他单位和个人的干劲,鞭策后进单位和个人。

12.3 训练营路径优化策略

12.3.1 提高全国训练营价值的认知程度

应通过政策制定、宣传推广活动等方法手段,提高各布局城市管理人员对于全国训练营的首要价值——足球后备人才的培养价值的认知程度。当然,并不是说要片面强调足球后备人才培养价值,而忽略了训练营在素质教育价值、足球知识和技能普及价值、校园足球文化建设价值等方面的重要作用,而是要通过训练营,培养德智体美全面发展的、具有良好培养前途和天赋的青少年足球后备人才。

12.3.2 建立并完善三级训练营体系

应逐步建立并完善以"市级—大区级—全国级"为主的三级训练营体系。按照以城市为单位组织训练营,到以大区为单位组织训练营,至全国训练营的逐级递增的体系进行训练营体系建设。

当然,市级训练营可以继续细化为以区(县)为单位的训练营、以重点校为单位的训练营、以普通特色学校为单位的训练营、校内训练营等不同类型。

大区级训练营可以根据地理位置、经济条件、足球发展水平等情况进行合理的组合,而不能拘泥于单纯地按照地理位置进行划分。

在训练营的价值方面,"市级—大区级—全国级"训练营应按照由"足球知识和技能的普及价值为主向足球后备人才培养价值为主逐步

图 12.3.1 三级训练营体系及其作用示意图

过渡"(图 12.3.1)。要充分发挥市级训练营在足球知识和技能普及、素质教育、阳光体育、文化建设方面的作用,并选拔出品学兼优且具有较高足球竞技能力的学生,参加大区级训练营,并进一步选拔出更为优秀者,组织其参加全国训练营。

12.3.3 细化年龄分组

应考虑按照不同的年龄进行分组,组织参加各级训练营。对于市级训练营而言,按不

同年龄进行分组的要求相对较低一些,而对于大区级训练营和全国级训练营而言,按不同年龄分组非常有必要。在组织全国级训练营时,甚至可以考虑按照每个年龄阶段一个组别进行。这样既可以有效防止"以大打小""大小混合"现象,又有利于加强不同城市同年龄阶段青少年的切磋交流,更利于其竞技水平的提升。

12.3.4　规范赛制,保证比赛场次和质量

在组织训练营时,应充分考虑赛制、比赛场次和比赛质量之间的关系。应按照不同级别、不同年龄特点进行训练营赛制的安排,不能简单地按照初中或小学的分类形式对赛制进行简单的二元分类。应加强对"城市约战"类型比赛的管理与监控力度,保证比赛场次。

要在保证比赛质量的前提下,提高比赛的场次。不能为了保证比赛场次,而忽视了学生的疲劳恢复,客观环境的变化(如下雨、下雪、打雷等)情况。

12.3.5　加强人才注册管理,提高培养延续性和女生比例

截至2010年,由于全国青少年校园足球活动仅仅开展1年有余,故训练营在足球后备人才的培养方面尚未能够形成一定的延续性。仅仅在夏令营中选拔出了部分优秀人才,但并未进行详细、完善的注册、备案、跟踪管理,应逐步加强这方面的工作。通过对各级训练营中优秀人才的注册管理,实现市级训练营人才注册管理、大区级训练营人才注册管理、全国级训练营人才注册管理,并完善对注册人才的跟踪管理与培养,发挥训练营在足球后备人才培养中的延续性作用。

此外,要通过多种手段,吸引女学生参与到足球活动中来,参与到训练营中来,并从中选拔出优秀者,进行重点的培养,以提高女生参与校园足球活动的数量和女性足球青少年后备人才的数量。

12.3.6　加强监管机制,严惩作假

应加强对各级、各年龄阶段训练营,尤其是加强对全国级训练营的监管力度。建立健全相对完善的"训练营报名—筛选—推荐—备案—审查"机制。对于训练营中出现的弄虚作假现象,要进行严厉的处罚,加强惩处的力度,努力铲除弄虚作假现象。

当然,监管机制的建立与完善依赖于全国青少年校园足球注册工作、各布局城市办公室资格审查工作的不断完善。

12.3.7　提高安全意识,加大保险力度

对于参与校园足球活动的各级管理人员,应加强其安全意识教育,尤其是要加强其组织各级各类相关活动时的交通安全意识教育。同时,要加大"校园足球运动责任保险"投保的范围,将参加各级各类训练营的领队、指导员、文化推广人员、联赛管理人员以及校长等全部纳入保险范围中。

12.4 进校园活动路径优化策略

12.4.1 提升为各级国家队、俱乐部队伍的基本责任与义务

有必要将进校园开展青少年足球的义务教育、教学活动提升为各级国家队、各中超、中甲职业俱乐部队球员、教练员以及整个队伍的责任与义务。应建立相应的规章制度,要求各级国家队(含国奥队)、中超和中甲俱乐部队伍以及相关球员、教练员定期内完成一定次数的进校园义务教育、教学活动,从而为足球知识和技能在校园内的普及做出一定的贡献。这样做也有利于重塑中国足球、中国足协的良好形象。

12.4.2 制定整体发展规划,实现持续开展

要针对进校园活动,制定全国层面的整体发展规划,达到"全国一盘棋"的局面,要使各布局城市的进校园活动按照一定的步骤、有序地开展起来。同时,应制定多年的发展规划,实现进校园活动的持续开展,避免出现一过性的形式,使进校园活动真正深入到特色学校,成为学校定期开展的重要活动。

12.4.3 采取多种形式,科学设计内容

要采取多种形式组织进校园活动,不应局限于各级国家队、"精英教练员"的层面。可以考虑安排国内外知名足球人物、校园足球相关的会议、重要的赛事(全国级别的青少年校园足球比赛、全国大学生足球比赛等)进校园。

此外,针对"精英教练员"进校园,编写相应的教材,制定统一的要求。对于座谈交流会、实践教学与示范、比赛指导、理论讲解等的具体内容进行规范要求。要注意设计内容的趣味性,发挥其在吸引青少年参与足球活动中的积极作用。

12.4.4 发挥布局城市、特色学校的主导作用

应注意调动并发挥布局城市校足办、特色学校在进校园活动中的主导作用。使各布局城市调动本市教练员、球员、队伍等方面的资源,在本市特色学校中广泛开展进校园活动,充分实现进校园活动的全面开展。使各特色学校充分调动本校教育、教学资源,发挥体育教师的协调作用,促进广大学生广泛的参与。同时,要充分考虑特色学校的需要,发挥进校园活动在推动特色学校贯彻阳光体育运动中的积极作用,为特色学校的素质教育服务,避免给特色学校师生增加额外的负担。

12.5 宣传推广路径优化策略

12.5.1 完善品牌建设

应尽快完善全国青少年校园足球活动的品牌建设,面向全国范围征集吉祥物、主题曲、

代言人、品牌说明、品牌故事等内容。同时,加强品牌宣传力度,通过多种渠道、利用各种媒介进行校园足球品牌的宣传推广活动。

12.5.2 加强媒体合作,整合媒体资源

应整合全国的媒体资源,服务于校园足球活动的宣传推广工作。全国校足办要加强媒体方面的合作,尤其加强与中央电视台和教育电视台、中国教育报等全国性媒体、教育媒体的合作力度,利用这些媒体的影响力推进校园足球活动的宣传工作。要发挥各布局城市在媒体合作方面的优势,将各布局城市的校园足球宣传推广活动全面开展起来。此外,还要注重利用网络媒体、刊物宣传校园足球活动。对于校园足球相关的活动(如冬令营),要进行细致的品牌包装,突出校园足球的品牌价值,提升校园足球的影响力。

此外,要建立相对完善的奖励机制,促进各布局城市对于宣传推广工作的重视。

12.5.3 组建宣传团队

应考虑组建校园足球活动宣传团队,专门进行校园足球相关大型活动的宣传推广工作。目前,在44个布局城市中,设立了网站建设及文化推广人员的专人专职,对于校园足球活动的宣传推广工作具有一定的作用。应考虑进一步加强这方面的建设,投入一定的人力、财力、物力,进行专门的针对性培训,并邀请部分媒体记者共同参与,一起为校园足球活动的宣传推广出谋划策。

12.5.4 将宣传推广深入到学校中

目前,全国青少年校园足球活动宣传推广的深度尚显不足,未能深入到一般学校中,青少年学生中很多人并不了解校园足球活动的深刻内涵,甚至从未听说过校园足球活动。校园足球活动要在学校中广泛开展,必须获得广大青少年学生的了解与支持。因此,将校园足球活动深入宣传推广到学校中去,成为校园足球活动发展的必然要求。

要将校园足球活动宣传推广到广大学校中,一定要充分发挥各布局城市、学校的主导作用。各布局城市的管理人员,可以利用班会、课间操、学生集合(如升旗仪式)等间歇的时间,对广大学生进行校园足球活动的宣传推广。

12.5.5 赞助为主,投资为辅

应尽量避免采用《校园足球》《中国体育报》这一类投资额较高、影响效果相对较差或片面的投资方式,而应借鉴全国青少年校园足球官网的合作模式——赞助合作,即全国青少年校足办与腾讯公司签署合作协议,由其免费、全面负责全国青少年校园足球官方网站的开发、维护工作。这是一种"双赢"的合作模式,腾讯公司实现了公司的宣传,而全国青少年校园足球活动网络宣传推广效果非常好,同时,为全国青少年校园足球活动减少了资金消耗。因此,在进行全国青少年校园足球活动的宣传推广中,应尽量采用赞助合作为主(中央电视台亦是如此),资金投入为辅的筹资模式。

参考文献

[1] 国家体育总局,教育部.中央领导在中国足球工作座谈会上的讲话[R].全国校园足球办公室内部资料,2010.

[2] 教育部,发展改革委,财政部,体育总局.关于进一步加强学校体育工作的若干意见[Z].北京:国办发(53号),2012.

[3] 中国青少年研究中心团中央国际联络部课题组.联合国《到2000年及其后世界青年行动纲领》实施十周年(1995—2004)特别调查:中国青年发展报告[R].北京:中国青年研究,2005(11).

[4] 中国社会科学院语言研究所词典编辑室编.现代汉语词典[M].北京:商务印书馆,2007.

[5] 国家体育总局,教育部.关于开展全国青少年校园足球活动的通知[R].北京:群体字(54号),2009.

[6] 教育部,国家体育总局,团中央.关于开展全国亿万学生阳光体育运动的决定[Z].北京:教体艺(6号),2006.

[7] 中国足协编译.国际足联草根足球培训手册[M].北京:人民体育出版社,2010.

[8] 胡锦涛.坚定不移沿着中国特色社会主义道路前进 为全面建成小康社会而奋斗——在中国共产党第十八次全国代表大会上的报告[M].北京:人民出版社,2012.

[9] 威尔逊.论人的天性[M].林和生,等译.贵阳:贵州人民出版社,1987.

[10] 刘鹏.刘鹏局长在全国青少年校园足球工作座谈会上的讲话提纲[G].北京:全国青少年校园足球工作座谈会文件汇编,2011.

[11] 杨一民.关于我国青少年足球主要问题与对策的探讨[J].中国体育科技,2007,43(1).

[12] 李秀梅.中华人民共和国体育史简编[M].北京:北京体育大学出版社,2002.

[13] 侯学华.全国青少年校园足球活动价值定位与推广策略研究[D].北京:北京体育大学,2011.

[14] 黄竹杭.世界杯给我国职业足球发展的启示[J].北京体育大学学报,2015,38(1).

[15] 张吉龙.论中国足球产业化[J].体育科学,2001,21(1).

[16] 贝洛,贺巍,世琦.足球:巴西人的生活方式[M].南京:译林出版社,2006.

[17] 孙维晨.足球职业联赛不是纯粹的商业行为[J].中国经济周刊,2013,14(1).

[18] 侯学华,张志诚.将足球普及到农村去[N].中国体育报,2011.

[19] 侯学华,薛立,陈亚中,等.校园足球文化内涵研究[J].体育文化导刊,2013(06).

[20] 侯学华,徐树礼,褚孝勇,等.校园足球文化模型建构研究[J].体育文化导刊,2014(09).

[21] 侯学华,王彬,薛立,等.校园足球核心价值体系构建[J].山东体育科技,2013,35(03).

[22] 侯学华,地里木热提·阿不都卡的尔,金晓平.中国足球项目的价值目标、现实差距与路径设计[J].北京体育大学学报,2015,38(10).

[23] Geoffrey Godbey.走向休闲社会——中国未来前景的展望[J].自然辩证法研究,2001,17(12).

[24] Sugden J, Tomlinson A. Power games: a critical sociology of sport[M]. Routledge, 2002.

[25] Hess R D, Torney-Purta J V. The development of political attitudes in children[M]. Transaction Publishers, 2005.

[26] Jeffrey H. Goldstein. Sports, games, and play: Social and psychological viewpoints[M]. Psychology Press, 1989.

[27] Sugden J. Football for peace in context[M]. Meyer & Meyer, 2007.

[28] Giulianotti R, Robertson R. The globalization of football: a study in the globalization of the serious life[J]. The British Journal of Sociology, 2004, 55(4).